국가와 노인안보

국가와 노인안보

발행일	2026년 4월 10일
지은이	문봉수
펴낸이	손형국
펴낸곳	(주)북랩
출판등록	2004. 12. 1(제2012-000051호)
주소	서울특별시 금천구 가산디지털 1로 168, 우림라이온스밸리 B동 B111호, B113~115호
홈페이지	www.book.co.kr
전화번호	(02)2026-5777
팩스	(02)3159-9637
ISBN	979-11-7598-241-3 03330 (종이책) 979-11-7598-242-0 05330 (전자책)

잘못된 책은 구입한 곳에서 교환해드립니다.

본 도서는 (주)북랩이 보유한 리코 인쇄 장비 등 자체 생산 인프라를 통해 제작되었습니다.

작가 연락처 문의 ▶ ask.book.co.kr

전용 게시판에 문의를 남기시면 저자에게 직접 전달됩니다.

(주)북랩 성공출판의 파트너

북랩 홈페이지와 SNS에서 다양한 출판 솔루션을 만나 보세요!

홈페이지 book.co.kr ● **블로그** blog.naver.com/essaybook ● **출판문의** text@book.co.kr

카톡채널 북랩

국가와 노인안보

문봉수 지음

북랩

들어가는 말

지금의 우리 국민은 대다수가 오래 사는 시대, 이른바 '100세 시대'를 살고 있다. 그러나 이것이 결코 "노인들이 안전하게 살아간다."라는 것을 의미하지는 않는다. 대한민국은 2025년도에 이미 초고령사회로 진입했지만, 노후와 관련된 사회적 언어가 아직도 제대로 생성되지 않았으며 공동체 내의 합의와 대응 또한 여전히 매우 미흡한 채 진전을 보지 못하고 있다.

우리가 직면한 초고령사회에서 파생되는 문제는 오로지 복지 측면으로만 접근하거나 해결하기 어려운 복합적인 성격을 갖는다. 지방 소멸의 가속화, 세대 간 갈등, 가족 돌봄의 붕괴, 복지 재정의 논쟁 격화 등이 동시다발적으로 진행되는 가운데, 이 모든 현상과 현안을 하나의 논리나 방식으로 명쾌하게 설명하기 어려운 것이 오늘의 현실이다.

노인은 복지의 핵심적인 대상이 되었지만, 국가 책임의 중심에는 자리하지 못했다. 물론 노인복지가 획기적으로 확대된 것은 분명한 사실이다. 실제로 공적 연금과 의료·돌봄 제도 등이 존재한다. 그럼에도 불구하고 당사자들은 늘 불안한 상태다. 노인들에 의해 던져진 "내가 나이 들어 가장 약할 때, 국가는 과연 나를 끝까지 책임져 줄 것인가?"라는 질문에 대해 우리 사회는 아직까지 제대로 된 답변을 내놓지 못하고 있다.

이 책은 위와 같은 질문을 바탕으로 출발하였다. 그리고 여기에서 하나의 관점을 제시하고자 한다. 바로 "노후는 단순히 복지의 문제가 아니라 국가안보의 문제다."라는 것이다. 만약 노인이 불안한 상황이라면 곧바로 가족 모두가 불안해지고, 지역을 거쳐 사회와 국가까지도 불안해진다. 결국 노인 문제는 국가의 존립과 지속가능성과도 직결되는 것이다.

이 책에서 서술되는 '노인안보'는 학술적으로, 또한 사회적으로 합의되었거나 통용되는 개념은 아니다. 이 책은 『국가와 노인안보』라는 제목을 통해 노인 문제에 대한 해결의 당사자로서 국가의 책무가 아직까지 제대로 다뤄지지 않았음을 지적하고자 한다. 저자로서 이 개념을 새롭게 제기하는 것은 지금의 급박한 상황에 대응하기 위한 고민에서 비롯되었음을 밝힌다.

대한민국이라는 공동체의 구성원 10명 가운데 65세 이상 노인이 2명꼴이며, 그 수치의 증가가 가속화되는 현실을 도외시할 수 없다. 아울러 오늘의 '초고령화'라는 현실과 내일의 '심화된 초고령화'라는 결과를 면밀히 해석 및 예견하고 적극적으로 대응할 수 있는 존재로서 국가가 반드시 필요하다. 여기에 "국가는 최고 수준의 공동체로서 모든 현상과 문제에 대해 최종 책임을 지는 존재"라는 저자의 인식이 자리한다.

저자는 30년 이상 장기간에 걸쳐 국가 안보 분야의 업무에 종사하면서 관련된 경험과 지식을 쌓았으며, 효도학 박사학위를 받은 입장에서 이제는 사고의 전환을 통해 노인 문제를 국가 차원의 안보적인 측면으로 접근할 필요가 있다는 생각을 갖고 관련 연구를 진행해 왔다. 그 결과가 기존의 노인복지와 노인안전 차원을 넘어서는 '노인안보'의 개념이다.

여기에서 언급되는 노인안보는 노인을 보호 대상으로만 여기지 않는다. 그리고 노후를 개인의 책임으로만 보지도 않는다. 저자는 책의 서술에 앞서 묻는다. 즉 "국가는 국민의 삶과 관련하여 어디까지 책임져야 하는가?", "안보라는 것이 국방력과 외교력, 경제력 등의 문제로만 한정되는가?", "노인은 사회의 짐인가? 아니면 힘이 되는 존재인가?" 이러한 질문과 관련된 저자의 사유와 논리가 이 책에 고스란히 담겨 있다.

독자 입장에서 지금까지 접하지 못한 개념이라는 점에서 '노인안보'는 상당히 생소할 수 있다. 이는 기존의 복지 담론을 초월하고 안전의 범위를 확장하며, 안보를 국방에서 사회로 전이시키는 차원에서 제시되는 개념이다. 또한 노인 자신은 물론 가족과 청년을 대상으로 세대 연결의 목적을 가졌다. 동시에 국가 수준에서 요구되는 방향성 설정과 방법론의 모색이기도 하다.

이 책은 '급속히 늙어가는 대한민국'이라는 불가역적인 현상과 예측 불가능할 정도의 변화에 대응하기 위해 제시되는 새로운 개념에 대한 설명서이자 해설서다. 나아가 정부와 입법부를 대상으로 삼은 정책 제안서로서의 성격도 갖는다. 이 때문에 국가가 노인안보를 설계하고 책임지는 존재로 자리해야 하는 상황과 당위성이 제시되며, 구체적인 방법론도 등장한다.

이 책에서 서술 및 제안되는 내용은 전적으로 저자 개인의 판단과 견해에 따른 결과물이다. 따라서 논리와 객관성의 결여, 전개 과정에서 이론적 모순과 완성도의 미흡이 존재할 수 있다. 그럼에도 인구 구조 변화, 노인의 안위와 관련된 환경의 급박한 변화 등에 따라 우리 사회 내에서 누군가는 고민과 연구를 해야 한다는 점에서 노인안보 개념을 구상·제시하고자 한다. 결과를 떠나 시도 자체에 일정 부분 의미가 있을 것이라는 판단에서 비롯된 것이다.

국가·노인·안보가 합쳐진 새로운 개념에 관심을 가진 독자들뿐만 아니라, 여건과 기회가 된다면 관련 입법 및 행정 분야 종사자들의 일독을 기대한다. 아울러 향후 노인안보를 둘러싼 담론이 형성되기를 기대한다. 이 책을 통해 초고령사회의 다양한 문제를 고민하거나 대응책을 모색하는 이들이 시사점을 얻고, 또 다른 착안을 하거나 하나의 팁으로 인식해 준다면 저자로서는 집필의 보람이자 큰 영광일 것이다.

1부

초고령사회의 고민

1장

초고령사회 진입

1절. 위기 측면

오늘의 대한민국은 역사 이래 결코 경험하지 못했던 속도로 늙어가고 있다. 국가데이터처[1] 발표에 따르면 2025년에는 65세 이상 인구가 전체 인구의 20%를 넘어서면서 국제연합(UN)의 기준에 따라 초고령사회超高齡社會[2]로 진입하였다. 만약 지금과 같은 추세가 지속된다면 2050년에는 고령 인구가 전체 인구의 40% 이상을 차

---

1) 정부조직법 개정에 따라 통계청이 2025년 10월 1일부로 기재부 외청에서 국무총리 직속의 국가데이터처로 승격되었다.

2) 국제연합(UN)에서는 국가의 전체 인구 중 65세 이상 인구 비율이 7% 이상이면 고령화사회, 14% 이상이면 고령사회, 20% 이상이면 초고령사회로 구분한다.

지할 것으로 전망된다. 앞으로 동네 주민 10명 중 4명이 노인이라는 현상이 벌어지는 것이다. 여기에 더해 일부 전문가들은 인간 수명이 120세에 이를 것으로 전망하기도 한다. 이는 거의 모든 국민이 노인으로 살아가는 사회가 멀지 않았음을 의미한다.

지구촌 대부분의 국가에서는 65세 이상의 사람을 '노인'으로 분류하고 관련 정책을 수립·집행하고 있다. 노인의 기준이 65세 이상으로 정해진 것은 사회적·경제적 측면이 반영된 결과다. 독일 통일을 이끈 프로이센의 재상 오토 폰 비스마르크Otto von Bismarck가 1889년 인류 역사상 처음으로 '국가 연금보험' 제도를 도입하면서 연금 수급 연령을 70세로 정했으며, 1916년부터 이 연령이 65세로 낮아졌다. 그리고 국제연합(UN)에서 1950년대부터 고령지표를 산출할 때 65세 이상을 노인으로 정의하면서 노인 연령 기준은 고착화되었다.

일상적으로 사용되는 '노인'이라는 용어에 대해 당사자들은 당연히 거부감을 가질 수 있다. 이 때문에 우리 사회에서는 '어르신', '선배 시민', '시니어' 같은 대체 호칭을 혼용하는 추세다. 더욱 의미 있고 듣기에도 좋은 호칭에 대한 고민과 모색이 필요한 가운데, 이 책에서는 고령자 호칭과 관련하여 행정 및 법률 측면에서 공식적으로 사용되는 '노인'으로 표기하고자 한다.

우리나라의 경우 노인복지법에서 노인 학대에 대한 처벌 규정을 통해 적용 대상을 '65세 이상 노인'으로 표기함으로써 대표적인 노인의 연령 기준으로 작용하고 있다. 평균 수명이 늘어나는 가운데 대한노인회를 비롯한 사회 각계에서 노인 연령 상향 문제가 활발하게 논의되고 있다. 이들의 논리는 국가 시스템의 존립 여부가 걸린 노인 문제를 해결하기 위해서는 노인 연령을 단계적으로 75세까지 상향해야 한다는 것이다. 그럼에도 여전히 아이디어 차원일 뿐 사회적 합의가 이뤄지지 않은 상황인 만큼, 인구의 고령화를 평가할 때는 아직도 65세가 기준점이 되고 있다.

저출산과 동시에 진행 중인 고령화는 어느 순간 갑자기 우리에게 찾아온 사건이 아니라 지난 수십 년에 걸친 누적의 결과지만 국가와 사회, 그리고 구성원들은 그 속도를 미처 체감하지 못한 채 지금의 상황을 맞이했다. 여기서 문제는 우리가 현실로 직면한 고령화가 단순한 인구 구조의 변화에 그치지 않고 국가의 작동 원리 자체를 근간부터 뒤흔들 대전환이라는 점이다.

초고령사회는 사회 운영과 작동의 기준이 다른 연령층보다는 고령층을 중심으로 적용되는 역사적 단계로의 변화다. 이 단계에 들어서면 인구 구조의 변화가 국가와 사회의 모든 제도와 가치 체계를 재편하도록 요구하는 상황이 벌어진다. 인구 구성의 비가역적非可逆的 전환은 고령인구의 절대적 증가, 생산가능인구의 지속적 감소 현상을 야기한다.

특히 생산가능인구의 지속적인 감소는 노동력 부족과 경제 성장 동력의 약화를 초래한다. 부양 구조가 역전되고 국가 재정에도 장기적인 압박으로 작용할 것은 분명하다. 우리 사회에서 단적인 사례를 든다면, 세계 최고의 기술과 경쟁력을 갖춘 조선업은 용접과 배관 등 주요 공정에서 내국인 기능 인력 공백 현상에 직면해 있다. 당장의 해결책으로서 외국인 근로자 긴급 도입과 투입을 통해 납기일을 맞추는 것이 현실이다.

인구는 국력의 구성 요소 가운데 하나로, 국가의 존망을 가르고 지속가능성과도 연결된다. 경제력·국방력 등 대부분의 국력 지표가 인구와 밀접하게 관련되어 있기 때문에 국가 경쟁력에도 큰 영향을 미친다. 이는 우리 사회가 저출산과 고령화에 따른 인구 감소 문제로 고민하는 가장 큰 이유이기도 하다.[3] 인구 감소는 특히 경제와 산업에 있어 위기의 핵심 요인으로 작용한다.

저출산과 고령화의 위기는 산업계에서 '현재 진행형'이다. 과거 국제기능올림픽대회를 장기간에 걸쳐 제패했던 숙련 기능 인력의 은퇴와 청년 인구 규모 축소 등의 요인으로 인해 그동안 대한민국을 떠받쳐 온 제조업의 패러다임이 근간부터 흔들리고 있다. 저성장의 늪에서 헤어나지 못하는 경제 상황이 지속되는 가운데, 우리 제조업은 글로벌 차원의 공급망 재편, 이웃 국가인 중국의 가공할 추격까지 더해져 이른바 '복합 위기'에 직면해 있다.

대기업은 그나마 버티지만, 생산과 공급의 뿌리 역할을 하는 중소기업은 원자재 가격 상승, 환율 변동, 인력난 가중 등의 다양한 요인으로 인해 경쟁력을 상실하고 한계 상황에까지 내몰리고 있다. 실제로 대다수 중소기업의 공장에는 장년층·노인층 등 내국인과 외국인 근로자들만 남아 있다.

이러한 현실에서 그동안 사회를 대상으로 작동해 온 국가 시스템 전체는 젊음을 전제로 설계된 상태에서 사실상 작동을 멈추는

---

3)　문봉수,『삼성과 효도경영』, 북랩, 2013.10, 134p

상황에 직면하고 있다. 연금·노동·돌봄·주거·안전 등과 관련된 각종 시스템이 고령 인구의 부담을 감당하지 못하면서, 결과적으로 '노인 삶의 질 하락, 사회 불안 고조, 국가 경쟁력 악화'로 이어질 개연성이 높다.

이렇게 되면 노인으로서는 "내가 버려지고 있다."라는 상실감을 느끼게 된다. 반면 청년과 중장년층의 입장에서는 고령화에 따른 조세·보험 등의 부담이 증가할 것이다. 이 때문에 계층 간 갈등의 심화, 사회 연대의 악화도 예견된다. 청년층과 중장년층은 당장 취업과 전직, 주택 마련, 노후 대비 등 자신의 삶을 제대로 해결하기도 힘든 상황에서 국가와 사회가 노인층을 부양하도록 강제할 경우, 이들이 갖는 불만은 높아지고 "노인을 위해 나의 미래를 희생한다."라며 반발이 터져 나올 가능성이 크다.

고령 인구의 규모 자체가 사회의 다수를 형성하면서 평균 수명 연장과 출생률 저하가 동시에 진행됨에 따라 이는 일시적 현상에 그치는 것이 아니라 결코 되돌릴 수 없는 구조의 고착화로 나타난다. 아울러 대응을 위한 국가 정책의 시행 효과도 단기간에 얻기 어려워진다. 자칫 "백약이 무효"가 되어 최악의 결과가 적힌 성적표를 받을 수밖에 없다.

초고령사회로의 진입은 노인의 삶이 사회 중심 영역으로 이동했으며, 이미 공동체의 중요한 현안으로 자리 잡았음을 의미한다. 노인을 대상으로 한 공적 연금, 공적 돌봄, 안전 제공 등을 놓고 적시 대응 및 해결 여부가 정부 성과의 핵심 지표로 대두된 가운데, 이것을 제대로 성공시키지 못한다면 사회적 불만과 불안으로 이어질 수 있다.

과거 사회에서 노후가 개인과 가족의 문제로 인식·취급되었다면, 초고령사회에서는 국가의 기본적인 책임으로 부상하였다. 노후 문제가 이제 사적인 차원이 아니라 공공의 차원에서 다뤄지고 있는 것이다. 이 대목에서 초고령사회의 위기로 인해 예견되는 상황을 몇 가지로 나눠 정리하고자 한다.

첫째, 재정 붕괴로서 복지국가의 한계가 노출된다. 초고령사회에서 가장 먼저 나타나는 위기로서 연금 지출 급증, 의료비 폭증, 장기요양 비용 확대, 돌봄 인력 확충 비용 증가가 불가피하다. 이에 따라 복지 확대와 재정 건전성 사이의 갈등이 심화되고 세대 간 부담 전가 논쟁이 격화된다.

둘째, 돌봄 붕괴로서 가족과 국가 모두 한계에 봉착한다. 전통적으로 노인 돌봄은 가족이 맡아왔지만, 핵가족화, 1인 가구 증가, 여성 경제활동 확대 등은 돌봄 구조의 해체와 직결된다. 반면 국가는 이를 대체할 준비가 아직도 충분하지 않다. 돌봄 인력이 절대적으로 부족하고, 돌봄 노동에 대한 평가는 여전히 낮으며, 서비스의 수준과 질은 지역 간 편차가 크다.

셋째, 의료 체계에 과부하가 걸린다. 초고령사회에서는 만성적이며 복합적인 질환, 치매 환자가 급증하게 된다. 기존의 의료 체계가 급성질환과 치료 중심 구조로 설계되어 있기에 장기 관리와 예방 연계에 매우 취약하다. 그 결과 '대형 병원 쏠림 현상'이 심화되고, 응급실 과부하, 장기 입원 증가, 의료비 폭증 등으로 이어진다.

넷째, 노인이 직면하는 고독과 고립이 확산된다. 이는 조용히 진행되지만, 강력한 파괴력으로 작용한다. 독거노인 증가, 가족 및 이웃과의 관계 약화로 인해 지역 공동체 해체까지 우려된다. 결국 노인은 '사회로부터 보이지 않는 존재'로 전락할 수 있다. 고독은 우울증·건강 악화·자살과 조기 사망의 원인이 되며, 고독사는 초고령사회의 가장 비극적인 상징이다.

다섯째, 범죄와 사기 취약성이 증가한다. 노인은 디지털 시대에 정보 접근권이 제한되고 인지 능력이 저하될 가능성이 높아 범죄에 쉽게 노출된다. 보이스 피싱·금융사기·방문판매 사기 등 범죄의 종류와 수법이 다양해지는 가운데, 노인이 입는 피해는 단순한 금전적 손실을 넘어 삶의 기반 붕괴로까지 이어질 수 있다.

여섯째, 주거 및 안전 환경의 취약성이 증가한다. 수도권과 대도시는 상대적으로 상황이 낫지만, 지방의 경우 대다수 노인이 열악한 주거 환경에서 살아간다. 계단과 문턱, 미끄러운 바닥, 화재와 가스 사고, 난방과 냉방의 취약, 자연재해 대응 부족 등은 낙상·질식·화재·저체온·열사병으로 이어진다. 주거 안전 환경이 보장되지 않으면 노인의 일상 자체가 생존 투쟁이 되는 것이다.

초고령사회에서 복지비 폭등에 따른 재정투자 여력 감소, 노동력 감소, 사회 불안 확대 등으로 인해 국가는 미래에 충분히 투자하지 못한 채 오직 과거를 바탕으로 현재의 상황을 유지하는 데 모든 자원을 쓸 수밖에 없다. 여기서의 위기는 노인 인구의 증가 그 자체가 아니라, 이를 국가 차원에서 관리하지 못하는 데 있다. 초고령사회 대응에 실패한 국가는 결국 장기 침체와 쇠퇴의 길로 들어서게 된다.

2절. 기회 측면

　초고령사회는 일반적으로 "복지 재정의 위기", "노동력의 감소", "세대 간 갈등과 반목", "성장의 둔화", "위기의 본격화"라는 식의 부정적 언어로 표현된다. 그러나 동서양을 막론하고 인류의 역사를 살펴보면 인구 구조의 변화가 부정적 상황으로만 흐른 것이 아니라 언제나 사회 질서 재편과 다음 문명 단계로의 이행이라는 긍정적 결과로 나타났다. 위기危機를 한자 표기대로 해석해 봐도 위험의 이면에 분명히 기회라는 존재가 숨겨져 있다.

　우리의 현실이 된 초고령사회는 출산율 하락과 기대수명 연장의 결과로 나타난 사회 구조의 변동이자 성숙 단계로의 이동으로도 해석할 수 있다. 분명히 부정적 측면도 있지만 한편으로는 인간의 생존율과 삶의 질이 과거에 비해 현저히 높아졌음을 의미한다. 문제는 고령화 자체가 아니라 이에 대한 대응 및 해결을 마련하는 사회 시스템의 미비와 인식의 미성숙에 있다.

　고령자의 비중이 급속히 높아진 이 사회는 다르게 해석하자면 "한 사회가 축적해 놓은 지식·기술·경험이 최대치에 달한 상태"다. 고령 인구는 노동력 상실 집단이 아닌 산업 종사 경험, 위기 대처 경험, 조직 운영 경험을 보유했으며 전쟁·재난·위기 등에 대한 기억을 공유하고 있다. 이들의 경험과 지식은 다시 활용이 가능하며 신뢰도 높은 '경험과 기억의 저장 매체'로서 제도권 내로 흡수될 수 있다면 사회의 회복 탄력성 강화가 가능해진다. 국가와 사회 공동체가 대규모의 '경험 인구'를 제대로 활용하지 못하는 것이 위기이지 고령자 존재 자체가 위기는 아닌 것이다.

초고령사회에서 관리에 실패한다면 위기가 닥치지만, 적극적이고 긍정적인 자세로 대응 구조를 전환시킬 경우 새로운 기회의 장이 펼쳐지게 된다. 초고령사회를 위기로만 설명한다면 이는 전체의 절반만 들여다보는 것인바, 국가 전략 차원에서는 반드시 '기회의 구조'까지도 설명되어야 한다.

따라서 초고령사회 자체를 쇠퇴의 신호가 아니라 국가 운영 체계와 방식, 산업 구조, 사회적 가치, 인간 존엄성에 대한 기존의 인식을 근본적으로 전환시킬 수 있는 역사적 계기로 삼아야만 한다. 비관적이며 수동적인 위기의 담론을 넘어 낙관적이며 능동적인 기회의 담론으로 해석해 본다면 국가와 사회의 다양한 영역에서 우리에게 반드시 열린 공간이 마련될 것이다. 이를 몇 가지로 나눠 설명한다면 다음과 같다.

첫 번째는 국가 운영 방식 혁신의 기회다. 초고령사회는 국가의 역할이 무엇인지 다시 묻는다. 기존의 인식으로 국가는 안보를 주로 영토·군사·경제·외교 등을 중심권에 놓고 정의해 왔다. 그러나 초고령사회에서는 국민의 생명·건강·돌봄·존엄 등이 국가 존립과 직결될 핵심 안보 요소로 떠올랐다. 이는 국가가 '전쟁으로부터 국민을 지키는 존재'를 넘어 '국민의 일상을 온전히 지켜주는 존재'로 진화되어야 함을 의미한다. 인도의 정치인으로서 '건국의 아버지'로 불리는 마하트마 간디Mahatma Gandhi가 "국가의 강대함은 가장 약한 구성원을 어떻게 대하는지에 달렸다."라고 설파했듯이 국가는 약한 존재에 대해 더욱 관심과 노력을 기울여야만 하는 책무를 갖는다.

과거와 달리 이제는 국민의 위험을 사후에 대응 및 처리하는 국가가 아니라 사전에 감지하고 예방하는 선제적 조치의 국가로 변모해야 될 시점이다. 이 과정에서 국가는 AI(인공지능), 데이터를 주요 기반으로 삼아 수요자·산업 분야·지자체·지역 공동체 등을 연결 및 융합시키는 '생활안보'의 체계를 견고하게 구축하는 의무를 부여받는다. 따라서 집행자이자 관리자로서의 기능을 새롭게 수행하는 쪽으로 역할을 설정해야 된다.

두 번째는 산업 구조 전환의 기회다. 초고령사회는 우리에게 새롭고 거대한 수요가 기다리는 시장을 만들어준다. 뒷부분에서 별도로 설명하겠지만 근래 각광받는 고령친화高齡親和 산업은 단순한 복지산업이 아니라 국가의 미래가 걸린 산업으로 평가받고 있다. 헬스 케어, 주거와 돌봄, 금융보호, 여가 및 교육, 이동 및 정보 등 노인의 삶 전반에 걸쳐 서비스하는 이 산업은 지속적인 성장과 확대의 가능성이 매우 높다.

초고령사회는 과학과 기술이 인간의 고귀한 생명, 기본적 존엄을 지향하는 차원에서 새로운 산업의 모델을 개발 및 실험할 수 있는 시험장이 될 것이다. 이 과정에서 AI·IoT사물인터넷·로보틱스·빅 데이터·플랫폼·에이징 테크 등 유관 기술이 수익 창출에서 멈추지 않고 인간 보호의 기술로 진화되도록 국가 차원의 지도와 감독이 요구된다. 이를 선행하는 국가가 된다면 관련 산업 기반을 통해 경제 성장과 사회 인정을 동시에 달성하는 '이중二重 성과 구조'를 구축할 수 있다.

세 번째는 일자리 창출의 기회다. 초고령사회는 기존의 제조 및 수출 중심의 경제에서 돌봄과 안전, 생활 중심 경제로의 확장을 요구한다. 이를 바탕으로 우리 사회에서 노인이라는 존재와 대상을 통해 청년층 및 중장년층을 위한 대규모의 새로운 일자리가 만들어질 가능성이 생긴다. 고령자 대상의 방문 간호사, 재활 코디네이터, 고령친화 건축가, AI 돌봄 전문가, 데이터 기반 리스크 관리사 등은 예상할 수 있는 미래 직업군이다.

한편, 노인은 일방적인 부양의 대상이나 수혜자가 아니라 경험과 지혜를 갖춘 사회적 자산으로 재평가될 수 있다. 이것이 멘토나 조력자 수준의 일자리로 이어진다면 결국 노인의 사회 참여 확대, 세대 간 지식 이전의 선순환 구조를 만들어내는 계기가 된다. 이는 노인에게 투입되는 막대한 예산과 재정을 '비용이 아닌 투자'로 여기게 만드는 경제 인식의 전환을 의미한다.

네 번째는 지역 공동체 재건의 기회다. 초고령사회는 중앙 집중형 국가 모델의 한계를 여실히 드러낸다. 노인의 삶은 국가가 아닌 지역사회 및 생활권에서 주로 이뤄지기 때문이다. 이에 따라 마을 단위·지역 단위의 돌봄과 안전 체계 구축이 요구되고 지역 기반 고령친화산업 발전과 '노인만 남는 상태', 즉 지방 소멸을 방지하기 위한 공동체 회복이 무엇보다 중요해진다.

3장에서 더 구체적으로 서술하겠지만 지방 소멸의 위기감이 고조되는 가운데 초고령사회는 무력감과 소외감으로 고통받았던 지방이 새로운 사회 실험의 공간으로 자리하는 전환의 계기가 될 수 있다. 그간 '방치되고 텅 빈 공간'으로만 인식되던 지방은 구성원의 대다수인 노인과 공존·공생할 수 있는 청년층 및 중년층 유입, 기업 유치 같은 각종 정책과 대책의 집행 무대이자 공동체 회복의 출발점으로 유력하다.

다섯 번째는 세대 간 연대 재구성의 기회다. 초고령사회는 세대 간의 불편한 관계를 근본적으로 재정의하도록 만든다. 젊은 세대 가운데 일부가 노인을 부양의 대상이자 부담스러운 존재로만 인식하지만, 분명한 것은 미래에 나타날 자신의 모습이다. 한편, 노인의 경우 "국가의 지원은 당연한 의무이며 누리는 것은 나의 권리"라는 인식에서 벗어나 "내가 사회에 어떻게 기여하고 무엇을 남길 것인가"를 고민해야 할 시점이다.

초고령사회에서 세대 간 관계는 이제 '부양과 부담의 의무적 관계'에서 탈피하여 '보호와 기여의 자발적 관계' 구조로 전환될 필요가 있다. 노인을 제대로 지켜주는 사회는 결국 모든 세대가 자신의 미래를 지킬 수 있는 사회다. 이 때문에 공동체 지도자와 구성원 다 같이 인식을 달리하여 갈등이 아닌 연대를 설계·재구성하는 기회로 만들어야 한다.

여섯 번째는 문명 수준 변환의 기회다. 오늘의 초고령사회는 현대문명에 대해 근본적인 질문을 던진다. 즉 "인간의 가치가 생산성이 있는가? 아니면 존재 그 자체에 있는가?"이다. 결론을 떠나 중요한 것은 노인 존중의 사회는 약자를 절대 외면하지 않으며 모든 합의와 결정에서 생명을 중심에 둔다는 데 있다. 국가에서 노인의 안위를 다루는 것은 정책 집행에 앞선 '문명이라는 지고한 가치'의 선택이다. 이는 생산 중심의 문명에서 존엄 중심의 문명으로 이동하는 일련의 긍정적인 신호라 할 수 있다.

초고령사회에 슬기롭게 대처하는 국가는 국제무대에서 리더십을 인정받게 된다. 해당 국가의 성공한 모델은 정책과 제도, 기술과 산업으로 구체화되어 전 세계로 확산될 수 있다. 이와 관련된 국가 운영 방식은 새로운 '글로벌 스탠더드'로 수용될 가능성이 높다. 앞으로 초고령사회를 성공적으로 관리한 국가는 군사력이나 경제력이 아니라 '국민 노후의 삶을 지켜주는 능력'으로 인해 세계의 주목을 받고 고유의 경험 모델은 각국에 의해 도입될 것이다.

초고령사회는 우리에게 분명 위기 상황으로 다가왔다. 그럼에도 그 위기는 국가와 사회가 자신을 재설계할 수 있는 가장 강력한 자극이기도 하다. 노인 인구의 증가에 따른 각종 현안 해결을 위해 국가 운영 패러다임의 전환이 요구되는 현시점에서 위기를 기회로 인식하고 오늘보다 내일을 생각하는 지혜가 국민에 의해 모아져야 할 것이다.

우리는 초고령사회를 '젊은 사회로의 회귀 실패'가 아닌 '성숙한 사회로의 지향 선택'으로 이해할 필요가 있다. 초고령사회를 기회로 인식한다면 공동체가 안정을 향해 나갈 수 있지만 위기로만 본다면 결국에는 막대한 비용에 매몰되고 미래를 기약하기 어려운 상황에 부닥친다. 때문에 고령화를 놓고 모두에게 사고의 전환이 필요한 시점이다.

2장

복지의 한계 노정

1절. 복지의 의미와 가치

우리가 일상에서 흔히 듣는 복지는 단순한 시혜나 구제가 아니라 모든 구성원이 인간으로서의 존엄을 잃지 않고 살아갈 수 있도록 사회가 공동으로 책임을 지는 제도적 장치다. 한자로 '복 복福', '복 지祉'라고 표기되듯이 복지는 "복이 도달하는 상태, 행복한 삶"을 지향한다. 영어 어원을 살펴보면 Well과 Fare가 합쳐진 의미의 Welfare, 즉 "잘 산다"라는 뜻을 가졌다.

그런데 이 단어의 개념 사용에는 "개인의 행복이 당사자의 노력에서 그치는 것이 아니라 사회 구조와 제도적 뒷받침 하에 완성된다."라는 인식이 전제되어야 한다. 왜냐하면 복지는 가난한 사람만을 위한 제도가 아니라 구성원 모두가 생애 주기 속에서 언제라도 마주할 수 있는 위험과 불안을 함께 나누고 대처하는 사회적 안전망이기 때문이다. 사회적 안전망은 위기에 빠진 사람을 구해내 다시금 사회로 복귀시키는 역할을 담당하며 개인의 실패가 곧 사회적 실패나 고립으로 이어지지 않도록 막는다.

복지가 올바르게 구현되는 공동체, 즉 복지사회의 사전적 의미는 "모든 사회 구성원이 빈곤과 곤궁에서 벗어나 최저 생활권을 적극적으로 보장받는 사회"[4]이다. 복지사회는 국가와 사회가 공동의 책임을 진다. 개인의 삶이 전적으로 가족이나 시장에 맡겨지는 것이 아니라 공동체가 위험을 분담하는 것이다. 이때의 복지는 개인의 권리로 인정된다.

국가는 복지 제도를 설계하고 운영하며 전 과정을 관장한다. 한편, 시장은 관련 일자리와 혁신을 제공하며 시민사회는 돌봄과 관계망을 보완한다. 이와 같은 삼각 협력 구조가 복지사회의 지속성을 높일 수 있다. 때문에 복지 문제를 놓고 합의를 바탕으로 어느 일방이 아닌 공동체 모두가 참여할 때 본래의 의미와 결과치가 높아진다.

현대사회의 복지는 소득·고용·의료·주거·교육·돌봄 등 삶에서 요구되는 전 영역과 연관성을 갖는다. 이는 인간의 삶이 단일한 문제로 환원 및 해결될 수 없으며 상시적이며 복합적인 조건 속에서 유지된다는 것을 의미한다. 복지는 '누구도 배제되지 않으며 언제

나 작동되는 최소한의 약속'이며 사회가 스스로를 문명화하는 과정이자 목표인 것이다.

산업화 이전 시기의 복지는 국가가 아닌 가족·지역·종교가 담당하는 사회부조 형태로 존재했었다. 그러나 경제 발전과 도시화 등 다양한 요인으로 인해 전통적 공동체가 해체되면서 구성원인 개인은 질병·실업·노령 등과 같은 위험에 직접 노출되고 홀로 대응하는 상황에 부닥쳤다. 이때 해결 방안으로 등장한 것이 국가 차원의 사회복지 제도다.

복지국가의 등장은 단순히 가난을 줄이는 제도가 아니라 사회 갈등을 완화하고 체제를 안정시키기 위한 정치적·사회적 선택의 결과였다. 공동체 다수가 최소한의 삶을 기약할 수 없으면 사회는 불안과 분열로 인해 크게 흔들리게 된다. 복지는 이와 같은 상황에 의해 체제가 받게 되는 충격을 일정 부분 완화시키는 하나의 장치로 기능해 왔다.

복지의 눈부신 발전은 사회 정책 및 이를 뒷받침하는 재정 정책의 진전에서만 머무는 것이 아니라 "국가 공동체가 인간을 어떤 존재로 바라보는가?"에 대한 깊은 고민과 성찰이 전제되는 철학적 선택의 수준에서 자리한다. 이런 측면으로 볼 때 현대사회의 복지는 대단히 중요한 의미가 있다. 복지가 갖는 핵심적인 가치를 몇 가지로 나눠 확인해 보겠다.

첫 번째 가치, 인간의 존엄을 지켜내는 것이다. 인간은 생산성과는 별개로 온전히 존중받아야 할 존재다. 복지는 이러한 인간의 지고한 가치를 현실에서 보호하는 수단이다. 굶주림·질병·방치 등의 상황에 부닥친 인간을 두고 존엄을 논하는 것은 공허한 담론일 뿐이다. 때문에 복지는 인간의 존엄성을 제도와 절차 속에서 실질적으로 구현하는 것으로 해석될 수 있다.

두 번째 가치, 공동체 연대를 강화시키는 것이다. 복지는 개인의 문제를 사회의 문제로 이끌어 올리는 제도다. 공동체 내에서 "오늘 도움을 받은 사람도 내일은 도움을 줄 수 있는 존재가 될 것"이라는 인식이 공유된다면 복지는 일방적 시혜가 아니라 상호 책임의 구조로 자리할 것이다. 이는 결과적으로 공동체를 존속시키는 도덕적 기반이 된다.

세 번째 가치, 사회적 정의를 구현하는 것이다. 복지는 결과의 평등에서 머물지 않고 출발선의 불평등과 삶의 위험을 적극 조정함으로써 누구에게나 공정한 대우와 기회를 보장하려는 시도다. 태어날 때부터 풍요로움을 누리는 사람이 있는 반면, 결핍 속에서 삶을 출발하는 사람이 있다. 복지는 이러한 격차가 기본적 가치인 인간의 존엄을 파괴하지 않도록 막아주는 정의로운 역할을 한다.

사회 일각에서 복지를 놓고 "수혜자의 의존성을 키운다", "국가 재정을 파괴한다"라는 목소리를 높이는 것이 현실이다. 그러나 복지는 무조건적인 시혜가 아니라 대상자의 자립, 사회 안정을 목표로 설계 및 시행되는 정책인바, 관련 생태계를 조성함으로써 경제에도 충분히 기여한다. 생계와 주거, 의료와 돌봄, 교육과 훈련이 보장되지 못하는 조건에서 개인의 노력만으로 자신의 삶을 개척하도록 요구하는 것은 국가 및 사회 공동체의 무리한 요구이며 횡포다.

이처럼 논쟁거리로 작용도 하지만 복지는 분명 '일회성 비용'이 아닌 '장기적 관점에서의 투자'다. 복지로 인해 안정된 가정, 보호받는 아동과 청소년, 지원받는 취약계층은 단기적으로는 체제의 안정을 가져오고 앞으로는 사회의 생산성과 구성원 간 신뢰의 기반이 될 수 있다. 복지가 취약한 사회에서는 각종 범죄, 구성원 간 갈등과 반목 등의 현상이 벌어지고 상황에 따라 복지에 투입되는 비용보다 더 큰 비용을 지급할 수밖에 없다.

근래의 인구 고령화 및 저출산, 불평등 심화, 기술 변화, 의료 발전 등과 같은 추세는 복지의 중요성과 필요성을 더 키우고 있다. 개인의 생애가 점점 더 길어지고 이에 동반하여 마주치는 위험은 더욱 복잡다단해지는 상황이다. 때문에 복지는 이제 특정 계층만을 위한 제도가 아니라 모든 국민의 삶을 지탱하고 지켜주는 사회 인프라로 자리하였다.

노인의 빈곤과 질병, 돌봄 공백은 개인의 문제에서 그치지 않고 자칫 사회 전체에 가해지는 잠재적 위협이 될 수 있다. 이런 점에서 복지사회는 노인을 보호 대상이 아니라 공동체의 구성원으로서 안전하게 살아갈 권리를 가진 존재로 인식하며 관계·돌봄·참여를 통합한 안전 체계가 구축되도록 노력하는 방향으로 진전되어야 한다.

최근 중앙정부 및 지방정부 차원의 외로움 대응 정책, 지역 돌봄, 고독사 예방 등 정책은 복지사회가 공동체 안보 개념으로 확장되고 있음을 여실히 보여준다. 복지가 안보와 연계되어야 구성원의 보호, 사회의 안정에 따라 최종적으로 제대로 된 효과를 볼 수 있기 때문이다.

2절. 노인복지의 한계점

근래 고령화 심화로 인해 복지 정책의 대상자 중에서 노인의 비중이 급속도로 높아지면서 그 중심축으로 자리하는 상황이 벌어지고 있다. 노인복지의 정의를 찾아보면 사전적으로는 "고령자의 복지를 위한 사회보장 제도를 통틀어 이르는 말"[5], "노인의 건강 유지와 생활 안정을 위한 사회적 서비스를 통틀어 이르는 말"[6] 등으로 설명된다.

현대의 노인복지는 제도와 서비스 항목 위주로 설계된 상태다. 기초연금·노인 일자리·장기요양보험·경로당·노인복지관 등 각각의 제도와 시설이 존재하는 가운데 노인의 삶 속에는 여러 가지 문제가 복합적으로 얽혀 있음에도 불구하고 관련된 서비스는 상호 연계되지 못한 채 독자적으로 제공된다. 때문에 협업이나 공동 대처가 어려운 경우가 빈번히 발생한다.

예를 들어보자면 독거노인이 경제적 빈곤, 만성질환과 우울증, 사회적 고립을 동시에 겪고 있다고 해도 소득은 연금제도, 건강은 의료 체계, 돌봄은 요양보호, 정서는 기초단체나 민간의 프로그램을 통해 따로 해결하게 된다. 이 과정에서 대상자는 여러 기관을 전전해야 한다. 특히 정보 접근이 어려운 노인은 사각지대에 놓일 수밖에 없다. 결국 "제도와 서비스는 많은데 노인의 삶은 여전히

---

5)   국립국어원 표준국어대사전
6)   네이버 국어사전

불안하다."라는 얘기가 나오는 실정이다.

기초연금은 노후 소득 보장에서 핵심적인 제도임이 분명하지만, 지급액은 실제 최소 생활비에 못 미친다. 지속적인 물가 상승, 의료비 및 주거비용 증가를 고려하면 기초연금만으로 인간다운 삶을 유지하기 힘든 것이 사실이다. 특히 노인 가운데 평생을 자영업이나 비정규직, 무급 가사 노동에 종사했다면 국민연금 수급액이 극히 적거나 아예 없는 경우가 있다. 이들에게 기초연금은 사실상 유일무이한 소득원이지만 빈곤 탈출이 아니라 생존 유지 수준에 머문다.

이처럼 열악한 소득 구조 속에서 노인은 의료비·주거비·돌봄비 등의 부담에서 쉽게 취약성을 드러내며 이는 다시 복지 의존을 심화시키는 악순환으로 이어진다. 때문에 노인 빈곤이 가져오는 결과를 복지가 전적으로 책임을 져야만 하는 상황을 피할 수 없다.

한편 장기요양보험이 정착되었지만 여전히 대부분의 돌봄이 가족의 책임으로 남겨져 있다. 아울러 경증 질환이나 치매 초기 상태의 노인은 제도적 지원 대상에서 제외되거나 제한적인 지원만 받는다. 중증인 경우 가족이 직장을 포기하거나 돌봄 스트레스로 인해 심각한 갈등을 겪는 사례가 늘고 있다. 이미 일본에서는 자녀의 부모 간병에 따른 '간병 퇴직'이 사회적인 이슈로 나타났으며 기업은 물론 정부 차원에서 대책 마련에 고심 중이다.[7]

---

7) 일본의 직장인 가운데 매년 약 10만 명이 부모 간병을 위해 퇴직하는 상황으로서 산업 측면에서 큰 부담으로 작용하는 상황인바, 경제산업성은 직장 생활과 부모 돌봄을 병행해야 되는 직장인이 2030년에는 318만 명에 이를 것으로 예측하고 있다.

아울러 장기요양과 관련, 국내에서 지역 간 서비스 격차도 존재한다. 대도시에는 각종 요양시설, 방문요양과 주야간보호센터 등이 비교적 잘 갖춰져 있는데 비해 농어촌과 지방 소도시의 경우 당사자와 가족의 입장에서 선택지가 거의 없는 것이 현실이다. 이동이 어려운 노인은 서비스가 있어도 이용이 불가한 '접근성 빈곤'의 상황에 놓이게 된다.

노인은 만성질환과 신체기능 저하, 정신적 문제를 동시에 겪는 경우가 많다. 그런데도 의료는 병원, 돌봄은 요양기관, 생활 지원은 복지관으로 나뉘어 운영된다. 이 때문에 노인은 병원에서 퇴원해도 돌봄 공백에 직면하는 경우가 있다. 특히 가정에서 서비스받는 재가在家 노인을 대상으로 한 방문 진료, 방문 간호, 방문 요양이 서로 연계되지 않아 서비스의 중복 및 누락 문제가 생기기도 한다. 이는 노인의 삶을 전체적인 측면에서 다루지 않고 행정 체계에 맞춰 쪼개는 구조적인 한계에서 비롯된다.

노인복지는 주로 생계·의료·돌봄에 주안점이 맞춰져 있다. 그러나 현실을 들여다보면 노인의 삶에서 고독감·상실감·무력감, 이와 함께 발생하는 고독사는 점점 더 사회의 심각한 문제로 대두되는 중이다. 전국 곳곳에 설치된 경로당이나 복지관의 다양한 참여 프로그램이 존재하지만, 이동이 어렵거나 사회적 관계가 단절된 노인은 이러한 시설과 공간에 접근이 어렵다. 결국 '가장 고립된 노인은 가장 보호받지 못하는 존재'로 남는다. 복지는 기본적인 생활과 생존을 지켜주지만 '살아갈 이유'까지는 보장하지 못하는 것이다.

노인복지의 주된 영역으로 제시되는 것이 노인 일자리다. 이는

‘소득 보장과 사회 참여’를 목표로 삼지만 대부분 공공기관에 의해 마련된 공공형 근로, 단순한 노무, 단기 저임금 일자리에 그친다. 때문에 노인을 ‘활동의 주체’가 아닌 ‘시간을 때우는 존재’로 여기는 인상을 준다. 오랜 기간 축적된 전문성과 경험을 살릴 수 있는 일자리는 극히 소수이며 연령차별로 인해 민간 영역 진입도 불가능하다. 그 결과 외견상 일자리는 많아 보이지만 실제로는 노인의 자존감 회복과 사회적 역할 회복에 충분히 기여하지 못하는 상황이다.

노인복지 정책은 아직까지도 노인을 대상자로만 보고 주체로서는 제대로 인정하지 않는다. 관련 정책과 설계·평가 과정에서 노인층의 요구와 의견은 충분히 반영되지 못하는 실정이다. 이로 인해 현장과 동떨어진 제도, 이용하기 불편한 절차, 현실과 맞지 않는 기준이 별다른 변화 없이 반복된다. 타성이 고착화되면 예산의 투입 대비 산출 효과가 미미해진다.

정책 당국이 노인을 “스스로 삶을 선택하고 참여가 가능한 시민”이라고 인식하지 않는다면 노인복지는 언제나 ‘해주는 복지, 베푸는 복지’에 머물 수밖에 없다. 때문에 앞으로는 “노인이 얼마나 스스로 살아갈 수 있도록 도울 것인가?” 차원에서 접근할 필요가 있다.

초고령사회로 진입한 지금 노인 문제는 이제 더 이상 ‘도움이 필요한 개인의 문제’가 아니라 ‘국가 구조 전체의 안정 문제’가 되었다. 복지는 개인을 돕기 위해 설계되었고 확실히 특장점을 발휘하지만, 사회 안정 측면에서는 구조적인 한계를 보인다. 즉 사후 대응에 초점이 맞춰져 있다는 점이다. 질병 발생 이후 치료, 소득 단절 이후 지원, 고립 심화 이후 방문처럼 이미 문제가 생긴 후에나 비로소 제도에 포착되는 경우가 많다.

복지사회에서는 재정의 부담, 제도의 의존, 세대 간 갈등, 행정상 비효율 등의 문제점이 지속적으로 제기된다. 또한 노인복지 체계가 재난·감염·경제 등의 위기 상황에서 흔들릴 가능성을 가지고 있다. 전달 경로 붕괴, 인력 부족, 정보 단절 등이 생기면 노인은 가장 늦게 보호받는다. 노인복지는 평시의 정책으로서 극히 중요하지만, 위기 상황에서의 대응체계가 아니다.

노인 문제를 어떻게 다룰 것인가는 그 나라의 체력을 보여준다. 이 문제를 놓고 복지만 갖고 버티는 국가는 무게감을 이기지 못하고 결국 지쳐가게 된다. 고령화를 복지로만 관리하는 것은 결국 '잠재된 불안을 순간의 복지로 덮는 격'이다. 현재의 노인복지는 여전히 복지 영역에만 머물며 안전과 예방을 포괄하는 '노인안보' 개념으로 충분히 확장되지 못했다. '노인안보'는 이 책의 핵심 주제로서 별도의 장章을 통해 상세히 서술된다.

빈곤과 고독, 돌봄 공백, 학대와 방임, 고독사 등은 중앙정부와 지방정부, 부처와 부처 간 각기 개별 정책으로 대응될 뿐, 하나의 위험 대응 체계에서 통합 관리되지 않는다. 이로 인해 위기 신호를 조기에 감지 및 대처하는 구조가 취약하다. 노인 문제를 복지뿐만 아니라 안보 측면에서 접근하는 국가는 불안을 사전에 제거하는 것이다. 복지가 '사람을 살리는 정책'이라면 '사회를 지키는 전략' 차원에서 안보와 연계시키는 방안이 필요한 시점이다.

3장

지방 소멸의 위기 봉착

1절. 지방 소멸 시대

정책 당국 조사와 전문 기관 분석에 의하면 인구 고령화와 저출생, 청년층의 수도권 이동 등으로 인해 자칫 사라질 위기에 처한 기초 지방자치단체가 급속도로 늘어나고 있다. 행정안전부와 한국고용정보원에 의해 2016년 처음 측정되기 시작된 후 매년 발표되는 '소멸 위험지수'와 이를 기반으로 지도에 표기된 붉은 색 동그라미, 각 자치단체가 경쟁적으로 내놓은 지원금 정책 등은 마치 지방이 서서히 침몰 중인 선박의 신세이고 수도권만 유일하게 살아남게 되는 구조를 연상케 한다.

이른바 '소멸 위험지수'는 만 20~39세 여성인구 수를 만 65세 이상 고령 인구수로 나눈 값으로서 지역별로 이 지수가 1.5 이상이면 소멸 저위험, 1.0~1.5이면 보통, 0.5~1.0이면 주의, 0.2~0.5이면 소멸 위험, 0.2 미만은 소멸 고위험으로 분류된다. 주로 군郡 단위의 기초단체가 소멸 고위험 단계에 처해있다. 근래에는 광역시까지 안전지대는 아니어서 일부 광역시의 경우 산하 구區마저도 새롭게 고위험 단계로 진입하는 실정이다.

지방을 중심으로 인구 감소가 현안으로 대두된 가운데 이제는 현실이자 우리의 삶과 직결된 개념으로서 지방 소멸을 자주 듣게 된다. 지방 소멸은 말 그대로 "지방의 인구가 급격히 줄어들어 지역사회가 기능을 상실하고 결국 소멸의 위기에 처하는 현상"을 의미한다. 특히 출생률 저하, 고령화 심화, 청년층 이탈 등이 복합적으로 작용해 "2030년경에는 대한민국 국토의 절반 이상이 소멸 위기에 직면할 것"이라는 비관적인 전망까지 나오는 상황이다.

지방 소멸은 우리보다 고령화가 빨랐던 일본에서 나온 용어다. 이와테현岩手縣 지사·총무대신 등을 지낸 마스다 히로야增田寬也가 2014년 발표한 '마스다 보고서'에서 도쿄 일극 집중이 초래한 지방 인구의 급감 현상을 지적하며 처음으로 제시되었다. 그는 이듬해 동일한 제목의 책을 출간함으로써 자국 내에서 큰 반향을 불러일으켰다. 이어 2015년 한국어 번역판이 출간되면서 마침 수도권 인구 집중과 농어촌 지역의 인구 감소로 고민하던 우리나라에서도 주목받았다. 일본이 앞서 처한 상황이 우리에게도 그대로 다가왔기 때문이다.

이제 '지방 소멸 시대'는 결코 생경한 표현, 혹은 일본에서나 벌어지는 일이 아니라 우리의 현실로 자리하고 있다. 인구 동공화로 인해 농어촌 지역에서 병원과 마트, 은행과 대중교통 등 기본적인 인프라 접근 및 이용이 점차 어려워지는 이른바 '물리적 사막화' 현상이 심각한 수준에 이르렀다. 농어촌 같은 지방의 은행 지점 감소는 '금융 사막화'라고도 표현된다. 병원 진료 또는 장보기 같은 일상에서 반드시 필요한 행위에 이동과 시간이 요구되면서 해당 지역 주민의 생활 여건이 구조적으로 취약해지고 있는 것이다.

이 때문에 사회적 공기_{公器}로서 언론이 위기를 감지하고 앞다퉈 인구 고령화, 저출생 및 인구 절벽을 주제로 심층적인 뉴스와 기사를 내보내는 상황이다. 한편으로는 지방 자치단체, 특히 농어촌 지역 자치단체는 관내 전입인구와 출산율을 끌어올리는 것을 지상과제로 삼는바, 단체장과 소속 공무원들도 해결책 마련을 위해 다양한 방식과 수단을 모색하고 전방위적으로 노력을 경주하는 중이다. 관내 인구가 없으면 자치단체는 존립 자체가 불가능하게 되는데 젊은 세대 유입과 어린아이 출생 증가가 행정 조치 성패의 관건이다.

우리 사회를 향해 지방 소멸의 어두운 그림자가 재빠르게 다가오는 현시점에서 전국의 자치단체는 지역 현안으로 대두된 '노인 돌봄'은 물론 인구 유입, 학교 유지, 투자 유치, 생활 생태계 보존 등 다른 행정 분야에서의 수요 창출과 공급을 위해 분투를 거듭 중이다. 기초단체는 행정의 최일선을 상시적으로 지키는 막중한 임무를 부여받았기에 어느 기관보다 중요한 존재다. 이는 뒷부분 노인안보 시스템 구축 부분에서 별도로 다루도록 하겠다.

떠난 청년층을 돌아오게 하는 대책과 함께 남은 노인층을 위한 방안 마련이 최근 각 기초단체의 중요한 업무가 되고 있다. 오늘날 노인의 지하철 무임승차 문제가 형평성과 예산 등의 사유로 인해 국가적·사회적 이슈가 된 가운데 전국의 자치단체는 관내 오지 거주 노인의 이동권 보장 차원에서 다양한 아이디어를 내고 실제로 이행 중이다. 지하철은 물론 노선버스가 없거나 접근성이 떨어지는 지역 주민들에게 제공되는 만큼 행정과 복지 서비스 차원의 접근이다. 때문에 가성비나 경제적 효용성만을 따질 수 없다.

현재 지방에서 시행 중인 대책의 명칭만 봐도 "효도 택시", "천원 택시", "희망 택시", "백원 버스", "천원 여객선" 등 이루 다 헤아릴 수 없을 정도로 많다. 이와 같은 이동권 보장의 교통 복지는 지역 노인들로부터 큰 호응을 얻고 있다. 자치단체가 부족한 예산에도 이처럼 지역 주민의 복지에 적극적으로 나서는 이유는 고령화된 농어촌에서 노인의 수가 절대적으로 많고 급속도로 증가하는 것이 바로 현실이기 때문이다. 노인과 관련된 행정의 비중이 가파르게 올라감에 따라 공급자 측면에서는 큰 부담으로 작용하는 것이 사실이다.

지역에서 태어나고 자란 청년세대가 교육·취업·문화 등을 찾아 대도시로 이동하고 결국 이곳에는 노인들만 남겨진다. 그 결과 다수의 지역은 '활력이 사라진 빈 공간'으로 변해간다. 이는 단순한 지역 문제에서 그치는 것이 아니라 국가 공간 구조의 붕괴를 의미한다. 지방 소멸 지역의 공통점은 노인의 비율이 압도적으로 높다는 점이다.

노인만 남겨질 경우 생산가능인구[8] 급감, 소비 축소, 세수 감소, 지역경제 위축의 악순환 속에서 해당 지역의 행정·의료·복지·교육 기능이 약화되고 대다수 주민의 삶의 질은 하락한다. 그런데 문제는 노인이 많다는 현실 자체가 아니라 노인을 지탱해 줄 지역 시스템 전체가 와해되는 것이다. 이에 따라 예견되는 현상을 몇 가지로 정리해 보겠다.

제1의 현상, 돌봄과 의료의 붕괴다. 지방 소멸 위기 지역은 병원·약국·요양시설·돌봄 인력이 빠르게 사라진다. 병원까지의 장시간 이동, 응급 상황 시 대응 지연, 방문 돌봄 인력 부재 등으로 인해 노인은 아프거나 넘어질 경우 제때 도움을 요청하지도, 보호받지도 못한다. 이처럼 지방 소멸은 노인을 가장 먼저 생존의 위기로 몰아넣는다.

제2의 현상, 고독과 방치의 심화다. 이웃이 떠나고 자녀가 도시로 이주하면서 노인은 홀로 남겨진다. 독거노인 급증, 사회적 관계 단절, 마을 공동체 해체 등에 의해 고독사·우울증·방임·학대가 증가할 가능성이 높아진다. 결국 지방 소멸로 노인은 고립을 겪으며 의지할 데가 없기에 삶 자체가 완전히 무너지는 상황을 피할 길이 없다.

제3의 현상, 생활 생태계 붕괴와 불편의 상시화다. 상권 자체가 존립하지 못하면서 상점과 시장, 은행과 우체국, 병원과 약국, 목욕탕과 체육관, 버스와 택시 같은 각종 편의시설과 수단이 사라지면

---

8) 경제 활동에 참가할 수 있는 인구로서 OECD는 해당 연령을 15~64세로 정의하고 있다.

노인의 일상은 엄청난 불편에 직면한다. 이동 비용의 증가, 오프라인 금융 접근 제한도 따른다. 지방 소멸은 노인을 생활 측면에서 장애에 직면하도록 강요하는 결과를 가져온다.

제4의 현상, 주거 환경의 노후화와 안전의 위기다. 지방의 대다수 노인은 수리가 제대로 이뤄지지 않은 채 원형 그대로에 가까운 오래된 집에 거주한다. 때문에 단열 미흡, 화재와 가스 사고 가능성, 낙상 위험, 자연재해 등에 쉽사리 노출된다. 주거 안전이 보장되지 못할 경우 노인의 집은 '편안한 쉼터'가 아닌 '위험한 공간'으로 존재할 것이다.

제5의 현상, 세대 간 단절과 문화 소멸이다. 청년이 떠난 마을의 주요 구성원은 노인일 수밖에 없다. 이제는 60세가 넘는 사람이 청년회장을 맡고 70세의 이장이 활동 중인 것 자체가 이상하지 않을 정도다. 신생아의 울음소리가 들리지 않고 학교가 사라지며 축제와 전통이 계승되지 못하면서 노인은 자신이 평생 살아온 마을이 서서히 죽어가는 모습을 속수무책으로 목격하는 세대가 될 것이다. 지방 소멸은 노인으로부터 희망을 뺐으며 결국 삶의 의미 자체가 흔들리는 상실감만을 안겨주는 결과로 이어진다.

2절. 지방 활용 시대

앞에서 살펴본 것처럼 지금은 지방 소멸의 위기에 직면한 시대임이 분명하다. 지방 소멸은 단순히 인구가 줄어드는 현상만을 의미하는 것이 아니다. 이는 지역 내 학교가 문을 닫고, 병원과 의료진이 사라지며, 마트와 일자리가 없어지고, 결국 공동체가 기능을 상실하는 과정이다. 이 현상이 지속된다면 지방은 더 이상 '사는 곳'이 아니라 '버티는 곳'으로 전락하고 우리 국토는 극단적인 불균형 현상을 보일 수밖에 없다.

우리 사회에서 지방 소멸의 담론은 아직 "과연 지방을 살릴 수 있는가?"라는 질문에서 머문다. 그러나 이제는 "지방을 어떻게 제대로 활용할 것인가?"라는 질문으로 바뀌어야 한다. 지방은 더 이상 인구 유입과 공장 유치만으로는 되살아날 수 없다. 그 대신 지방이 가진 공간과 시설, 자연과 문화, 관계망과 여유, 저비용과 고효율 구조라는 자산에 대해 새롭게 해석해 볼 필요가 있다. 지방 활용은 지방을 실패한 공간이 아니라 미래 사회를 향한 실험장, 삶의 대안 공간으로서 새롭게 정의하는 전략이다.

전국 곳곳의 지방에 직접 가보면 사라진 것은 젊은 사람의 발길이지 그곳의 인프라 자체는 온전히 남아 있다. 지방에는 '과잉이다' 싶을 정도로 훌륭한 공공시설이 존재하고 문화센터·도서관·체육관·자연환경·복지 프로그램 등이 상상 이상으로 다양하고 풍부하다. 여기에서 문제는 '사람이 없다'라는 이유로 인해 시설과 가치가 제대로 활용되지 못한다는 데 있다. 이로 인해 기존의 시설 투자에 대한 의구심과 지적이 나오기도 한다.

우리로서는 사고의 전환이 필요한 시점이다. 다시 한 번 들여다보면 지방은 자연스럽게 소멸하는 것이 아니라 효과적으로 사용되지 않는 자산이다. 아울러 모두의 노력에도 불구하고 실패한 공간이 아니다. 관점을 달리할 경우 지혜의 발휘를 통해 재발견·재활용 될 수 있는 이른바 '새로운 기회의 공간'이다. 지방을 다니면서 의외라고 느껴지는 것은 현지 공공시설의 규모와 수준이다. 이는 훌륭한 사회적 기반으로서 소중한 존재다.

소도시의 주민센터 도서관이 서울과 비교해도 전혀 밀리지 않을 정도로 필요 도서를 구비하고 쾌적한 분위기와 각종 프로그램을 제공한다. 이 외에도 운동장·수영장·체육관·유소년센터·공연장·파크골프장 등 주민들을 위한 시설이 결코 웬만한 대도시 부럽지 않게 갖춰진 상황이다. 노인들의 스포츠로 받는 파크골프[9]의 경우 수도권에서는 극심한 예약 경쟁이 벌어지고 있지만 지방에서는 예약 경쟁 없이 수시로 가까운 곳에서 편히 즐길 수 있다.

서울 및 대도시에 비해 지방에서는 교육과 복지 등 혜택을 무료 혹은 저비용으로 누릴 수 있다. 영유아가 절대적으로 부족한 지방 상황에서 자라나는 어린아이들은 신청 경쟁 없이 수영과 악기 등을 자유롭게 배우는 것이 가능하다. 도서관은 언제 가더라도 조용

---

9) 공원(Park)과 골프(Golf)가 합쳐진 의미의 현대 스포츠로서 일본에서 기원한다. 사단법인 대한파크골프장협회 자료에 의하면 2026년 초 기준으로 전국에 424개소의 파크골프장이 개설되어 있다.

하고 쾌적하다. 음악회와 공연이 자주 열려 가족들과 함께 문화적 욕구를 충족시킬 수 있다. 서울에서 쉽게 만날 수 없는 저명한 예술가나 강사들이 재능 기부 형식으로 지방 개최 프로그램에 흔쾌히 참여하기도 한다. 때문에 가성비 좋은 '저비용, 고효율의 삶'이 실제로 가능해진다.

다만 막대한 예산이 투입된 각종 시설과 인프라가 사람이 적은 관계로 이용률과 회전율이 상당히 낮은 것이 현실이다 보니 '이제 지방은 죽었다'라는 식의 잘못된 인식의 프레임이 덧씌워져 있을 뿐이다. 지방의 각종 시설을 '투입 대비 산출'이라는 경제적인 측면으로만 해석할 수는 없다. 주민의 지속 거주 가능성을 높이고 그들의 문화 향유권도 십분 고려해야만 된다. 이런 측면에서 지방을 활용하는 지혜가 요구된다.

지방정책은 그동안 "해당 지역에 얼마나 많은 사람이 사는가?"에 집중해 왔다. 그러나 인구를 인위적으로 증가시키려는 정책은 대부분 실패를 맛봤다. 이제는 인구 규모가 아니라 "어떠한 기능을 수행하는 지역인가?"가 더욱 중요하다. 조건과 선택에 따라 어느 지역은 돌봄과 노인 대상 산업 산업의 중심지가 될 수 있고, 어느 지역은 생태·치유·농어촌형 복지의 거점이 될 수 있다. 또 어떤 지역은 예술가·창작자·은퇴자 공동체, 기업체 원격근무 거점 등으로 기능할 수 있다. 기능 차원에서 지역의 방향이 설정되어야 하는 것이다.

지방은 더 이상 동일하거나 유사한 방식으로 경쟁할 필요가 없다. 각 지역은 자기만의 역할을 선택하고 특화해야 한다. 그 사례로 전라남도 신안군은 천혜의 자연조건을 활용해 태양광과 풍력 등 신재생 에너지 사업을 주력으로 삼고 수익은 '햇빛·바람연금'이라는 이름으로 주민에게 배당해 지역 경제를 살리고 자연스럽게 인구까지 늘렸다. 2023년부터는 '햇빛아동수당'을 신설해 출산과 정주 여건을 높였다. 이로 인해 언론에 의해 "소멸 위기 지역을 살린 기적"으로 평가받으며 다른 지역의 벤치마킹 대상이 되었다.

지방 활용을 위해서는 공간에 대한 재해석이 필요하다. 지방 곳곳에는 빈집과 폐교, 가동을 멈춘 공장, 사용되지 않는 공공시설이 넘쳐난다. 소멸의 징후로 이해되던 이 공간은 활용의 관점에서는 가장 큰 자산으로서 돌봄 시설, 창작 장소, 스타트업 인큐베이터, 공동 주거, 실험학교, 원격근무 허브, 청년과 노인 공존형 마을 등으로 전환이 가능하다. 수도권에서는 상상하기 어려운 저렴한 비용, 넓은 공간, 그리고 상대적으로 여유로운 시간은 새로운 삶의 방식을 실험하기에 가장 좋은 조건을 제공한다.

또 하나 염두에 둬야 할 것이 있다. 오로지 사람의 정착만을 목표로 하는 정책은 현실과 부합되지 않는다. 이제 사람들은 과거와 달리 한 곳에서만 평생을 살지 않는다. 우리 사회에 신개념으로 등장한 '디지털 노마드Digital Nomad'처럼 이제는 업무 수행에서 공간적 제약이 크지 않은 사회가 된 만큼 지방은 '머무는 곳', '다시 돌아오는 곳', '순환하는 곳'이 되어야 한다. 청년은 몇 년간 지방에서 일하고 경험을 쌓은 후 다시 대도시 등지로 이동할 수 있고, 은퇴자는 계절마다 각기 다른 지역에서 생활할 수 있으며 도시민은 주말이나 휴가철에 단기간 지역과 유대를 갖고 체류할 수 있다. 이처럼 지방을 활용하는 것은 '영구적 정착'이 아니라 '관계의 지속'을 목표로 삼아야 한다.

지방을 거주지가 아니라 살아가는 방식을 보완하는 확장 공간으로 이해해 볼 필요도 있다. 노인이 될 장년층의 경우 노후의 거주 문제를 고민해야 하고 대도시 생활 중년층은 집값·교육·직장 등 측면에서 당장에는 거주지를 옮길 수 없지만 장기적인 관점에서 지방살이를 체험하면서 삶의 균형을 찾아보는 방안 마련도 검토해 볼만하다.

우리보다 고령화 문제를 먼저 경험한 이웃 국가 일본의 경우 '고령 1인 가구 사회'로 본격 진입 중인 가운데 대책의 하나로 지역에 따라 셰어 하우스를 통해 '고령자와 대학생 동거 중개' 프로그램을 시행하고 있다. 아울러 지방 대학 구내에 고령자와 학생이 같은 숙소에서 생활하도록 하는 모델도 시범적으로 운영 중이다. 한편 고치현高知縣의 경우 현청 주관으로 복합센터를 만들어 노인과 어린이가 교류하며 상호 돕거나 도움받는 프로그램을 운영함으로써 세대 간 돌봄과 지역사회 통합의 성공 모델로 자리 잡았다.

지방 활용은 중앙정부의 지침이나 단기 공모 사업만으로는 성공을 장담키 어렵다. 실제로 현지에서 공간을 쓰고 살아가는 주민이 주체가 되어야 구현이 가능한 것이다. 따라서 행정은 통제자 입장이 아닌 조력자 입장에 서야만 된다. 주민이 자발적으로 빈집을 고치고 공동체 사업을 만들며 돌봄과 일자리를 엮을 수 있도록 제도와 재정을 뒷받침하는 것이 기본이다. 성공적인 지방 활용 사례가 갖는 공통점은 주민이 앞에서 추진하고 행정이 뒤에서 지원했다는 점이다. 민과 관의 협업이 중요함을 시사한다.

　지방 활용은 지방을 다시 성장시키는 전략이 아니라 국가 공간을 지속 가능하도록 재설계 및 관리하는 전략이다. 대한민국의 모든 지역이 성장할 필요도 없고 그럴 가능성도 상당히 낮다. 그러나 모든 지역은 반드시 가치와 의미가 있게 사용되어야 한다. 지방이 비어 있는 공간에서 벗어나 다양한 삶이 실험되고 순환하는 공간이 될 때 지방 소멸은 더 이상 국가의 위기가 아니라 새로운 사회로 전환하는 무대가 될 수 있다.

　지방 활용 시대는 "사람이 얼마나 많이 사는가?"가 아니라 "사람에 의해 얼마나 제대로 쓰이고 있는가?"로 지역의 가치를 판단하는 시대다. 이른바 '전화위복轉禍爲福'이라는 말처럼 지방 소멸의 위기에서 벗어나 새로운 계기를 만들려면 무엇보다 사람이 중요하다. 지방은 사람이 살고 오갈 수 있는 공간으로 자리하기 위해 흡인력과 매력 포인트를 가진 콘텐츠를 모색해야 할 것이다.

4장

노인안전의 작동

1절. 노인안전의 기능

우리는 평상시 "조심하고 유의하라."라는 차원에서 안전에 관한 얘기를 자주 듣는다. 안전安全의 한자 표기 뜻을 풀어본다면 편안할 '안'과 온전할 '전'이 합쳐진 것이다. 이때의 '안'은 주관적 상황으로서 인간의 심리적 평온 상태를 의미한다. 그리고 '전'은 객관적 상황으로서 인간의 신체 또는 처한 환경의 온전한 상태를 설명한다. 즉 안전은 인간의 몸과 마음, 그리고 생활의 여건이 안전하게 유지되는 것이다.

노인은 육체적·정신적 측면에서 다른 연령층에 비해서 안전에 대단히 취약하다. 노인안전Elderly Safety, Senior Safety은 "노인이 일상생활 중에 직면하는 각종 위협으로부터 신체적·정신적 피해를 예방 및 최소화하는 조치나 체계"를 의미한다. 이는 국가안보와 같은 총체적 국가 운영 개념이 아니라 생활 현장에서 작동되는 실천적 안전 개념이다. 때문에 노인안전의 핵심 목적은 사고 방지와 피해의 최소화에 방점이 찍힌다.

노인안전은 이미 현실화된 초고령사회를 맞아 노인이 다양한 악조건에서 겪을 수 있는 위험을 관리하는 사회공동체의 기본적 의무다. 아울러 노인의 삶을 적극적으로 설계해 주는 개념이 아니라 이들의 삶이 붕괴되지 않도록 지탱해 주는 최소한의 안전망이라 할 수 있다. 근래 우리 사회에서 노인안전은 아동안전과 더불어 정부와 관련 기관이 예산 투입과 조치에 인색하지 않은 분야인 것은 분명하다. 자동차의 도로 주행과 관련하여 노인 및 아동 보행 안전을 위한 속도 제한 조치가 대표적이다.

현대사회는 수명 연장에 따른 노인의 삶이 더욱 건강하고 편안하게 유지될 수 있도록 조치해야 될 과제를 부여받았다. 근래 안전 및 재난사고가 빈번하게 발생함에 따라 우리는 사회적 불안과 공포를 경험하게 되었다. 이에 따라 시민들은 국가공동체를 향해 사회적 약자인 노인의 안전에 좀 더 많은 관심과 노력을 기울여줄 것을 촉구하고 있다.

초고령사회에서 노인의 위험은 자택을 중심으로 일상생활 속에서 상시적으로 존재한다. 노인안전 문제는 낙상과 골절, 교통사고, 화재와 가스 사고, 의료사고, 범죄 피해 등으로 나타난다. 때문에 대형사고보다는 '소소하지만 반복적'이라는 특성을 갖는다. 이것이 시간의 경과를 통해 축적되면서 노인이 영위해야 될 삶의 질을 급격하게 저하시킨다.

노인의 경우 안전사고 발생 시 다른 연령대의 사람보다 상대적으로 회복력이 낮고 사고 이후 신체 기능의 저하로 이어질 확률이 매우 높다. 따라서 일상생활은 물론 사회생활에서 큰 불편을 겪게 되는 만큼 당사자로서는 남은 인생의 질과도 직접적인 연관성을 갖는다.

고령화가 심화될수록 노인의 위험은 특별한 사건이 아닌 일상의 일부가 된다. 그 사례로서, 한 번의 낙상은 삶의 질을 급전직하시킨다. 또한 경미한 교통사고가 자칫 치명적인 결과로 이어지기도 한다. 아울러 작은 범죄라도 피해를 본다면 당사자에게는 회복 불가능한 불안을 남긴다. 이런 점에서 노인안전은 사후 조치 차원이 아닌 사전 예방 조치와 체계가 필요하다.

노인안전을 위협하는 주요 사고의 영역을 살펴보면 몇 가지로 나뉜다. 첫째, 신체 기능 저하로 인해 일상적인 행동이 사고로 이어지는 신체·건강 관련 안전이다. 둘째, 노인 사고의 대부분이 당사자로서는 익숙한 자택에서 발생하는 주거·환경 관련 안전이다. 셋째, 보행 또는 대중교통 이용이나 자차自車 운전 시 발생하는 교통·이동 관련 안전이다. 넷째, 육체적·정신적으로 취약한 노인을 노리는 범죄·학대 관련 안전이다. 다섯째, 기동력이 떨어지는 노인이 가정 먼저 노출되는 재난·재해 관련 안전이다.

노인안전은 일반적으로 사고를 전제로 한다. 그 이전에는 문제시되거나 표면화되지 않는다. 가정이나 길거리에서의 낙상, 교통사고, 화재와 재난, 범죄 등의 문제는 언제나 사건 발생 이후에 피해

당사자와 대응 주체가 명확해진다. 때문에 노인안전의 주요 언어는 '예방', '대응', '관리', '매뉴얼', '점검' 등이다. 즉 자칫 구호에만 그칠 개연성이 존재하는 것이다.

한편, 노인안전은 주로 각급 행정 체계 안에서 작동된다. 이는 지방자치단체의 사업이며 부처별 정책이기에 선거를 앞두거나 부처의 장 또는 단체장·당국자 등이 필요성을 느낄 때 확대 및 확장되고 여건이 어렵다든지 정치적 이벤트가 없다면 축소 또는 변경될 수 있다. 경제 상황과 예산에 따라 가변성이 매우 높기에 지속가능성과 확고한 이행 보장을 장담키 어렵다.

근래 노인안전이 중시되면서 정책 차원에서 다양한 수단이 마련되고 있다. 시행 중인 것으로는 '안전시설 설치 지원', '주거환경 개선 사업', '교통·보행 안전설계', '범죄예방 시스템 구축', '재난 매뉴얼 수립' 등이다. 이러한 수단은 여러 기관을 통해 시행되는데 예산 지원과 시스템 구축을 통해 실효를 거둔 대표적인 것이 '응급안전안심서비스'다.

우리 정부는 노인복지법 27조 2항의 "국가 또는 지방자치단체는 홀로 사는 노인에 대하여 방문 요양과 돌봄 등의 서비스와 안전 확인 등의 보호조치를 취하여야 한다."[10]는 조문에 근거하여 '응급안전안심서비스'를 시행 중이다. 이 서비스는 독거노인, 노인 2인 가구, 조손祖孫 가구에 ICT정보통신기술를 활용한 각종 센서와 응급 안전 장비를 설치하고 24시간 모니터링을 통해 화재나 가스 사고 등

---

10)   출처, 법제처 국가법령정보센터(www.law.go.kr)

위급한 상황이 발생했을 때 감지 즉시 자동으로 119에 신고 되어 즉각적으로 출동하도록 한다. 동시에 사회보장정보원[11]이 운영하는 '취약 노인 지원시스템'으로 상황정보를 전송하게 된다.

노인 문제를 논할 때 가장 많이 접하는 단어가 안전이다. 사고에 대비하고, 범죄를 예방하고, 위험을 제거하는 일은 분명 중요하며 큰 의미와 가치를 갖는다. 고령화 초기에는 노인과 관련하여 안전 중심의 접근과 관리를 할 수 있었다. 그러나 초고령사회에 진입한 대한민국이 노인 문제를 안전 차원으로만 국한 시킨다면 본질을 놓치는 것이다.

국가는 이제 "국민을 어디까지 책임질 것인가?"에 대한 질문을 피할 수 없다. 이 질문에 제대로 답하지 못한다면 아무리 안전 대책을 세우거나 늘린다 해도 국민의 불안, 특히 노인층의 불안을 잠재우기 어렵다. 노인안전은 분명히 필요조건이다. 그러나 충분조건은 아니다. 노인을 보호하는 정책에서 할 걸음 더 나아가 노인안보 개념을 세울 필요가 있다. 노인안전과 노인안보, 양자는 상호 대립이 아닌 상호 연결의 관계로 진전되어야 한다.

노인안전 위에 상위 개념으로 노인안보가 구축될 때 비로소 초고령사회는 안정을 기할 수 있다. 안전은 안보의 기초 요소다. 이 때문에 안전만으로는 안보가 완성되기 어렵다. 노인안전은 대단히 중요한 개념이지만 분명한 한계점을 갖는다. 예방만으로는 구조적

---

11)　보건복지부에서 관리 및 감독하는 위착집행형 준정부기관으로서 사회보장정보시스템을 운영·지원한다.

불안이 해소되지 않는다는 점, 위험이 누적되지만 체계적으로 인식되지 않는다는 점, 책임 주체가 국가와 지방으로 분산된다는 점, 개별적인 사건·사고 중심으로 대응한다는 점 등을 들 수 있다.

이런 것들이 모이고 쌓일 때 노인 문제는 개인의 불행에서 그치지 않고 사회의 불안으로 바뀐다. 때문에 노인안전에서 노인안보로의 전환이 요구된다. 이러한 전환은 정책의 확대가 아닌 정책 패러다임의 이동으로서 '사고 발생 중심에서 위험 구조 중심으로', '사후 대응 영역에서 사전 책임 차원으로', '복지 수준 유지에서 국가안보 구현으로'라는 핵심 원리로 요약할 수 있다.

2절. 노인안전 위협 요소

노인안전은 초고령사회 시대가 요구하는 가장 기본적인 삶의 전제 조건으로, "고령자가 일상생활에서 건강하게 지냄과 아울러 사고·빈곤·범죄·고립 등으로부터 보호되어 자유로운 것"을 의미한다. 이러한 상황은 개인의 문제를 떠나 사회 공동체 전체의 안정과도 직결된다. 노인 세대의 안전과 관련된 위협 요소는 다양하지만 우리 사회가 깊은 관심을 기울여 현안으로 인식하고 정책 차원의 대응에 나서려면 무엇이 핵심적인 것인지를 먼저 정리해 볼 필요가 있다.

첫째는 건강 위험이다. 노인에게 가장 먼저 다가서는 위험은 건강과 관련된 것이다. 사람은 나이를 먹을수록 신체 기능 약화와 만성질환이 증가로 인해 건강 문제에 직면하는데 이는 당사자에게 생존의 차원으로 인식된다. 노인층이 흔히 겪는 고혈압·당뇨·심혈관 질환 같은 만성질환, 치매와 인지 장애 등은 심리적·육체적·경제적 측면에서 고통으로 다가와 결국 삶의 질까지 하락시킨다.

특히 치매 환자의 증가 및 장기요양 수요의 확대는 당사자와 보호자는 물론 사회적인 부담으로 작용한다. 따라서 국가와 사회 공동체는 초고령사회의 기본 대책인 의료 접근성의 제고와 함께 노인의 정신적·육체적 건강을 지키기 위한 예방의료 체계, 만성질환 관리, 장기요양 체계, 응급의료 시스템 구축 등의 노력을 경주해야 되는 상황이다.

둘째는 안전사고 위험이다. 사람은 고령으로 접어들면 대체로 신체 균형 능력과 반사 신경이 약해짐에 따라 일상에서 사고 발생 가능성이 다른 연령대에 비해 상당히 높아진다. 노인의 일상이 자칫 안전과의 투쟁으로 변할 수 있다. 가정 내 침대에서의 낙상사고, 욕실 및 계단에서의 사고, 야외 활동 중 사고, 교통사고 등 다양한 사고의 가능성이 남아 있기 때문이다.

특히 낙상은 단순한 사고에서 끝나지 않고 수술과 장기 입원, 활동 제한, 심리적 위축으로 이어지고 중대 장애 및 사망이라는 최악의 상황까지 벌어질 가능성이 높은 것으로 알려져 있다. 따라서 노인의 안전과 관련된 사고를 예방하기 위해서는 고령친화 주거환경 조성, 거주 지역 내 안전시설 설치, 교통안전 정책 수립 및 이행, 생활안전 교육 실시 등이 이뤄져야 한다.

셋째는 경제 위험이다. 노년기에 접어든 사람의 안정적인 삶을 위협하는 또 다른 핵심 요인은 경제적 불안정이다. 은퇴 이후의 소득 감소, 부족한 연금은 빈곤의 위기를 부르고 이에 더해 의료비 및 돌봄 비용의 증가는 당사자에게 상당한 경제적 부담으로 자리한다. 개인별로 사정은 다르지만, 준비가 부족했을 경우 대책 마련이 불가능해진다.

특히 우리나라는 노인 빈곤율이 매우 높은 것으로 알려졌다. 10명의 노인 가운데 3.6명이 빈곤 상태인바, 이는 OECD경제협력개발기구 국가 평균치보다 2배가량 높은 수치이다. 이와 같은 수치는 노인이 영위하는 삶의 질이 매우 낮을 뿐만 아니라 사회적 갈등과 불안의 요인으로 작용하고 자칫 국가의 안정성 문제로까지 비화될 가능성이 높다는 것을 시사한다. 노인 빈곤에 대응하기 위해서는 연금제도 강화, 노인 일자리 확대, 사회보장 체계 정비 등의 조치가 요구된다.

넷째, 범죄 위험이다. 고령의 노인은 신체적·심리적으로 취약하기 때문에 각종 범죄의 대상이 되기 쉽다. 고령화가 심화되고 사회 윤리가 퇴색하면서 노인을 특정 대상으로 삼은 범죄가 기승을 부리고 수법도 다양화·고도화 경향을 보인다. 대표적인 범죄 유형으로는 보이스 피싱, 다단계 및 방문판매 사기, 노인 대상 절도, 노인 학대, 재산 갈취 등이 있다. 이제는 국제적 조직이나 사이비 종교 단체까지 나서 우리나라 노인을 노리는 상황이다.

특히 노인 학대 문제는 가정 내에서 발생하는 경우가 많아 사회 차원에서 발견되기 어려운 성격을 갖는다. 가장 안전해야 될 가정이 가장 불안한 공간으로 자리한다면 노인에게는 치명적인 위협이 된다. 이러한 범죄에 대응키 위해서는 지역사회 감시망 구축, 노인 보호기관 강화, 금융사기 예방 교육, 노인 학대 신고 체계 강화 등 이 선결되어야 한다.

다섯째, 고립 위험이다. 고령의 노인에게는 일반적으로 은퇴 및 활동 감소, 배우자 사망, 가족 구조 변화 등으로 인해 주거지에서 벗어나지 못한 채 사회적 관계가 급속하게 축소되는 경향이 나타난다. 이를 제대로 이겨내지 못할 경우 당사자의 사회적 고립으로 이어지면서 외로움과 우울증, 건강 악화, 은거와 고독사, 돌봄 공백 같은 문제가 발생한다.

특히 1인 노인가구 증가와 함께 고립에 따른 고독사 문제가 중요한 사회적 이슈로 부상하고 있다. 이러한 사회적 고립의 위험을 감소시키려면 지역사회 돌봄 체계 강화, 노인 커뮤니티 활성화, 노인 사회 참여 프로그램 개설, 방문 돌봄 서비스 제고 등의 조치가 필요하다. 가족은 물론 사회 공동체가 노인의 외로운 죽음을 인지하지 못한다면 이는 책임의 간과이자 방기다.

여섯째, 돌봄 공백 위험이다. 고령자에게는 신체적·정신적 돌봄이 우선으로 필요하지만 가족 구조의 변화, 보호자의 불가피한 생업 종사 등으로 인해 가정 내 가족에 의한 돌봄에서 공백이 발생하고 있다. 핵가족화 현상, 가족 돌봄 기능 약화 추세 속에서 방치되는 노인은 즉각적으로 생존의 위기에 직면한다. 때문에 돌봄의 주체 전환이 필요하다.

이는 가족 중심 돌봄의 한계에서 벗어나 사회적 돌봄 체계로 전환하는 것으로서 큰 의미를 가지며 필요성에 대한 공론화를 기반으로 하는 국가와 사회 주관의 공공화이다. 돌봄의 공공성 구현을 향한 대표적인 대응 정책으로는 지역사회 통합 돌봄 시행, 장기요양 서비스 확대, 스마트 돌봄 시스템 구축, 공공자산형 돌봄 인프라 구축 등이 있다.

노인안전 문제는 개인의 건강·심리 상태나 생활 습관에서 발생하는 것이 아니다. 이는 인구 구조·사회경제 구조·가족 구조의 변화와 도시 환경 및 복지 체계의 한계 등 다양한 요인이 복합적으로 작용함으로써 벌어지는 사회적 현상이다. 특히 초고령사회를 맞아 노인층의 규모가 급증하면서 노인안전 문제는 개별적 위험에서 구조적 위험으로 전환되어 우리에게 다가섰다. 이전에는 개인이나 가족의 책임이자 의무로 여겨졌던 문제들이 지금은 국가와 사회가 공동으로 대응해야 할 '모두의 위험'으로 확대되고 있다. 그렇다면 노인안전의 구조적 위험 원인은 무엇 때문에 발생하는 것인가?

첫 번째로 건강 위험은 인구 고령화의 급속한 진행, 만성 질환 중심의 질병 구조, 의료 접근성의 격차, 예방 중심 건강관리 체계의 부족 등에서 기인한다. 두 번째로 안전사고 위험의 경우 고령친화적 환경, 노인 맞춤형 교통 환경, 안전 교육 등의 부족에서 발생한다. 세 번째로 경제 위험은 사회 전반의 조기 은퇴 구조, 노인 일자리 부족, 연금제도 미성숙, 노인의 금융 인식 취약성이 원인으로 작용한다. 네 번째로 범죄 위험의 경우 노인의 신체적·인지적 취약성, 디지털 시대 정보의 격차, 사회적 고립, 가정 내 권력과 권위 상실 등에서 비롯된다. 다섯 번째로 고립 위험의 경우 핵가족화 및 1인 가구 등 가족 구성의 변화, 배우자 사망, 사회 참여 기회 감소, 도시화와 공동체 약화 등으로 인해 발생한다. 여섯 번째로 돌봄 공백의 위험은 가족 돌봄 기능 약화, 독거노인 증가, 돌봄 인력 부족, 공동 돌봄 서비스의 한계 등으로 인해 야기된다.

위에서 서술된 것처럼 노인안전은 이제 개인의 문제를 지나 사회 안정과 국가 책임의 영역으로 확대되어야 한다. 노인의 안위와 관련하여 정책이 생명·존엄 보호, 예방·대처 중심, 취약성·제한성 극복의 방향으로 나가야만 단편적·일시적 접근이 아닌 종합적·장기적 차원의 해결이 가능해진다. 노인을 위협하는 각 요인이 성격은 달라도 결과적으로는 공동체를 위협하는 것과 마찬가지인 만큼 노인안전에서 노인안보로 전환하는 방안의 마련이 필요하다.

노인안보의 탄생

1장

인간안보 시대의 도래

1절. 기존의 안보 개념

근래에 우리가 자주 듣게 되는 용어 가운데 '안보安保'라는 것이 있다. 평범한 국민의 삶과 큰 관련이 없는 개념일 수도 있지만 일상에서 신문이나 TV 뉴스 등을 통해 매일 '국가안보', '경제안보', '에너지안보', '반도체안보' 등의 용어를 접하게 된다. 일반적으로 안보는 정부와 관계 기관의 영역에서만 취급되는 고차원의 개념으로 인식될 수 있으나 실제로는 이미 우리 사회 각 영역에서 깊숙하게 자리를 잡은 존재이다.

안보의 영문인 Security의 어원을 확인해 보면 라틴어인 Securitas에서 유래되었다. Se는 "~로부터 자유로운"이라는 의미를 가지며 Curitas는 "근심, 걱정, 불안"을 뜻한다. 따라서 단어 전체의 의미를 보면 "근심과 걱정, 불안으로부터의 자유"라고 할 수 있다. 아울러 "안정되고 편안한 상태"로도 풀이된다. 우리 표준국어대사전은 "편안히 보존됨, 또는 편안히 보존함"[12]이라고 정의한다.

안보 개념 중에서 대표적인 것은 우리가 익히 알고 있는 국가안보이다. 동서고금을 막론하고 모든 국가는 상시로 대내외의 각종 위협에 직면하고 이를 극복하거나 아니면 붕괴되는 과정을 반복해 왔다. 국가안보는 국민 개인의 생존 차원을 떠나 공동체의 존망과 직결되는 것이다. 그리고 국가의 안전을 마련하는 차원에서 이뤄지는 모든 노력과 행위가 국가안전보장이다.

그동안 국가 차원의 안보는 군사적 물리력에 초점이 맞춰졌으며 재해와 재난, 전염병 확산 등과 관련된 안전관리의 경우 정부와 정책 당국자로부터 그다지 관심을 받지 못한 채 단지 행정의 부수적인 업무로만 인식되어왔다. 때문에 그동안 이러한 문제를 안보의 관점에서 주의 깊게 들여다보거나 통합적으로 대응을 하는 식의 접근은 제대로 이뤄지지 않았다.

그러나 지금의 국제적인 상황을 놓고 보면 "국가안보 개념이 국방의 영역뿐만 아니라 경제·산업·재난·사회·환경·보건 등의 문제로까지 그 범위가 확장되어야 된다."라는 주장에 힘이 실리는 중이다. 국방 외의 요소들이 갖는 안보상의 위기가 점차 커지고 있기 때문이다. 안보의 개념과 영역이 인간과 일상을 중심으로 재정의

---

12)　국립국어원 표준국어대사전

되어야 한다는 목소리가 커지면서 국가에서 들여다봐야 하는 안보는 그 범위가 점차 확장되는 중이다.

탈냉전의 시기였던 1990년대 이후 세계화와 정보화가 급속히 확산하면서 국제질서는 새로운 방향으로 전환되었다. 이 과정에서 기존의 안보 위협과 성격이나 차원을 달리하는 초국가적·비군사적 위협이 등장하였다. 2001년 미국 뉴욕시 맨해튼 세계무역센터와 버지니아주 국방성 등을 대상으로 삼았던 9·11 테러 자행, 2019년 말부터 수년간에 걸쳐 전 인류를 공포에 떨게 했던 코로나19의 팬데믹 시대는 이를 대표적으로 보여주는 사례다.

지금은 우리의 삶에 강력한 영향력을 미칠 테러·국제범죄·기후변화·자연재해·재난·환경오염·감염병·마약 등 다양하고 새로운 위협 요소를 인식 및 대비하는 이른바 포괄안보가 적대 국가의 물리력에 대응하는 전통적 국가안보와 비견될 만큼 중요한 개념이자 가치로 자리하였다. 이는 안보에 대한 인식이 과거에 비해 완연히 달라졌음을 의미한다.

국가와 국민의 생존 및 보존이 제대로 보장되려면 단지 군사력에만 의존할 수는 없다. 정치적 상황, 경제적 여건, 국민의 정신 및 심리 같은 요소들도 국력의 구성 중요한 요소로 편입되어야 한다. 이들 요소가 개별적으로 분리되지 않고 종합적으로 연결되어 작용한다면 국가는 경쟁력과 자위력을 갖추고 온전한 존재로서 지속가능성을 기약할 수 있다.

이와 관련하여 미국 CIA 중앙정보국 국장을 지낸 레이 클라인Ray Cline은 '국력방정식' 개념을 만들었다. 국력의 요소를 유형의 요

소인 국토·인구Critical Mass·경제력Ecinomy·군사력Military에다 무형의
요소인 국가전략Strategy·국민의 의지Will를 곱한 값으로 측정하였
다. 이 방정식은 '국력=(C+E+M)×(S+W)'로 표기된다. 유형의 요소가
중요하지만, 무형의 요소도 결코 간과할 수 없음을 시사한다. 물론
그의 방정식이 아니라도 국력을 좌우하는 요소는 다양하다. 이들
요소 가운데 중요한 몇 가지를 정리해 보겠다.

제1의 요소는 정치적 요소다. 정치 영역에서의 불안 지속과 이에
따른 사회 혼란 야기를 방지하고 유사시 준비된 시스템을 통해 대
내외의 위기에 대응하려면 집권 세력 및 정부의 유능함은 물론 확
고한 철학과 가치관, 견고한 국정운영 기조, 절묘한 대외정책, 월등
한 리더십이 절대적으로 요구된다. 이를 바탕으로 삼아야만 국민
을 안심시키는 한편 안보라는 목표를 향해 공동체가 유기적으로
연계 및 작동하도록 유도할 수 있다.

제2의 요소는 경제적 요소이다. 오늘의 사회에서 경제적 불안정
은 국가의 존망을 좌우할 정도로 지극히 중요한 요소로 인식된다.
때문에 전 세계 거의 모든 국가는 경제 안정과 성장을 국정 운영
의 핵심으로 삼고 있다. 근래 미국과 중국·일본·대만 등이 반도체
와 AI를 둘러싸고 벌이는 무한대의 격렬한 경쟁이야말로 당사국으
로서는 국가안보의 관건이라고 인식하기 때문이다. 대한민국도 여
기에서 결코 예외가 아니다.

제3의 요소는 정신 및 심리적인 요소다. 국민의 정신적·심리적
동요를 예방하고 국가 운영에 적극 참여하도록 유도할 수 있는 무
형의 자산인 것이다. 국내 종교 지도자가 근래 새롭게 제기한 '마

음 안보'라는 용어가 있다. 조계종 총무원장 진우 스님이 2026년 1월 열린 대통령과의 오찬 간담회에서 언급한 내용은 대단히 큰 울림을 갖기에 한번 살펴보도록 하겠다.

> 우리 사회는 세계 최고 수준의 자살률, 초저출산, 고령화, 낮은 행복지수라는 구조적인 문제를 안고 있다. 국가안보만큼 중요한 것이 바로 국민의 마음 안보인 것이다. 국민의 마음이 깊이 지쳐있다는 신호를 해결하지 못하고, 물질적이고 경제적인 성취만으로는 '진정한 선진 국가'라고 말하기 어렵다. 정부가 제도와 정책으로 삶의 토대를 책임진다면 종교계는 국민의 마음의 편안과 정신적 안정을 함께 책임져야 한다. 국민의 마음 안보라는 공동 과제를 놓고 앞으로도 지속적인 협력을 기대한다.[13]

국가와 국민의 안보를 담보하기 위해서는 위의 세 가지 외에 가장 중요하고 기본적인 군사적 요소에다 지정학Geopolitics 요소가 더해지고 근래에 들어 등장한 기정학Techpolitics 요소까지 추가되어야 한다. 과거에는 주로 지리적 위치에 의해 국제정치와 외교가 돌아가며 특정국에 의해 좌우되었다면 현재의 세계는 경제와 산업에서 요구되는 핵심 기술을 장악한 국가를 중심으로 글로벌 차원의 질서와 패권이 재편되는 상황이다.

이처럼 안보는 다양한 요소가 유기적으로 연계·결합해야만 보장

---

13) 유화석, "국가안보 만큼 중요한 것, 국민의 마음 안보", 법보신문, 2026.1.15.

되는 것이다. 국가 공동체는 국방의 기본 가치와 기능을 핵심적인 축으로 삼되 전쟁을 피하고 평화를 유지하기 위해 가용한 모든 요소를 발굴 및 발전시켜 나가는 자세가 필요하다. 책의 뒤편에서 노인에 의한 안보를 별도로 서술하겠지만 이런 측면으로 본다면 초고령사회에서는 노인이 방관자가 아닌 공동체 안보의 능동적이며 적극적인 참여자가 되어야 한다.

미국의 케네디John F. Kennedy 전前 대통령이 "나라가 여러분을 위해 무엇을 해줄 수 있는가를 묻지 말고, 여러분이 나라를 위해 무엇을 할 수 있을 것인가를 물으시오."라고 강조했듯이 이제는 노인도 권리와 요구에 앞서 의무와 기여에 대해 고민해 볼 시점이다. 특히 안보 문제는 남녀노소가 따로 없는 우리 모두의 문제인 만큼 노인도 공동체 구성원으로서 역할 모색이 필요하다.

2절. 인간안보의 중요성

우리는 안보의 개념을 놓고 오래도록 "외부의 침략으로부터 영토와 주권을 보존하는 것, 외교정책을 통해 국가의 이익을 수호하는 것"과 같이 거대 담론으로 인식해 왔다. 때문에 일상에서 나타난 시민의 안전·인권 문제 등은 지엽적인 것으로 치부되거나 도외시되면서 오로지 생활 담론에만 머물고 전통적인 안보의 범주에 들지 못했었다.

그러나 UNDP국제연합개발계획 1994년에 보고서[14] 발표를 통해 안보 개념으로서 '인간안보Human Security'를 새롭게 제시하면서 인간 자체를 안보의 궁극적인 대상으로 보는 발상의 전환이 이루어졌다. 이 보고서는 인간안보를 "인간 개개인이 기아·질병·억압과 같은 고질적인 위협으로부터 안전을 확보하고 가정·사회 등 일상에서 갑작스럽게 겪는 고통으로부터 보호받는 것"으로 정의하고 있다. 기존의 안보와는 궤를 달리하는 것이다.

이는 각 개인의 안전과 평화로운 일상을 담보해 주는 것이 국가안보 못지않게 중시된다는 개념이다. 때문에 기존 안보의 핵심적인 요소였던 군사적인 위협뿐만 아니라 경제적인 고통으로부터의 자유, 누려야 될 삶의 질 유지, 자유와 인권의 보장 등 인간에게 필요한 기본적 권리를 포함한다. 국가에만 맞춰졌던 평화와 안전의 초점이 인간으로 옮겨간 것이다.

인간안보는 기존의 인식으로 설명하기 매우 어려운 다양성과 복잡성을 가진 문제의 발생으로 인해 주목받게 된 개념이다. 정쟁에 기인한 내전, 자연재해와 기근 등으로부터 벗어나기 어려운 개발도상국이나 저개발국의 개인을 안보의 범위에 포함시킨다. 한편으로 중진국이나 선진국의 개인 역시 각종 폭력과 범죄, 자연재해 등에서 자유롭지 못하기에 이에 대해 관심을 기울이고 적극적으로 보호하는 차원의 접근이다.

우리가 익히 알고 있는 기존의 안보 개념은 주권을 핵심으로 삼

---

14)　「HUMAN DEVELOPMENT REPORT 1994」

고 정치적 공동체 유지와 체제 수호에 중점을 두고 있다. 이에 반
해 인간안보의 개념은 공동체와 체제 내 개인의 자유와 인권을 어
떤 방향과 방식으로 보장하고 증진시킬 것인지에 집중한다. 국가
안보와 인간안보는 기본적으로 "공동체 전체냐?, 아니면 이를 구성
하는 개인이냐?"를 놓고 "어디에다 우선적인 가치를 둘 것인지?"에
서 차이를 보인다. 전통 안보와 인간안보의 차이점을 도표화해 보
면 다음과 같다.

전통안보와 인간안보의 차이점

구분	전통안보	인간안보
안보 중심	국가	인간, 개인, 약자
국가 역할	국가 주권의 수호자	인간의 생존, 권리, 존엄 보장자
정책 주체	군대, 외교, 국가안보 조직과 기관	국가와 지방정부, 시민사회 공동
정책 방식	위기 발생 이후에 대응	위기 발생 이전에 차단 및 예방
주요 위협	외부의 군사적 위협, 전쟁, 무력 충돌	빈곤, 질병, 기아, 재난, 범죄, 환경 등
위협 성격	외부 발생, 가시적인 단일 위협	내부 발생, 비가시적인 복합 위협
보호 대상	주권, 국민, 영토, 국경	국민의 생명, 존엄, 누려야 될 삶의 질
대응 수단	군사력, 외교력과 동맹, 경제력 등	예방 및 보호, 회복 조치, 사회정책
시간 관점	단기적 위기 대응	중장기적 위기 대응 및 상시 관리
법률 제도	국방, 외교 중심 법률 및 관련 체계	복지, 보건, 안전, 인권 법률 및 체계
사회 통합	효과 제한적	세대와 계층 통합 강화
측정 기준	군사력, 방위력, 경제력, 억제력	삶의 안정성, 회복탄력성, 신뢰도
기대 효과	전쟁 억지, 국방력 강화	재난대응, 감염병 관리, 노인안보 구현
노인 문제	직접적인 연관성 별무	핵심적인 보호 대상

국가안보에서 인간안보로의 전환은 몇 가지 측면에서 시사하는
바가 있다. 우선은 영토의 수호 차원에서 한 걸음 더 나아가 사람
의 보호 차원으로 안보의 패러다임이 바뀌는 것이다. 국가의 3대
요소 가운데 영토와 주권이 있지만 이에 앞선 것이 국민이다. 다음
으로는 군사적 무력 수단에 의지하는 데서 개인의 생존과 존엄을
추구하는 안보로 패러다임이 옮겨가는 것이다. 외부의 군사적 위
협보다 내부의 전염병·환경오염·범죄·인권침해 등의 위협이 더 심
각한 수준으로 공동체와 체제의 안보에 영향을 미친다.

인간안보는 질병·기아·탄압 등과 같은 일상화되고 지속적인 위
협으로부터의 차단과 제어라는 성격과 더불어 가정과 사회 같은
공동체에서 발생하는 일시적이고 긴급한 위협으로부터의 보호와
구조라는 성격을 동시에 갖는다. 안보의 초점이 전쟁으로 대표되
는 조직적이며 거대한 폭력 대응에서 탈피해 인간답게 살 수 있도
록 지원하는 방향 모색으로 이동했다고 할 수 있다. 이는 사회 구
성원으로서 동시대를 함께 살아가는 보통 사람들을 중시한 데서
비롯되었다.

인간안보의 범주에 여러 가지 요소가 들어간다. 소득 증대 및
빈곤 극복 같은 국민의 경제적인 안전을 담보해 주는 경제 안보,
국민의 생존을 위해 필수적인 식량 확보와 공급을 보장해 주는 식
량안보, 공적 조직의 폭력 및 사회 내부의 범죄자로부터 구성원의
인권과 안전을 수호해 주는 개인 안보, 각종 질병과 전염병으로부
터 국민을 보호해 주는 보건 안보, 환경 파괴에 기인한 재난으로부
터 국민을 구호해 주는 환경안보, 문화와 정체성 등을 존중하고

보호하는 공동체 안보, 자유롭게 의견을 표현하고 정치에 참여하도록 권리를 보장해 주는 정치 안보 등이다. 이와 같은 세부 영역의 안보는 인간으로서 당연히 누려야 할 기본적인 생활과 안전에 관한 보장을 담아내고 있다.

위에서 살핀 것처럼 인간안보는 공동체의 평화와 공존, 인권과 평등, 건강과 식량, 교육과 일자리 같은 인간의 기본권을 살피는 한편 안전한 지역사회를 구축하는 것을 의미한다. 나아가 에너지·기후변화·공해 같은 생활환경 문제까지 포함하여 오늘날 인류가 직면한 주요 현안을 다룬다는 것을 시사한다. 인간을 둘러싼 안보의 범위가 이처럼 확대 및 세분화됨으로 인해 해결 방식 역시 다양성과 복잡성을 갖게 된다.

여기에서 서술되는 인간안보는 몇 가지 특징을 갖는다. 첫째, 하나의 국가에만 한정된 국지적인 문제가 아니라 전 세계적인 문제로서 보편성을 갖는다는 점이다. 둘째, 사회 속에서 일상을 영위하는 보통 사람을 가장 먼저 고려하는 '사람 중심'이라는 특성을 보인다는 점이다. 셋째, 구성 요소를 보면 각기 별개가 아니라 연결되고 작용하는 상호의존성을 갖는다는 점이다. 넷째, 사후의 대처가 아니라 사전적 예방이 더욱 효과적이라는 점이다.

인류는 전염병·테러·빈곤처럼 그간 인간을 위협해 왔던 요소를 전통적인 안보상의 위협 요소보다 덜 중요하다는 인식을 가졌었다. 전쟁으로 상징되는 안보 위협과 달리 일상에서의 인간에 대한 위협은 적시 예방 및 적기 통제가 가능하다며 안심했기 때문이다. 그러나 이러한 인식은 코로나19 팬데믹 시대로 인해 한순간에 깨

지게 된다.

전 세계적으로 퍼진 코로나19 팬데믹 시대는 인간의 안전 문제와 관련, 전염병의 위협이 전쟁의 위협보다 훨씬 더 치명적일 수 있다는 것을 반증했다. 개발도상국이나 저개발국은 물론 의료와 보건 시스템을 갖춘 선진국까지도 대규모 감염 사태에 직면하였으며 기저질환이 있는 노인층을 중심으로 막대한 사망자가 발생하였다. 대다수 국가가 예방과 치료에 요구되는 의료 인력과 시설, 백신 및 치료제, 진단키트가 절대적으로 부족한 상황에서 대응을 위해 총력전을 전개하였다.

거의 모든 국가의 국경이 단단히 봉쇄되고 지역 간 이동이 철저히 통제된 가운데 국가마다 백신과 치료제 확보에 국력을 총동원하면서 자국중심주의적인 행태를 보였다. 자체적인 백신 개발이 국력을 결정짓고 국제질서의 변동 요인으로 작용하는 시대로 진입했던 것이다. 때문에 향후 인간안보의 영역 가운데 국민을 질병과 전염병으로부터 보호해 주는 보건 안보의 중요성이 더 부각될 것이다.

기억하기도 싫은 코로나19 팬데믹 시대는 우리 사회에 대해 안보의 개념을 새롭게 정립할 것을 요구한 것이나 마찬가지였다. 당시 사망자 가운데 상당수가 기저질환이 있는 노인층으로 나타난 것은 인간안보, 특히 보건 안보의 대상이 주로 사회적 약자임을 시사한다. 병약해진 신체 상태에서 코로나19 감염은 당사자에게는 치명적인 위협으로 다가왔기에 국가와 사회로서는 우선적인 고려 대상이었다. 결국 인간안보는 생명권과 존엄성 보장의 성격을 가지며 이는 궁극적으로는 정치의 핵심 목표가 되어야 할 것이다.

국가 운영의 핵심축인 정치권이 인간안보에 대해 국가안보만큼이나 중요하다는 점을 새롭게 인식하고 국민의 기본권인 안전을 고려하는 입법 활동을 지속하며 정부의 인간안보 정책 수립 및 집행에 대한 감시와 독려에 더욱 적극성을 보여야 될 시점이다. 정부역시 노인층 안전 문제를 놓고 인간안보 측면에서 관련 정책과 대책을 고민해야만 된다. 시간은 결코 기다리지 않고 위협은 언제라도 다시금 고개를 들 것이기 때문이다.

시대의 흐름과 더불어 인간안보는 이제 경제·기술·과학 분야에서도 주목하는 개념으로 자리하는 중이다. 언론에 의해 "미래 첨단기술의 세계적인 경연장"이라고 불리는 CES[15]의 경우 2023년도 핵심 슬로건으로 "모두를 위한 인간안보Human Security for All"로 선정하고 "팬데믹 시대에 인간의 생존을 위협하는 가장 시급한 문제가 무엇인지"를 고민하는 계기를 제공했었다. 아울러 글로벌 현안을 반영, 핵심 키워드로 '지속가능성', '디지털 헬스케어'가 채택되었다. 지구촌 미래를 위해 지속성을 모색해 보고 인류의 건강을 챙기는 것이야말로 기술적인 측면에서는 무엇보다 중요하다는 인식의 발로였다.

일각에서 "AI가 결국 인간을 대체할지 모른다."라고 우려하지만, 현명한 인간은 또 다른 방식으로 대응할 것이 자명하다. 다만 기술

---

15) 소비자 가전 전시회(Consumer Electronics Show), 미국소비자기술협회 주관으로 매년 라스베이거스에서 개최되는 세계 최대 규모의 ICT 융합전시회다.

은 인간의 편의성과 안전을 위해 봉사하고 발전해야만 되는 것에는 변화가 없을 것이다. 인간은 지구촌 내 최상위 존재로서 기술에 종속되지 않고 존엄성을 인정받을 권리가 있다. 특히 노인층이 기술과 과학의 발전 혜택을 누리며 일상에서의 안전을 보장받아야 함은 기본 전제다.

2장

국가의 책임 확인

1절. 국가의 기능

이미 초고령사회로 진입한 대한민국은 노인의 안전과 존엄을 보장하는 문제를 더 이상 복지의 부차적인 영역에서만 다룰 수 없게 되었다. 노인의 생명과 생존이 위협받는 사회는 구조적으로 불안정하며 상황 진전에 따라서 국가안보의 취약성으로까지 이어진다. 때문에 노인이 직면하는 안전의 위협은 개인 차원의 위험 관리를 떠나 국가에서 책임져야 할 핵심 공공안보 영역으로 들어가야 한다.

국가는 노인이 일상에서 안전하게 살아갈 수 있도록 각종 제도, 보유 자원과 조직을 모두 동원해야 되는 당연한 의무를 갖는다.

이는 헌법에서 규정한 생명권 보호와 사회계약의 핵심 내용에 해당된다. 사전에서 국가는 "일정한 영토와 거기에 사는 사람들로 구성되고, 주권에 의한 하나의 통치조직을 가지고 있는 사회 집단. 국민·영토·주권의 삼요소를 필요로 한다."[16]고 풀이되는 존재다. 한편 독일의 정치경제학자 막스 베버Max Weber는 국가를 "영토 내에서 합법적, 물리적 강제력을 행사하는 주체"라고 정의하였다.

국가는 합법적인 물리력과 강제력을 통해 국민의 이익에 봉사하는 조직으로서, 특히 안보와 관련하여 최고 지도자의 국가 사명에 대한 철학이 대단히 중요하다. 일본 정계에서 "철鐵의 여인"으로 불리는 다카이치 사나에高市 早苗 제104대 내각총리는 2026년 2월, 중의원衆議院 선거를 앞두고 정책의 우경화에 대해 언론과 사회 일각에서 우려 표명이 잇따르자 "국민의 생명과 삶을 지키는 것은 국가의 궁극적인 사명이다."라는 말로 국가의 책임과 의무를 규정하면서 자신의 소신이 변할 수 없음을 밝혔다.

본격화된 일본의 우경화 움직임은 동북아 정세에 악영향을 미치고 자칫 주변국과의 긴장 관계를 불러일으킬 가능성이 매우 높으며 국제사회의 우려를 살 수 있다. 그럼에도 "국민의 생명과 삶을 지킨다."라는 국가 사명을 놓고 그녀의 소신은 결국 투표과정을 통해 국민의 압도적인 지지로 인정을 받았다. 이처럼 국가는 외부 세계의 입장이나 반응과는 별개로 자국의 국민을 안전하게 지켜내는 데서 존재에 대한 구성원의 동의가 이뤄지고 당위성을 부여

---

16) 국립국어원 표준국어대사전

받는다.

노인의 안전·존엄과 관련된 문제를 국가안보의 확장된 영역으로 본다면, 국가는 노인에 대한 단순한 복지 공급자를 넘어 안위를 위한 보호자·조정자·예방자이자 전략 설계자로서의 막중한 책임을 지고 상시적으로 가능을 수행하는 존재다. 여기서 국가의 책임은 무엇보다 노인의 생존과 존엄, 평화와 안전이 구조적으로 위협받지 않도록 철저히 보장하는 데 있다.

이는 당사자·가족·지역사회가 자체적으로 감당하지 못하는 위험의 상황을 국가에서 최종적인 안전망으로서 흡수해야 된다는 의미다. 특히 초고령사회가 현실화된 지금은 노인 개인의 위험이 곧바로 사회공동체 전체의 불안전 요인으로 전환된다. 따라서 노인의 안전과 직결된 문제는 더 이상 선택적 복지 수준이 아니라 국가 차원의 통합과 존립은 물론 지속가능성의 여부를 결정짓는 데 있어 핵심 요인으로 자리한다. 국가는 노인의 평안하고 존엄한 일상 유지에 대한 책임을 진다. 이 책임은 몇 가지로 나눠 설명될 수 있다.

제1의 책임은 생존과 안전 보장이다. 노인은 소득 단절에 따른 경제적 위협, 질병과 장기요양 공백에 기인한 생명의 위험, 고독사·방임·범죄 등 일상의 피해, 재난·감염병 같은 상황에 노출되면서 고통을 받는다. 따라서 국가는 "노인이 살아 있는 한 최소한의 안전은 책임진다."라는 안보적 약속을 해야 한다. 이는 구성원들의 국가에 대한 신뢰와 직결되는 책임이다.

제2의 책임은 구조적 불안 요인 예방이다. 노인의 안위와 관련된 일은 사후 구제가 아니라 사전 예방이 핵심이다. 국가는 연금·의료·돌봄 체계의 지속가능성 붕괴, 급속한 노인 인구 증가에 의한 지역 공동화에 선제적으로 대처할 의무가 있다. 또한 세대 갈등과 노인 혐오의 확산 방지 노력을 기울여야 된다. 이는 노인 개인의 문제가 사회 불안으로 전이되지 않도록 차단하는 책임이다.

제3의 책임은 존엄과 권리의 보장이다. 국가는 노인을 보호의 대상이자 동시에 권리의 주체임을 인정해야 한다. 노인은 거주·치료·삶의 방식과 관련한 자기결정권. 차별받지 않을 권리, 디지털·행정 분야 접근권, 사회 참여 및 노동의 권리를 확고히 보장 받아야 존엄을 지킨다. 결국 국가는 단순히 노인을 보호하는 것이 아닌, 존엄하며 안전하게 늙을 수 있는 조건을 만들어주는 존재다.

제4의 책임은 세대 통합과 사회 안정 유지다. 노인 문제를 도외시하거나 방치할 경우 사회는 세대 간 부담 인식 충돌, 복지 포퓰리즘과 정치적 갈등, 생산 인구의 조세 저항 등으로 인해 구성원의 상호 신뢰가 붕괴될 가능성이 높아진다. 따라서 국가는 노인 안위와 관련된 체계적인 정책을 통해 세대 간 통합·공존 및 사회 안정의 유지를 책임진다.

노인이 지속적인 위협과 위험 속에서도 안전하고 존엄한 상태에서 삶을 영위하려면 당사자와 가족은 물론 사회까지 나서야 되지만 인적·물적 한계가 있다. 때문에 공동체의 마지막에 위치한 국가의 개입과 역할이 매우 중요하다. 이 때 발휘되는 국가 기능을 몇 가지로 나눠 설명하도록 하겠다.

제1의 기능은 전략 기획이다. 노인의 안전하고 존엄한 삶의 보장은 단편적인 정책 대신 중장기 국가전략으로 접근해야 한다. 국가 차원에서 관련 전략의 수립, 인구구조 변화에 따른 위험 시나리오 작성·관리, 위기 시 노인 보호 매뉴얼 준비가 가 필요하다. 특히 재정·산업·복지·국방 정책과의 연계 방안이 검토되어야만 종합적인 전략의 기획이 가능해진다.

제2의 기능은 제도 설계 및 법적 보호다. 국가는 법적·제도적 틀을 통해 노인의 안위를 보장하는 기능을 갖는다. 정부 내 부처 대상 업무 지정, 중앙정부와 지방정부의 책임 소재 명확화, 노인 안위 적용 법률 제정, 노인안전 권리 침해 법적 대응, 민간 참여에 대한 법적·제도적 가준 마련이 필요하다. 특히 법률 제정은 노인의 안위와 관련된 업무를 선언이 아닌 의무로 만드는 중요 수단이다.

제3의 기능은 공공 안전망 구축 기능이다. 국가는 노인의 생명과 생존을 책임지는 존재로서 이를 구현키 위한 다층 안전망 구축의 기능을 갖는다. 주요 안전망으로는 연금·기초소득·보조금·지원금 같은 소득 안전망, 의료·보건·요양 같은 건강 안전망, 거주·교통·치안·재난 등의 생활 안전망, 고립 예방·지역 돌봄 등의 사회 안전망이 있다. 이러한 안전망은 위기 발생 시 작동되는 안보 인프라다.

제4의 기능은 조정 및 통합이다. 노인층이 겪는 안전의 문제는 다중적인 성격을 갖기에 정부 내 특정 부처에서 단독으로 해결할 수 없다. 따라서 국가는 중앙정부 부처 간 정책 및 업무 조정, 지방자차단체 간 격차 해소의 기능을 발휘한다. 아울러 민관 협력 차원에서 시민단체·기업의 참여 및 협조를 통해 가족 돌봄 부담의 사회적 분산을 유도하는 기능도 수행한다.

제5의 기능은 산업 및 기술 연계다. 국가는 노인의 생명·생존·존엄에 소요되는 것을 일회성 비용이 아닌 선순환·확장성의 미래 산업과 연결함으로써 관련 생태계를 조성하는 기능을 갖는다. 고령자를 위한 대상으로 삼는 산업의 육성, 스마트돌봄 기술의 개발 및 도입, 디지털 해소 정책 시행, 노인의 사회적 역할과 기여 방안 재설계가 주요 내용이다. 이는 노인 문제에 대한 대처를 국가 역량으로 전환시키는 기능이다.

위에서 서술한 것처럼 국가가 갖는 책임과 가능은 막중하다. 국가가 이를 회피한다면 대규모 고령 빈곤층의 지속적 대두, 고독과 학대·방임의 만연, 지역소멸과 공동체 붕괴, 세대 갈등의 표면화 및 정치화, 국가 신뢰도 및 품격 하락 등으로 이어진다. 이는 국가가 국민의 생애 전체를 책임질 수 있는지에 대한 높은 난이도의 시험인 만큼 노인의 안전과 존엄은 복지행정에서만 답을 찾을 수 없다. 국가안보 측면에서 종합적인 접근을 통해 제대로 된 답안을 내놔야 할 것이다.

2절. 헌법의 규정

우리 공동체에서 노인안보가 제시되려면 우선 법률적인 근거가 필요하다. 특히 전제되어야 하는 것은 법률 가운데서도 가장 핵심으로 여겨지는 헌법에서 관련 규정이 있는지 여부다. 헌법에 대해 사전에서는 "국가 통치 체제의 기초에 관한 각종 법규의 총체. 모든 국가의 법의 체계적 기초로서 국가의 조직, 구성 및 작용에 관한 근본법이며 다른 법률이나 명령으로써 변경할 수 없는 한 국가의 최고 법규다."[17]로 풀이하고 있다.

이른바 "법 중의 법"으로 불리는 헌법은 국민의 기본적 인권을 보장하고 국가의 정치 조직 구성과 정치 작용 원칙을 세우는 한편 국가와 시민의 관계를 규정·형성하는 최상위 규범이다. 1989년 헌법재판소 결정문을 보면 "헌법은 국민적 합의에 의해 제정된 국민생활의 최고 도덕규범이며 정치생활의 가치규범으로서 정치와 사회질서의 지침을 제공하고 있기 때문에 민주사회에서는 헌법의 규범을 준수하고 그 권위를 보존하는 것을 기본으로 한다."라는 내용이 나온다. 정치와 사회질서가 헌법의 가치에 의해 작동되는 것이며 규범으로서의 준수와 권위로서의 보존이 필수임이 강조되었다.

법관출신으로, 현직 때부터 재판과 관련된 드라마 대본을 집필했던 인사는 저서에서 "애초에 다른 존재들끼리 한집에 살기 위해 최소한의 타협을 하고 살아가는 것이 사회다. 그래서 서로의 존재 자체를 싸움의 대상으로 삼는 것이 아니라 약속 위반을 따지는 게 낫다. 그 모두의 약속이 헌법이다."[18]라는 언급을 했다. 헌법은 공동체 구성원 간 상호 존재의 다툼을 따지는 것이 아닌 약속의 이

---

17)   국립국어원 표준국어대사전
18)   문유석, 『최소한의 선의』, 문학동네, 2021,12, 20p.

행 여부를 가리는 기준이라는 의미다.

헌법은 하위 법률과 다른 고유한 기능을 갖는다. 첫째, 한 집단이 국가로 존재하는 데 있어 정치적으로 단합되도록 하는 기능이다. 둘째, 해당 국가에서 이뤄지는 정치활동을 법이라는 기반을 통해 지배하는 기능이다. 셋째, 그 국가 구성원인 국민의 인권을 보장함과 아울러 공감을 바탕으로 사회통합에 기여하는 기능이다. 넷째, 해당 국가 내에서 공적·사적인 정의가 구현되도록 하는 기능이다. 이처럼 헌법은 공동체 단합, 정치 기반 제공, 사회통합 유도, 정의사회 구현 등의 기능을 통해 국가 체제 유지의 핵심 가치로 자리한다.

1987년 제9차 개헌 이후 약 40년이 흐른 가운데 우리 정치권 일각에서 "지금의 헌법이 저출산·고령화·지방 소멸 등의 사회적 문제와 시대정신을 반영하지 못한다."라는 지적이 나오고 있으며 개헌론자들은 "개헌의 장애물은 시간이 아니라 인식"이라는 논리도 전개하는 중이다. 노인안보를 다루는 이 책에서는 개헌 문제를 정치권의 고유 영역으로 남겨두고 헌법 조문에 담긴 노인과 안보에 관련된 부분만을 살펴보도록 하겠다.

노인안보는 단순한 정책의 선택이나 복지로 한정된 행정의 문제가 아니며 헌법에서 규정해놓은 국가의 기본 책무와 직결된 영역이다. 우리 헌법은 최고의 법률로서 국가가 "어떠한 가치로, 누구를, 어디까지 보호해야 되는지"를 명확히 제시한다. 이 가운데 노인의 생명과 안전·존엄을 보장할 책임도 헌법에 명시되어 있다. 헌법은 인간의 존엄과 가치, 기본적 생명권과 사회보장권, 국가의 사회적 책무 등을 분명하게 규정함으로써 노인안보가 정당화·제도화할 수 있는 충분한 근거를 제공한다. 헌법 조문을 통해 이를 확인하도록 하겠다.

헌법 제10조는 "모든 국민은 인간으로서의 존엄과 가치를 가지며, 행복을 추구할 권리를 가진다. 국가는 개인이 가지는 불가침의 기본적 인권을 확인하고 이를 보장할 의무를 진다."라고 규정하고 있다. 이 조문은 노인안보의 출발점으로서 큰 의미를 갖는다. 노인은 연령과 관계없이 '모든 국민'에 포함되는 만큼 국가로서는 이들의 존엄과 가치, 행복추구권을 적극적으로 보장해야 할 의무를 부여받았는바 이는 안보 차원으로 격상 및 이행되어야 한다.

노인이 질병·빈곤·재난·재해·범죄 등으로 인해 생존을 위협받는 상황에 직면한다는 것은 헌법에서 보장된 존엄과 가치가 침해되는 상태나 마찬가지다. 때문에 노인안보는 국가의 선택적·자의적 행위가 아니라 헌법 제10조에 따른 필수적·의무적 행위다.

헌법 제11조는 평등권과 차별 금지의 내용을 담고 있다. 제1항을 보면 "모든 국민은 법 앞에서 평등하다. 누구든지 성별·종교 또는 사회적 신분에 의하여 정치적·경제적·사회적·문화적 생활의 모든 영역에 있어서 차별을 받지 아니한다."라는 내용이 나온다. 평등을 기본으로 삼고 차별을 배재하는 것으로서 노인 역시 구성원으로서 반드시 적용받는 대상이다.

노인은 연령을 이유로 의료 서비스, 정보 접근, 재난 대응, 공공안전 등의 조치에서 결코 배제되어서는 안 된다. 만약 공동체 내에서 노인에 대한 구조적 차별이 이뤄진다면 이는 평등권 침해에 해당된다. 국가는 노인이 디지털 정보와 재난 및 재해 정보, 치안과 방재 행정, 의료와 돌봄 서비스에서 소외되거나 불리하지 않도록 평등과 공정 차원의 조치를 취해야 된다. 이는 헌법 제11조의 실질적 구현이다.

헌법 제12조는 생명권과 신체의 안전을 규정한다. 제1항에서 "모든 국민은 신체의 자유를 갖는다."라는 내용이 적시되어 있다. 신체의 자유는 자유권적 기본권 중 하나로서 신체의 완전성이 훼손되지 않을 자유와 신체활동을 외부의 간섭 없이 자율적으로 행할 수 있는 자유를 의미한다. 우리 헌법은 '생명권'을 단일 조문으로 명시해놓지 않았지만 인간의 존엄과 신체의 자유를 적시함으로써 생명과 안전을 기본권의 핵심으로 인정·보호한다.

그동안 다수의 사례에서 드러났듯이 의료 공백, 돌봄 부재, 학대 및 방임 등으로 인해 노인의 생명과 신체 안전이 구조적으로 위협받을 가능성이 상존하고 있다. 때문에 국가는 이러한 위협을 좌시하거나 방치하지 않고 적극적이고 선제적인 자세로 예방·보호·구조 체계를 마련해야 한다. 이는 헌법상 생명보호 의무의 구체적인 이행이다.

헌법 제30조는 범죄 피해자가 국가에 의해 구제받을 수 있도록 규정하는 조문이다. 그 내용은 "타인의 범죄행위로 인하여 생명·신체에 대한 피해를 받은 국민은 법률이 정한 바에 의하여 국가로부터 구조를 받을 수 있다."라고 되어 있어 사후적인 측면이지만 무고한 시민의 범죄 노출에 기인한 피해 구제가 보장됨을 명확하게 알린다.

특히 육체적·정신적으로 취약한 계층인 노인은 각종 범죄의 대상으로 떠오르고 불법 다단계 판매나 보이스 피싱 같은 신종 범죄로 인해 큰 피해를 보는 사례가 빈번해졌다. 제30조에서 규정한 피해 국민 가운데서도 사회적 약자 위치에 처한 노인을 범죄로부터 보호 및 구제하는 것은 국가와 사회 공동체의 안정 차원으로 볼 때 대단히 중요하다.

헌법 제34조는 국민에 대한 사회적 보장 및 국민이 직면할 사회적 위협으로부터의 보호에 관한 것이다. 제1항의 "모든 국민은 인간다운 생활을 할 권리를 갖는다.", 제2항의 "국가는 사회보장·사회복지의 증진에 노력할 의무를 진다.", 제4항의 "국가는 노인과 청소년의 복지 향상을 위한 정책을 실시할 의무를 진다."라는 조문에서 국민의 권리와 국가의 의무가 확인된다.

제34조는 노인안보에 대해 가장 직접적으로 규정한 조문으로서 특히 제4항의 경우 노인을 명시적으로 거명하며 국가의 노인보호를 '노력'이 아닌 '의무'라고 밝혔다. 제1항의 '인간다운 생활'은 단순한 생계 지원을 넘어 안전한 주거 제공, 의료 혜택 보장, 재난 시 보호, 학대와 방임 방지, 사회적 고립 예방 등까지 포함되는 포괄적 개념이다. 때문에 노인안보는 제34조의 구체적인 실천 영역이라고 할 수 있다.

헌법 제66조는 안전보장과 국가의 기본 기능에 관한 조문이다. 제2항에 "대통령은 국가의 독립·영토의 보전·국가의 계속성과 헌법을 수호할 책무를 진다."라고 규정되어 있다. 이 조문이 전통적으로 군사안보 중심으로 해석되어 온 가운데 국가의 계속성 및 헌법 질서의 유지를 위해서는 국민의 생존과 사회의 안정이 전제되어야 한다. 따라서 이제는 군사안보 이외에 다른 안보 역시 다각도로 고려하는 것이 필요하다.

인구 구조에서 점차 비중이 높아지는 노인층이 다양한 위협, 미흡한 대응으로 인해 불안심리를 갖는다면 사회적 혼란과 세대 갈등으로 연결되고 결국 국가의 계속성, 즉 지속가능성 자체가 위협받는다. 이러한 위협에서 벗어나기 위한 정책과 조치 가운데 노인안보도 하나의 중요한 요소로서 인식되어야 한다. 왜냐하면 대한민국의 고령화는 브레이크가 좀처럼 잡히질 않아 정지를 못한 채 직진만 하는 상태이기 때문이다.

헌법 제117조는 지방자치와 지역 기반 노인안보의 근거로 작용한다. 이 조문은 "지방자치단체는 주민의 복리에 관한 사무를 처리하고 재산을 관리하며, 법령의 범위 안에서 자치에 관한 규정을 제정할 수 있다."라고 규정하고 있다. 헌법은 이처럼 지방자치단체가 주민의 복리에 관한 사무를 처리할 권한을 인정함으로써 일선 행정에서의 주민 대상 서비스를 가능케 한다.

노인안보는 지역 특성과 밀접하게 연관된 영역으로서 헌법상 지방자치의 핵심 사무에 해당한다. 국가는 중앙정부의 책임을 회피해서는 안 되지만 동시에 지방정부가 지역 단위 노인안보 체계를 구축할 수 있도록 재원을 보장해야 하며 이는 헌법에서 규정한 지방사무 수행을 지원하는 차원이다.

위와 같은 헌법 조문의 내용을 종합해보면 노인안보는 몇 가지 특성을 갖는다. 첫째, 노인의 기본권 보장 문제다. 둘째, 노인에 대한 국가의 적극적인 작위 의무다. 셋째, 노인의 안위는 사회 안정과 국가 지속성과 직결된다. 넷째, 노인 안위는 인간안보의 핵심 영역에서 다뤄진다.

결국 노인안보를 소홀히 대하는 국가는 헌법에 규정된 책무를 다하지 못하는 국가라 할 수 있다. 대한민국 헌법은 제정된 이후부터 지금까지 노인안보를 직간접적으로 강력하게 요구해왔다. 다만 우리가 무심했고 관심을 기울이지 않았을 뿐이다. 인간의 존엄과 가치, 인간다운 생활, 사회보장, 평등과 차별 배제, 국가의 지속성은 모두 노인안보와 연결된 헌법적 가치로서 국가 차원에서 반드시 구현되어야 한다.

8장

노인안보 개념의 정립

1절. 노인안보 개념

장수長壽사회 구현, 고령인구 증가는 어떻게 보면 축복이면서 동시에 위험으로 해석된다. 인류의 수명 연장은 분명 의학과 과학의 업적이자 성취이지만 준비되지 않는 장수가 경우에 따라 사회 전체를 뒤흔드는 요인으로 작용한다. 특히 노인의 문제를 당사자나 가족의 책임으로만 남겨둔 사회에서의 초고령화 진전은 필연적으로 빈곤의 직면, 고립의 심화, 범죄의 발생, 불안의 야기, 의료의 붕괴 같은 복합적 위기 동반으로 나타난다.

그런데 문제는 이러한 위기가 우리 앞으로 아무런 소리도 없이 빠르게 다가온다는 데 있다. 전쟁처럼 경보가 울리지 않고 총성이

나 포연이 전혀 없기 때문에 실제로 위기가 닥쳤을 때 적의대처는 불가능해진다. 부지불식간에 벌어지는 위기 상황에서 노인이 가장 먼저 무너지면 사회의 도덕적 기반과 공동체의 신뢰 역시 함께 무너진다.

대한민국은 전 세계 국가 가운데 가장 빠른 속도로 초고령화 현상을 보이고 있다. 고령인구의 급증은 단순히 개인 차원의 문제에서 끝나지 않고 국가 재정·사회 통합·지역 유지·국가 지속가능성 등 전반에 걸쳐 영향을 미치는 '구조적 리스크'로 전환되는 중이다. 이제 노인은 복지의 대상이 아닌 안보의 대상, 더 나아가 국가 존립과 직결된 전략적 변수로 자리하였다. 때문에 이제는 노인안보 개념의 등장이 요구된다.

노인안보Elderly Security, Senior Security는 "고령자가 경제적·신체적·정신적·사회적·기술적 위험으로부터 보호받으며 어떠한 위기 상황이 오더라도 존엄을 잃지 않고 온전하게 삶을 지속할 수 있도록 국가와 사회공동체가 책임과 의무를 다하는 종합 안전체계"를 의미한다. 이는 기존의 노인안전과는 분명 차원이 다른 것이며 인구 구조 변화에 따른 내부적·구조적 위협으로부터 고령자를 보호하는 인간안보의 확장된 개념이라 할 수 있다.

여기에는 소득·식사·주거 등의 생존 영역, 의료·돌봄·만성질환 대응 등 건강 영역, 학대·방임·고독사·범죄 피해 등 관계 영역, 존중과 참여 및 역할 유지와 같은 존엄 영역이 포함된다. 아울러 노인안보는 세 가지 차원으로 이해할 수 있다. 첫째, 개인 차원이다. 노인이 빈곤·고립·학대·방임·사고로부터 보호받고 인간다운 삶을 영위하도록 보장하는 조치다. 둘째, 사회 차원이다. 노인의 불안정이 가족 해체·돌봄 공백·지역소멸·세대 갈등으로 전이 및 확산되지 않도록 사회 구조를 안정시키는 것이다. 셋째, 국가 차원이다. 노인 문제로 인해 야기되는 재정 압박·인력 부족·사회 갈등이 국가 운영과 안보의 역량을 약화시키지 않도록 선제적으로 대응하는 것이다.

그동안 우리가 접해왔던 노인안전, 그리고 처음으로 제시되는 노인안보는 개념과 정의, 관점과 차원, 주체와 성격, 대상과 방식 등에서 상호 차이점을 보인다. 이를 도표로 정리해보면 다음과 같다.

노인안전과 노인안보의 차이점

구분	노인안전	노인안보
근본 개념	노인이 각종 사고나 위험, 재난 등으로부터 신체적으로 보호받는 상태 또는 조치	노인의 생존, 존엄, 생활 안정이 구체적, 체계적으로 보장되는 상태 또는 조치
기본 관점	위험 예방과 사고 방지가 중요	국가 및 사회공동체 차원의 지속적인 보호와 체계적인 관리가 중요
접근 차원	위기를 취약계층 또는 개인의 문제로만 국한시키는 소극적인 접근	국가의 지속가능성을 초래하는 것에 대한 대응으로서 적극적인 접근
정책 성격	복지와 안전 정책 시행의 일부	국가안보 일환으로서 사회와 인간의 안전을 종합적으로 다루는 정책
법적 성격	개별 안전 관련 법률 및 지침 등으로 한정	노인안보기본법 제정 및 국가 전략 차원의 제도가 필요
책임 주체	당사자, 가족 및 지역사회, 지방정부 중심	기본적으로 국가의 책임으로서 중앙과 지방, 사회공동체가 공동 참여

국가 개입	제한적이고 보조적 수준에서 간접지원과 관여	책임의식을 갖고 적극적이며 선도적으로 관여 및 관리
취급 영역	교통사고, 낙상, 화재, 재난과 재해 안전 등 지엽적 영역	경제, 건강, 보건, 고독, 돌봄, 범죄, 지역소멸 등 전반적인 영역
시간 범위	단기적이며 단편적인 사건 중심으로서 현재만 고려	중장기적이며 구조적 사건 중심으로 미래까지 고려
적용 대상	사건과 사고 위험에 직면한 노인에 한정	사회의 잠재적 각종 위험에 직면할 수 있는 모든 노인으로 확장
위험 인식	사건, 사고, 재난, 재해 같이 명확히 드러난 것만 위험으로 인식	잠재적이며 복합적이고 연쇄성을 갖는 징후를 위험으로 인식
대응 방식	발생 이후 대응과 조치이며 부분적인 예방	발생 이전 예방과 조치이며 통합적인 관리
최종 목표	대상자가 사고를 당하지 않도록 보호하는 것이 목표	노후의 안정성 및 사회통합을 유지하도록 하는 것이 목표
개념 위상	사회복지, 노인복지의 하위 개념으로 존재	인간안보, 사회안보를 구현하는 것으로서 복지와 안전의 상위 개념

　전통적인 국가안보에서 외부의 적은 최대의 위협으로 간주된다. 그러나 현대사회에서 국가는 내부에서 발생한 요인에 의해 무너진다. 그 사례를 지구촌 곳곳에서 어렵지 않게 발견할 수 있다. 향후 국가의 붕괴는 외부의 폭격이 아니라 내부적으로 돌봄의 붕괴·신뢰의 상실·공동체의 해체에서 시작된다. 특히 초고령사회로 진입한 국가라면 당장에 해결키 어려운 노인 문제를 안고 있기에 여기에서 자유로울 수 없는 입장이다.

　의료와 복지비용의 폭증, 가족 돌봄 부담의 가중, 세대 갈등의 심화, 사회적 신뢰 하락, 국가 재정의 지속불가능성 등이 연쇄적으로 반응을 일으킨다면 노인의 불안은 더욱 깊어질 것이다. 이 것은 더 이상 사회의 문제가 아니라 국가 생존의 문제다. 따라서 노인안보는 국방·외교·경제 등의 안보와 병렬적 개념으로서 국가 핵심 안보 영역으로 재정의 되어야 한다. 여기에서 노인안보가 요구되는 구조적 이유를 몇 가지로 나눠 확인해보겠다.

제1의 이유, 고령층 취약성의 집단화다. 과거에 일부 노인의 문제로만 인식되던 빈곤·질병·고독·돌봄 공백이 이제는 공동체 내 대규모 인구집단에서 동시에 발생하고 있다. 이로 인해 산발적·개별적 대응이 아닌 국가 차원의 체계적 개입과 관리 없이 해결은 불가능하다. 공적 수준에서 일관성·구체성을 가진 정책 이행과 정교한 시스템 가동이 반드시 필요한 것이다.

제2의 이유, 위험의 복합화와 연쇄화다. 노인의 건강 문제는 의료 위기로, 빈곤 문제는 사회 불안으로, 소요 예산은 재정 위기로, 고독과 고립은 극단적 선택과 지역 붕괴로까지 이어질 수 있다. 이러한 위험은 해결의 난이도가 대단히 높은 복합성을 가지며 서로 간에 연결되어 결국 연쇄적인 안보 위협으로 확대될 가능성이 상당히 높다.

제3의 이유, 고유한 가족 기능의 약화다. 전통적으로 노인보호를 담당해왔던 가족과 이웃, 지역사회 등 공동체의 기능이 급격히 약화되면서 보호공백이 국가로 이전되고 있다. 자녀의 분가, 가족의 해체, 1인 가구의 비중 증가 등에서 알 수 있듯이 이제는 가족 구성원이 혈연관계를 떠나 각자도생으로 나가는 추세다. 이는 노인안보가 더 이상 도덕이나 인륜, 효도의 문제로만 남겨질 수 없음을 의미한다.

제4의 이유, 공동체의 무관심 및 구성원 간 형평성 논쟁이다. 공동체 구성원은 비단 노인뿐만 아니라 아동·청년층·중장년층도 포함된다. 어느 특정 계층만을 위한 안보를 논하기에는 다른 계층의 문제도 산적한 것이 현실이다. 이 때문에 공동체가 노인안보에 무관심한 상황이 벌어지거나 다른 구성원이 형평성 문제를 제기할 경우 논쟁을 피할 수가 없다.

노인안보에는 정치와 행정, 경제와 산업, 의료와 보건, 중앙과 지방, 공공과 민간 등 다양한 주체와 요소가 들어가는 만큼 단일 정책이 아닌 다층적·융합적 차원의 체계로 구성되어야 한다. 이 체계를 구축하는 데 있어 필요한 핵심 요소를 정리해보겠다.

첫째는 예방 중심의 원칙 견지다. 사후 복지가 아닌 사전 위험 탐지와 개입이 핵심이며 건강 모니터링, 고독 위함 조기 발견, 안전사고 예방 등이 포함된다. 둘째는 통합 관리 시행이다. 복지·의료·치안·주거·기술·재난 대응이 분절되지 않고 연결되어야 하며 노인을 중심으로 한 '원스톱One Stop 안보 시스템'이 필요하다. 셋째는 기술 기반 스마트 지향이다. AI·빅데이터·IoT를 활용한 위험 예측과 대응은 인력의 한계를 보완하고 효율성을 높인다. 넷째는 지역 기반 안보네트워크 구축이다. 중앙정부의 정책과 더불어 지방정부·지역공동체·민간단체가 상호 긴밀히 협력하는 다층적 구조가 필수적이다. 다섯째는 존엄성 견지로서 노인을 일방적 시혜의 대상이 아닌 사회 구성원이자 공로자로서 인정하고 존중해주는 것이다.

노인안보는 국가에서 주는 시혜적 복지가 아니다. 국가의 당연한 의무이며 동시에 청년층으로 상징되는 미래세대를 위한 장기적 관점의 투자다. 국가는 헌법에서 보장하는 인간의 존엄과 생존권을 당사자의 고령기에도 실질적으로 보장해야 할 책무를 갖는다. 국가는 제도의 설계자이자 책임자로서 법률·제도·재정을 통해 노인안보 체계를 구축해야 하며 지방정부는 실행 주체로서 지역 내에서 역할을 수행해야 한다. 또한 민간과 시민사회는 보조적 역할에 머물지 않고 안보 파트너로서 적극적으로 참여해야 한다.

국가가 "오늘의 노인을 어떻게 대하는가?"라는 "내일의 노인을 어떻게 대할 것인가?"에 대한 예측을 가능케 해주는 사회적 약속이다. 진정한 강국이란 UN 안보리 이사국, OECD경제협력개발기구 회원국 혹은 군사력이 강력한 나라가 아니라 노인이 불안 없이 온전히 살 수 있는 국가를 말한다. 노인을 지키지 못하는 국가는 최종적으로 그 누구도 지켜내지 못한다. 결국 사회적 약자를 지켜내는 것이 국가의 기본 책무이자 역량이라 할 수 있다.

노인안보는 현재에 들어가는 비용이 아니라 내일을 대비한 투자다. 안정된 노후는 사회 신뢰를 제고시키고 세대 간 갈등을 완화시키며 국가의 지속가능성을 강화시킨다. 나아가 노인을 보호의 대상에서 안보의 동참자, 사회적 자본으로 전환하는 토대가 된다. 결국 노인안보는 초고령사회 대한민국이 반드시 선택해야 할 새로운 국가안보 전략이다. 이는 인간·사회·국가의 안보를 잇는 핵심 연결고리라고 할 수 있다.

2절. 노인안보 철학

　새로운 개념이 등장하기 위해서는 먼저 이를 뒷받침하는 사유思惟 체계와 기반이 요구된다. 이른바 "사유한다."라는 것은 높은 수준에서 생각하는 철학의 차원이다. 철학은 "인간과 세계에 대한 근본적인 원리와 삶의 본질 따위를 연구하는 학문", "자신의 경험에서 얻는 인생관, 세계관, 신조 따위를 이르는 말"[19]이다. 즉 인간이 세상을 바라보는 시각이자 인식인 것이다.

　동양 철학자 최진석은 자신의 저서에서 "철학적 높이에 도달한다는 것은 가장 높은 차원에서 시대를 관념으로 포착하는 것"[20]이라며 독자들에게 사유의 시선을 높일 것을 주문하였다. "탁월한 인간은 항상 다음이나 너머를 꿈꾼다."[21]는 그의 논리를 빌리자면 우리 사회도 오늘이 아닌 내일을 고민하고 설계해야만 선진 단계로 올라설 수 있다.

　이런 측면에서 시대정신이 반영된 노인안보를 놓고 사유의 시선을 좀 더 높여보고자 한다. 이 책을 통해 다루는 노인안보는 기존의 사회복지와 국가안보를 중시하는 데서 멈추지 않고 다음 단계로 나아가 보다 높은 차원으로 올라선 상태에서 미래에 대비하기 위한 목적으로 제시되었다. 따라서 나름의 사유 체계 및 기반이

---

19)　국립국어원 표준국어대사전
20)　최진석, 『탁월한 사유의 시선』, 21세기북스, 2018, 159p.
21)　같은 책, 223p.

되는 철학을 갖고 있다. 이것을 '노인안보 철학'이라 칭하고 그 개념과 의미를 몇 가지로 나눠 설명하도록 하겠다.

첫째, 노인안보 철학은 노인을 과거의 존재, 부담의 대상으로 여기지 않는다. 이 출발점은 "노인의 안전과 존엄을 제대로 지키지 못하는 국가는 그 누구도 끝까지 지키지 못한다."라는 것이다. 노인은 국가에서 그동안 어떠한 관점을 갖고 어떠한 선택을 해왔는지를 보여주는 현재 시점의 결과이며 동시에 미래 세대가 직면할 예고 차원의 모습이다. 공동체가 경제와 비용 관점에서만 논리를 펼침과 아울러 나이를 기준으로 특정 계층에 대한 배제의 사고 및 행태를 보이는 것은 이 철학과 완전히 배치된다.

둘째, 노인안보 철학은 시혜의 철학을 넘어야 한다. 기존의 노인 관련 정책은 '연민과 동정', '시혜와 복지' 등의 언어로만 설명됐다. 이는 도덕적 측면으로는 반드시 필요하지만, 고착화 된 구조적 위협을 다루기에는 분명 한계가 존재한다. 노인안보 철학에서는 노인을 '도와야 될 대상'이 아닌, '국가 안정의 핵심 변수'로 인정한다. 이는 "노인 빈곤은 개인의 문제가 아니라 사회 불안의 징후다.", "노인의 고립은 개인의 외로움이 아니라 공동체 붕괴의 신호다.", "노인 방임은 가족 내 문제를 넘어 국가 책임의 공백이다."라는 식의 표현으로 설명될 수 있다.

셋째, 노인안보 철학의 중심에는 인간의 존엄성이 자리한다. 여기에서의 존엄은 단순히 살아만 있는 상태가 아니라 자의적으로 선택할 수 있고 제대로 존중받으며 충분히 의미를 느끼며 삶을 영위하는 상태를 말한다. 때문에 노인이 "오래 산다."라는 이유만으로 삶의 질이 낮아져서는 안 된다. 남녀노소를 불문하고 인간은 자존감을 느끼고 살아갈 권리가 있다. 특히 노인은 인생의 후반기에 접어든 만큼 육체적·정신적으로 나약한 존재일 수밖에 없다. 때문에 더 보호받아야 될 대상인 것이다. 노인안보 철학은 정책의 중심에 인생 후반의 연로한 인간을 두는 무게추로서 중요한 것이다.

넷째, 노인안보 철학은 자의적 선택이 아니라 현실에 대한 필연적인 응답이다. 노인의 불안정은 더 이상 개인이나 가족 차원의 문제가 아니다. 사회 내부에서 빈곤과 고독사, 돌봄 공백, 의료 붕괴, 세대 갈등 같은 것들이 축적되는 가운데 이는 국가의 통치 역량과 안전성을 현저히 약화시킬 개연성을 갖는다. 이러한 상황에서 노인 문제를 단편적인 정책으로만 인식·대응하는 데서 멈추고 국가안보 차원의 철학을 기반으로 접근하지 않는다면 대응은 언제나 사후적이고 파편적이며 일회성일 수밖에 없다.

다섯째, 노인안보 철학은 안보 개념을 현실에 맞게 확장시킨다. 아울러 보이지 않는 내부 위협을 관리할 수 있는 토대를 제공한다. 이는 안보 개념의 단순한 확장이 아닌 국가 철학의 재정의 수준이다. 현대사회의 안보는 군사 위협에만 대응하는 것으로 끝날 수 없다. 이제는 인구구조와 고령화, 재정과 예산, 보건과 위생, 사회 갈등과 화합 등이 모두 안보의 범주로 들어간다. 특히 초고령사회에서 노인의 삶이 갖는 안정 여부는 생산인구 감소와 경제 안보, 지출 증가와 재정 안보, 돌봄 붕괴와 사회 안보, 세대 갈등과 공동체 안보의 변수로 작용한다.

여섯째, 노인안보 철학의 핵심 요소는 선제적 예방이다. 노인과 관련된 사고 이후의 지원은 대가가 큰데 비해 효과는 제한적이다. 반면 위험이 구조화되기 전에 국가의 개입이 이뤄진다면 사회적 비용과 갈등은 대폭 줄어들 수 있다. 고독사 이전에 관계 회복, 의료 붕괴 이전에 지역의료 강화, 돌봄 공백 이전에 통합 돌봄 구축 등이 대표적인 대응 방안이다. 이는 노인을 위한 선제적 예방이자 국가의 미래를 담보하는 거시적 조치다. 노인안보 철학이 없다면 이러한 접근은 제도화되기 어렵다.

일곱째, 노인안보 철학은 현재의 노인만을 위한 편파적 가치가 아니다. 이것은 미래 세대를 위한 설계의 바탕으로서 매우 중요하며 노인 부양 논리에서 그치지 않고 연속된 생애 안보의 관점에서 세대 간 연대를 재구성하는 기능을 갖는다. 공동체 구성원들이 "오늘의 노인 정책은 내일의 나 자신을 위한 안전망"이라고 인식하고 "오늘의 방임은 미래 세대의 공포"라는 데 공감하려면 노인안보가 오늘의 현실뿐만 아니라 미래가치 차원에서도 필수적임을 주지시키는 노력이 전제되어야 한다.

여덟째, 노인안보 철학은 국가의 도덕적 정당성을 부여하는 데서 큰 의미가 있다. 노인은 공동체 내에서 과거의 주체였으며 현재의 시민이고 미래 세대의 거울이다. 때문에 이들에 대한 국가의 다양한 조치는 당연히 도덕적 정당성을 갖는다. 사회 일각으로부터 "오늘날의 번영에 대한 노인의 희생과 기여를 삶의 안정으로 보답하는가?", "연로해져 쓸모가 줄어든 사람도 끝까지 책임져주는가?"에 대한 질문이 던져졌을 때 국가가 노인안보로써 답을 할 수 있다면 여기에서 도덕적 정당성이 확보된다. 이는 노인안보 철학이 국가를 향해 기준을 제시하는 데서 비롯된다.

노인안보 철학은 국가가 국민을 대하는 기준을 효율이 아닌 존엄으로 재정의하는 기반이다. 특히 국가의 책임은 노인안보 철학에서 매우 중요한 대목이다. 이 철학은 국가의 정책과 관련해 "할 수 있는 것을 안 한 상태"를 "정책의 실패가 아닌 안보의 실패"라고 여긴다. 때문에 국가의 소극성에 대해 결코 이해와 동의를 하지 않으며 적극적인 개입을 요구하는 것인바, 국가의 책임에 대한 새로운 정의로서 큰 의미가 있다.

노인과 관련된 생명 위험 방치, 구조적인 고립 방치, 예방 가능 위험 방치 등은 결국 국가의 책임으로 귀결되는바, '수수방관'이나 '속수무책'은 노인안보에서 금기어로 자리한다. 철학에 기반한 노인안보를 사상·관점·의미·함의로 나눠 정리해 보면 다음과 같다.

철학 기반 노인안보의 성격

철학적 기반	핵심 사상	노인에 대한 관점	노인안보의 의미	정책 및 제도적 함의
인간존엄 철학	인간은 연령주의에 구속되지 않는 존엄한 존재	일방적인 보호의 대상에서 벗어난 주체	생존과 안전, 존엄 등을 위협하는 대내외 모든 요인으로부터 보호	학대와 빈곤, 차별 등을 국가안보 차원의 위협으로 인식하고 대처
인간안보 철학	안보의 적용대상은 국가가 아닌 인간	비록 취약하지만 인간안보의 핵심	생계, 건강과 의료, 주거, 관계의 종합적 안전	노인안보를 복지와 주거, 안전의 통합 영역내에 포함시켜 설계

사회 계약론	국가는 원래 시민의 안전을 보장할 책무 수임	계약의 당사자로서 평생 공동체 발전에 기여	국가는 고령자의 노후 안전을 책임져야 될 당사자	공적 계약인 연금. 의료, 돌봄의 책임 강화
공동체주의	인간 개인은 공동체 내에서 의미를 갖는 존재	노인은 공동체의 지혜로운 존재이며 경험 자산	고립은 공동체 안보의 위험으로 작용하며 참여는 대응 자산	고립, 질병, 빈곤 등이 해결되도록 지역기반의 시스템 구축
실존주의	인간은 판단에 의해 선택이 가능한 존재	의사 결정의 주체로 능력과 인식을 보유한 존재	공동체 주체인 노인에 대한 통제와 배제는 안보 침해	노인의 자기 결정권과 선택권을 보장하는 시스템 구축
정의론	사회적 자원은 공정하게 배분되어야 하는 당위	구조적 약자로서 자원의 배분에서 소외 가능성 존재	노인 빈곤은 정의 구현 및 안보의 실패	복지와 의료 등의 격차 해소를 국가의 책임으로 규정
전통적 효도 윤리	가족의 도덕적이며 의무적 책임	당연히 보호받을 권리가 있는 존재	사적인 영역에서의 효도만으로는 불충분	효도의 공공화를 통해 가족 윤리에서 국가 안보로 전환
생애주기 철학	인간의 삶은 과거, 현재, 미래를 이어가는 연속적인 과정	생애 후반 완성 단계이지만 정체성을 갖는 특성도 보유	노년층의 붕괴는 청년층, 중장년층에도 영향을 미치는 요인	노년 이전부터 준비가 되도록 조치하고 예방에 중점

노인안보는 복지의 또 다른 이름이 아니며 정책의 한 분야에 예속되지도 않는다. 이것은 초고령사회에서 국가가 자신을 지키기 위해 반드시 선택해야 하는 철학적 결단의 수준에 속한다. 노인을 보호하는 국가는 강한 국가이며 노인을 존중하는 사회는 성숙한

사회다. 노인안보 철학은 이런 차원에서 "노인을 지키는 것이 곧 국가의 안보를 완수하는 것"이라는 명제를 제시함으로써 노인복지와는 본질적으로 다른 성격임을 명확하게 밝힌다.

4장

노인에 의한 안보 구상

1절. 노인의 재발견

전통적 개념에서의 안보는 젊은 병력과 무기 및 장비에 기반 한 전투력을 중심으로 이해됐다. 그러나 초고령사회로의 진입이 이뤄진 오늘날, 인구 구조 자체가 바뀌면서 안보의 기반도 큰 변화를 보인다. 이러한 현실에서 노인은 더 이상 보호와 부양의 대상에만 머물 수 없다. 인구의 다수를 차지한 노년층은 이제 "사회 유지 및 국가 안정에 적극적으로 기여하는 안보의 주체"로 재정의 되어야 할 시점이다. 이른바 '노인이 참여하는 안보', 즉 '노인에 의한 안보' 를 신중히 고려해 볼 상황에 도달한 것이다.

그간 노인과 안보의 관계를 놓고 우리 사회의 고정관념은 '노인을 위한 안보'였다. 그리고 여기에만 집중해 왔다. 그런데 '노인에 의한 안보'는 "노인은 단순한 수동적 수혜자가 아니다."라는 전제하에 "이들이 경험·지혜·관계망·책임감 등을 활용하여 사회 안전과 국가 안정을 지탱할 수 있도록 능동적 주체로 전환시킨다."라는 데서 출발한다. 이는 현재의 고령화 현상을 위기나 부담으로 인식하지 않고 새로운 차원의 안보 자원으로 삼는 패러다임의 변화인바, '노인의 재발견'이라는 관점에서 접근하는 것이다.

여기에서 '노인에 의한 안보' 개념은 "노인이 자신의 경험·경력·능력·의지·역할·참여 등을 통해 사회 질서 구현, 공동체 안정 유지, 국가 안보역량 강화에 기여하는 과정과 상태"라고 풀이할 수 있다. 이는 노인을 수동적 존재가 아닌 능동적 존재로 여기고 공동체 안보의 동반자로서 참여하도록 고려와 조치를 하는 데 주안점을 둔다, 이 개념에는 몇 가지 핵심적인 것이 포함된다.

첫째, 비군사적 안보 영역에서의 기여다. 노인에 의해 이뤄지는 안보는 군사력이나 물리적 강제력보다는 사회 내부의 안정과 통합을 통해 구현되어야 한다. 직접 전투부대에 배치되어 국방에 종사하는 것이 아니라 후방 혹은 민간 분야에서의 간접적인 지원 업무를 수행하는 것이다.

둘째, 자발성과 책임성의 발로다. 노인이 국가의 동원에 의해서가 아니라 공동체 의식과 구성원으로서의 책임감을 느끼고 안보 구현에서 역할을 수행하는 것이다. 수혜의 객체에서 탈피하여 시혜의 주체로 참여한다는 것은 본인의 의지와 선택에 달려 있다.

셋째, 일상에서의 안보 업무 수행이다. 노인의 안보 분야 참여는 특별한 상황이 아니라 일상적인 돌봄, 지역 감시, 계층 간 충돌 중재 등으로 구현되는 것이 바람직하다. 노인층은 공동체의 질서가 유지되고 구성원 간 갈등이 완화되며 온전한 상태로 유지되도록 일조하는 데서 그 역할을 찾을 수 있는 것이다.

넷째, 세대 연결과 사회 통합 동참이다. 노인은 시계열적으로 과거·현재·미래를 잇는 존재다. 이들은 역사적 경험의 전달, 국가 위기 체험의 증언, 공동체 전통의 계승을 통해 세대를 연결하고 사회의 통합성을 강화시키며 공동체 연속성 보장에 일정한 역할을 수행할 수 있다.

다섯째, 공공 안보 서비스 보조다. 시니어 자원봉사가 대표적인 영역이다. 노인층은 학교 및 공공시설 안전, 환경 보호, 교통질서 유지, 재난 대응 등에 필요한 보조 인력으로서 역할 수행이 가능하다. 이는 국가의 안보 부담을 일정 부분 경감시키며 시민 참여형 안보 모델 구상을 가능케 한다.

위에서 다룬 '노인을 위한 안보'는 국가와 사회의 국민을 향한 의무이고 '노인에 의한 안보'는 국민이 국가와 사회에 보태는 책임의 성격을 갖는다. 초고령사회에서의 안보는 이 의무와 책임의 적절한 균형 위에서만 제대로 자리를 잡는다. 이제 '노인을 위한 안보'와 '노인에 의한 안보'의 차이점을 다음과 같이 도표로 정리하도록 하겠다.

노인을 위한 안보와 노인에 의한 안보 차이점

구분	노인을 위한 안보	노인에 의한 안보
개념 정의	국가가 노인의 생명, 존엄, 안전을 보호하는 안보로서 노인은 안보의 시혜 대상	노인이 사회 안정과 국가 안전에 기여하는 안보로서 노인은 안보의 주체이며 동반자
기본 인식	노인은 안보상의 취약계층인 만큼 보호가 필요	노인은 경험과 책임감을 가진 시민으로서 공동체 안보에 참여
철학 기반	국가안보와는 다른 인간안보, 복지국가 철학	참여민주주의, 공동체안보를 지향하는 시민 철학
핵심 영역	생계, 건강, 보건, 돌봄, 안전 등 개인적 측면	지역 안전, 공동체 질서 유지, 세대 연대 등 공공적 측면
국가 역할	직접적으로 책임을 지는 당사자이자 확고한 보장자	제도의 설계자이며 조정자로서 역할에 중점
노인 역할	오로지 보호만 받는 존재로서 수동적이며 사회적 역할은 별무	공동체를 위해 참여하고 기여하는 존재로서 능동적으로 역할 수행
정책 출발	위험, 결핍, 취약성에 대응키 위해 정책이 가동	노인의 역량과 경험, 책임감을 인정하고 이를 활용하는 데서 출발
활용 수단	연금, 의료, 돌봄 등 사회적 안전망과 재난대응 기관을 활용	자원봉사 같은 참여제도 및 시민사회단체 활용, 교육과 훈련 실시
작동 방식	국가, 중앙정부와 지방정부의 조치가 노인 당사자에게 적용	노인과 사회 국가가 연결고리로 맺어진 상태에서 노인의 자발로 작동
안보 유형	국가가 노인을 지킨다는 데 주안점을 둔 보호안보	노인이 국가를 지킨다는 데 주안점을 둔 참여안보
시간 성격	사전 예방 성격을 가졌지만 사후 보장의 특징도 내포	사전 예방에 주안점을 두었으며 특히 상시적인 차원으로 관리
재정 문제	국가와 지방정부 재정 지출을 전제로 조달 및 집행	국가와 지방정부 재정 지출이 전제되지만 추가로 사회적 자본 활용 가능

필요 조건	충분한 재정과 완비된 각종 제도를 요구	노인 당사자의 건강과 의지, 참여 기반 조성 및 기회 부여가 필요
기대 효과	노인이 안전하게 삶을 누리고 이를 통해 사회와 국가가 안정 유지	노인의 역량을 사회와 국가에 투입함으로써 총력안보 체제 구축
실패 결과	인간안보 붕괴 및 이에 따른 국가 신뢰 하락	사회 분열, 공동체 약화, 노인의 무력감과 상실감 심화
장기 전략	고령층 및 예비 고령층의 안전이 담보되는 안보국가 지향	고령층과 예비 고령층의 안전이 담보되는 국가를 넘어 강한 국가 지향

그렇다면 "노인이 안보의 주체가 된다."라는 개념이 등장한 배경은 무엇일까? 우선은 초고령사회에서 내부 안보의 중요성이 증대했다는 점이다. 이러한 사회의 경우 외부 위협보다 내부 붕괴 위험이 더 큰 안보 저해 요인으로 작용한다. 고립과 불신, 세대 갈등과 계층 충돌, 공동체 위기와 와해는 군사력으로 대응키 어려운 문제다. 이때 사회 내부를 지탱하는 핵심 축으로서 노인의 위치와 역할이 부각된다.

다음으로는 국가 역량의 한계와 시민안보Civil Security의 부상이다. 공동체가 직면하는 모든 위험을 국가에서 직접 관리하기에는 행정적·재정적 한계가 분명히 있다. 이에 따라 시민이 나서는 안보, 생활 안보의 중요성과 필요성이 점차 커지게 된다. 특히 지역에서 뿌리내리고 종적·횡적 유대관계를 가진 노인은 봉사 차원에서라도 안보 참여를 요청받게 된다.

노인의 역할 변화도 '노인에 의한 안보' 등장 배경의 하나이다. 오늘날의 노인은 과거와 달리 심신이 비교적 건강하고 사회 경험이 풍부한데다 다수가 고등교육을 받은 관계로 공공 문제에 대한 이해도가 높고 참여 의식 또한 강하다. 이른바 '액티브 시니어Active Senior' 혹은 '뉴실버New Silver' 세대는 사회 문제에 관심이 높고 봉사에도 열심인 존재로서 향후 안보에서 중요한 역할을 수행할 수 있다. 이들의 의지와 활동은 향후 노인을 안보 자산으로 전환시키는 기반이 될 것이다.

안보 측면으로 볼 때 노인은 오랜 기간에 걸쳐 직장과 직업을 통해 경험 및 능력을 축적해 놓은 존재로서 자신만의 독자적인 자산을 보유하고 있다. 이는 '축적의 시간'이라는 과정을 밟은 것으로써 다른 세대와는 확연히 차별화되는 부분이기도 하다. 약자로만 인식되던 노인이 갖는 안보자산을 다음과 같이 몇 가지로 나눠 설명하도록 하겠다.

제1의 안보자산, 경험과 여기에서 나온 판단력이다. 노인은 전쟁과 재난, 사회 혼란과 불안, 정치적 격변, 산업화 및 민주화 과정을 직접 겪었던 세대로서 체험과 기억을 기반으로 위기 상황이 닥치더라도 동요치 않고 감정이 아닌 이성으로 판단을 내리고 지혜롭게 대처하는 존재다. 노마지기老馬之智, 즉 "늙은 말의 지혜가 나라를 구했다."라거나 "늙은 말이 길을 안다."라는 노마식도老馬識途와 같은 고사성어[22]의 내용처럼 노인의 경험과 판단력은 공동체의 총력 경주가 필요한 안보에서 큰 자산으로 활용될 수 있다.

---

22) 『韓非子』, 「說林上」

제2의 안보자산, 책임감과 규범의식이다. 공동체 중심 문화 속에서 성장한 노년층은 사회가 요구하는 공공질서, 이웃 배려, 규범과 윤리 등에 대한 내면화 수준이 매우 높다. 또한 가족과 공동체에 대한 책임감이 남다르다. 이들은 본국의 가족을 위해 '열사의 땅' 중동, 독일의 광산과 노인병원, 베트남의 전쟁터에서 혹독한 노동과 전투에 종사하고 생사의 경계를 넘나들었다. 군 복무 기간이 단축되지 않았던 시절의 남성은 3년 가까운 기간 동안 지시와 명령을 체화했다. 이는 안보에서 요구되는 책임감 발휘, 의무 이행 측면에서 귀중한 자산이다.

제3의 안보자산, 지역 및 현장과의 밀착성이다. 노인 다수는 생활 반경이 비교적 좁고 일정 지역에 장기 거주했기에 관내 사람과 공간, 환경의 변화를 누구보다 빠르게 감지할 수 있다. 이들의 관찰과 판독 능력은 생활안보 영역에서 대체하기 어려운 자산이다. 급속도의 재개발과 재건축이 곳곳에서 진행되고 인구 유동성이 매우 높은 대도시의 경우 상황이 약간 다르지만, 농어촌에서는 공동체 내부의 변동이 극히 적고 인구 유동성도 매우 낮은 만큼 인적·물적 미세한 변화까지도 노인에 의해 포착되는 것이다.

제4의 안보자산, 관계망과 신뢰 자본이다. 노인은 이웃과 마을, 종교단체와 기관, 동호회 및 동문회, 경로당과 복지관 등을 통해 다양한 비공식 네트워크와 긴밀하게 연결되어 있다. 이는 오랜 기간 왕래와 교류를 통해 서로가 익숙하고 친밀한 관계로 맺어진 것이기에 높은 신뢰성을 갖는다. 아울러 유사시 공동체 내에서 정보 전달과 위기 확산 방지를 위한 조치를 할 때 강력한 연결고리로서 역할을 수행한다. 우리 사회가 온라인과 모바일 시대로 진입했음에도 오프라인으로서 고유한 가치를 갖는 것이다.

역할 측면에서 재발견된 노인, 이들에 의해 이뤄지는 안보는 대체 어떠한 가치를 갖는가? 우선은 저비용·고효율 안보자산으로서의 가치다. 노인의 군사력이나 대규모 예산 투입이 전제되지 않더라도 지속적이고 가시적인 안보 효과를 창출한다. 다음으로는 사회 신뢰 회복 효과로서의 가치다. 노인이 사회적 역할을 수행할수록 우리 사회 내부에서 "서로가 든든하게 책임진다."라는 긍정적인 신호가 확산된다. 이는 안보의 중요 요소인 공동체 신뢰를 견고히 하는 데 일조한다. 그리고 또 하나의 가치는 노인 존엄성의 강화다. 안보의 주체, 동반자로서 이행되는 역할은 사회로 하여금 노인을 수혜자가 아닌 시혜자, 기여자로 전환시켜 삶의 의미와 존엄을 강화시킨다.

다만, '노인에 의한 안보'는 몇 가지 한계점을 갖는다. 자칫 강제 동원이나 무급 노동으로 전락할 위험성이 있으며 개별적인 건강과 능력 차이에 대한 고려 문제도 지적될 수 있다. 무엇보다 국가의 책임 전가에 대한 우려가 나올 가능성이 높다. 때문에 '노인에 의한 안보'는 보완적 안보이지, 국가안보 책임의 대체물이 되어서는 안 된다. 노인에게 참여만 강조한다면 안보는 자칫 왜곡될 가능성이 있다. 국가가 책임을 회피하고 부담을 노인에게 전가할 경우 안보는 결국 도덕적·윤리적 정당성을 잃게 되며 추동력 또한 급격히 떨어지게 될 것이다.

단지 노인을 소극적으로 보호하는 데서 그치고 소임을 다한 것으로 자평하는 국가라면 소요 비용을 온전히 자체적으로 감당하면서도 공동체의 장기적인 안정은 담보할 수 없다. 반면 노인을 안보의 주체로 격상시키는 국가는 그 비용을 줄이고 공동체의 장기적인 안정을 확보할 수 있다. 결국 노인이 사회를 지키는 국가는 내부적으로 이미 안전한 국가인 것이다.

2절. 노인 참여 안보 모델

앞에서 서술했던 '노인에 의한 안보'는 참여 주체의 범위 확대가 요구된다. 적용 대상에 노인뿐만 아니라 장년까지도 포함되어야 한다. 장년층도 시간의 경과에 따라 단기나 중장기적으로 노년층에 편입되기 때문이다. 별도의 법적 규정이나 기준은 없지만 일반적으로 장년층은 50세에서 64세 구간의 연령대 사람을 의미하며 40세에서 50세 미만 연령대 사람의 경우 중년층이라고 부른다. 장년층이 참여하는 노인안보는 유럽 국가를 중심으로 이미 가시화되었고, 현장에서 실제로 이행되는 중이다.

2026년 2월, 네덜란드 국왕의 아내 막시마Maxima 왕비가 54세의 나이로 육군 예비군으로 입대한 것이 우리나라 다수의 언론에서 보도되었다. 국제 안보환경이 급변하는 상황 속에서 네덜란드 왕실은 보도 자료를 통해 "왕비가 우리 안보는 더 이상 당연하게 여길 수 있는 것이 아니라는 이유로 입대를 결정하였다."라고 밝혔다.[23] 네덜란드에서는 예비군 입대가 55세까지 가능하기 때문에 막시마 왕비의 입대는 막차를 탄 것이다.

여기에는 상징적인 의미가 담겨있는바, "남녀노소, 지위고하에 관계없이 국민이라면 누구나 안보에 동참해야 된다."라는 것이다. 입헌군주제가 유럽을 제외하고는 전 세계에서 거의 사라진 가운데 네덜란드 왕비의 결정과 선택은 권위로 군림하지 않고 봉사로 보답하는 것으로서 '고귀한 신분에 따른 윤리적 의무'인 노블레스 오블리주Noblesse oblige의 실천인바, 결과적으로 왕실의 존재감을 부각시키는 효과까지 얻게 되었다.

이번에는 영국의 사례다. 영국 정부는 2026년 1월, 예비군 소집 연령을 65세로 전격 상향하며 안보태세 강화에 나섰다. 러시아의 우크라이나 침공 이후 유럽 안보환경이 그만큼 빠르게 악화되고 있다는 신호로 해석된다.[24] 영국 국방부가 마련한 국방법 개정안에 의하면, 예비군 소집 연령이 기존의 55세에서 65세로 상향되었다. 전역 이후 소집 대기 기간 또한 18년까지로 늘어났다. 분단국가이자 정전停戰 상태인 우리나라의 소집대기 기간이 8년인 점을 고려할 경우 영국 예비군의 의무 이행은 우리보다 10년 정도 길다고 할 수 있을 것이다.

동 개정안에도 불구하고 영국 정부는 고령의 예비군을 보병·포병·기갑 등 일선 전투 영역에 투입하지는 않을 것으로 알려졌다.

---

23)   이철민, "54세 네덜란드 왕비 입대…권총사격에 행군까지", 조선일보, 2026.2.5.
24)   유진우, "65세도 전쟁 투입…英, 결국 할아버지부대까지 꺼냈다", 조신비즈, 2026.1.17.

이들은 소집된다고 해도 정보·통신·사이버, 의무·병참, 지휘·직할 등 업무의 강도는 상대적으로 낮지만, 숙련도와 경험·지식 등이 요구되는 후방지원 분야에 집중적으로 배치될 전망이다. 개정안을 발표한 국방부 장관은 "위기 상황에서 군 전역자가 보유한 가치 있는 기술 및 경험을 활용하도록 예비군을 강화시키는 차원"이라며 예비군 소집 연령 상한의 목적을 명확하게 밝혔다.

한편, 안보 상황이 심각한 우크라이나에서는 60대 이상의 고령자가 직접 참전까지 하게 되었다. 수년간 지속된 러시아와의 전쟁으로 인해 전투 병력의 부족을 겪던 이 나라에서 정식 입대가 불가한 노인들이 민병대 조직을 만들어 전선을 누볐다. 우크라이나 정부가 징집 대상을 '27세 이상'에서 '25세 이상'으로 낮추고 병역 기피자에 대한 처벌을 강화하는 조치를 했음에도 불구하고 병력의 절대 부족 현상이 지속된 가운데 노인민병대는 어떠한 급여나 보급 지원도 없이 자발적으로 퇴직금을 털고 모금을 벌여 조달한 자금으로 전장에서 조국 수호를 위해 싸운 것이다.

전쟁 상대국인 러시아도 병력 자원 부족은 동일한 상황이었다. 때문에 정부는 교도소 수감자와 용병의 전투 투입은 물론 일반인을 대상으로 거액의 현금 보상과 채무 탕감 혜택을 내세워 입대를 독려하였다. 이에 은퇴자 생활을 하던 장년과 노년층이 전장에 뛰어들었다. 경제적 빈곤에 시달리던 이들에게 전쟁은 목돈 마련의 기회로 치환되었고 고된 삶에서 벗어날 수 있는 출구로 인식되었다. 그러나 60대 후반의 노인이 전사자 명단에 오르면서 전쟁이 가져온 참혹한 결과가 그대로 드러났다.

윗부분의 해외 사례에서 장년층과 노년층의 국방 참여가 서술되었지만 이 책에서 다루는 '노인에 의한 안보'는 고령층이 직접 전쟁에 참여하고 전투를 수행하는 의미는 결코 아니다. 전쟁과 전투의 핵심 주체는 당연히 현역 군인이며 노인을 전장으로 보낸다는 것에는 극단적인 상황의 발생 및 전개가 요구된다. 무엇보다 현실적이며 윤리적 문제가 반드시 수반되기 때문이다.

그럼에도 우리나라에서 국방의 하한선으로 여겨지던 '50만 상비군' 체제가 무너져 각급 부대가 해편解編될 정도로 이미 병력 자원 부족이 현실화되었다. 때문에 '여성 징집 불가피론'까지 나오는 상황에서 다른 방식으로 병력 자원을 확보하는 차원에서 장년층 및 노인층이 국방에 참여하는 문제를 놓고 국회와 국방부 등을 중심으로 관련 방안이 논의 및 제시되고 있다. 아울러 민간 영역에서도 적극적인 대응 움직임이 나타나고 있다.

특히 우국충정憂國衷情에서 비롯된 민간단체의 아이디어와 실행이 가시화되는 가운데 근래 들어 장년층과 노인층의 국가안보 참여 모델로 주목받는 것이 시니어 아미Srnior Army다. 이 단체는 "고령자들이 모여 전시에 예비역 병력으로 국가에 봉사한다."라는 목표를 내걸고 2023년 6월 창립되어 같은 해 8월 국방부로부터 사단법인 허가를 받았다. 누구나 회원 가입이 가능하며 이 가운데 50~75세 회원은 유사시 '자원 전력'으로 관리된다.

이 단체 공동대표는 단체 창립 이전 언론 기고를 통해 출산율을 높여야 되는 것이 국가적 과제이므로 여성 군복무 의무화는 전혀 고려치 않는다는 전제를 제시하였다. 그리고 우리나라의 현상 타개를 위한 대안과 관련하여 다음과 같은 의견을 제시하였다.

> 쉽고 효율적인 대안이 있다. 자원입대를 희망하는 건강한 시니어들을 활용 하는 것이다. 현재 55~75살의 약 691만 명의 남성이 있고, 이 가운데 젊은이에게 뒤지지 않는 체력과 정신력을 가진 이들이 꽤 많다. 이 중의 상당수는 국가를 위해 다시 한 번 총을 들 각오가 되어 있다. 691만 명 가운데서 1퍼센트만 지원한다면 약 7만 명의 예비전력을 확보할 수 있다.[25]

우리나라는 인구절벽으로 인해 국방을 담당해야 하는 최소한의 병력 유지가 힘든 상황으로서 2020년 상비군 65만 명으로 정점에 달한 이후 감소세로 돌아서 현재 45만 명 선을 겨우 유지하고 있으며 2040년이면 30만 명 중후반대로 떨어질 것이라는 게 중론이다. 이런 점에서 시니어 아미의 설립 취지는 대단히 중요하고 가치가 있다. 이 단체 홈페이지에 게재된 설립 취지문 일부를 발췌해 보면 다음과 같다.

> 대한민국의 미래가 마냥 밝은 것이 아닙니다. 무엇보다 세계 최저 출산율은 우리의 미래를 어둡게 하고 있습니다. 인구절벽으로 인해 국방을 감당할 최소한의 병력자원조차 유지하기 어렵습니다. 북한군

---

25) 최영진, "여성 병역 의무화 대신 젊은 중장년층 시니어 아미 만들자", 한겨레신문, 2024.5.28.

의 병력이 130만 명이라는 점을 감안할 때 안보 공백이 우려되지 않을 수 없습니다. 우크라이나 전쟁은 예비군의 중요성을 새삼 일깨워 줍니다. 현역들이 전방에서 싸울 때 자신의 마을과 가족을 예비군들이 지켜야 한다는 것을 보여주었습니다. 현업에서 물러났고, 곧 물러날 시니어 세대들 대부분은 신체적으로 건강합니다. 정신적으로도 인생 어느 시기에 비교해 뒤지지 않을 강한 의지와 열정을 여전히 갖고 있습니다. 국가 위기가 닥친다면 언제라도 최일선으로 달려갈 각오입니다. 현역으로 군 복무하거나, 산업 현장에 종사하는 현업 세대의 부담을 덜 수 있을 겁니다.[26]

시니어 아미는 평상시 예비 병력으로 존재하되 유사시에는 직접 전투 참여까지도 고려하고 있다. 때문에 동호회 성격의 '드론 포스'와 '서바이벌 전투단'을 조직해 놓았고 정기적인 자체 훈련도 시행 중이다. 군사 용어 가운데 전투가 벌어진 최일선에서 실제로 임무를 수행하는 부대나 전투력을 '창끝Tip of the Spear 전력'이라고 부르고 있다. 과거 전투무기인 창槍이 날카로운 끝부분이 상대방에게 직접적인 타격을 가하는 것처럼 군사작전에서 핵심적인 역할을 수행하는 부대 혹은 무기체계를 비유적으로 나타낸 것이다. 사이버 아미의 경우 민간 차원에서 비롯된 비공식 부대로서 연장자들의 자원 단체인 만큼 절대로 '창끝 전력' 수준으로까지 진전시키기는 어렵다.

---

26)   사단법인 사이버 아미(www.seniorarmy.kr)

그럼에도 이들의 의지는 결코 꺾을 수가 없다. 이들의 자발적인 참여와 활동은 시니어 세대의 국방 기여 가능성을 분명하게 보여 줬고 사회적 담론 형성의 계기가 되었다. 물론 이에 대해 부정적인 견해나 입장이 나올 수도 있겠지만 고정 관념의 타파를 통해 국가와 사회가 어려움을 극복하고 지혜를 모은다는 차원에서는 장년층과 노년층의 안보 참여 및 기여는 대단히 긍정적인 방향의 새로운 모델인 것은 분명한 사실이다.

시니어 아미가 민간 차원에서 제기된 것이라면 우리 정부와 국회 차원에서 제시된 모델은 시니어 경계병Senior Guard이다. 이는 은퇴한 시니어들이 전투 분야가 아닌 후방 중심의 군 시설 경계 업무에 투입되는 사례다. 실제로 약 11조 원의 건설비가 투입되었고 '해외 최대의 미군기지'로 불리는 평택 주한미군기지의 경우 각종 민감 시설과 장비가 존재하는 데다 3만 명 이상의 현역 미군 및 가족들이 상주하는 가운데 경계 업무는 민간 영역에 위탁되었고 보안 전문 기업체 소속 중장년 경비원들이 담당하고 있다.

우리 정부 차원에서는 국방부가 병력 부족 대책의 물꼬를 텄다. 국회의원 당선 이래 국방위원회에서 오래 활동했던 안규백 제51대 국방부 장관이 2025년 9월 기자간담회를 통해 "상비군 50만 명 수준을 지키기 위해 전투병 위주의 현역 군인은 35만 명을 유지하고 경계 인력 같은 비전투 분야는 모두 아웃소싱하도록 하겠다."라며 국방의 외주화에 대한 의지를 밝혔다. 비전투 분야의 규모가 15만 명 수준이 되어야 '현역 35만 명 유지' 구상이 가능해지는 만큼 민간군사기업Private Military Company을 중심으로 한 외부에서는 새로운 시장으로 인식하고 큰 관심을 보일 것이다.

국방부 장관의 발언에 앞서 성일종 22대 국회 전반기 국방위원장은 2024년 9월 한국국방연구원KAIDA 국방 포럼에서 전역자의 재활용 방안과 관련, "젊은 병사가 없다. 50대·60대가 돼도 건강하다. 이들이 군에 가서 경계병을 서도 된다고 생각한다. 이런 분들로 교체할 법안을 고민하고 있다."[27]라고 언급하면서 시니어 경계병 개념을 제시하였다. 다문화가정 출신 청년이 이미 현역 복무를 하는 상황에서 성 위원장은 병역 자원의 부족을 보완키 위해 대한민국의 국적을 부여하는 조건으로 건강한 외국인의 한국군 입대와 7년~10년간 복무 방안도 제안하였다.

시니어 경계병 개념이 나오자 처음에는 "중장년층과 노인의 강제 재입대"라는 논란도 있었지만 실제로는 현역 군인 신분으로 투입하는 것이 아니라 접경지역이나 후방 주요 군사시설의 방호 업무를 수행할 인력을 자원 방식으로 모집하는 것인바, '계약직 군무원' 또는 '민간기업 이웃소싱' 형태로 진행될 것으로 알려졌다. 이는 병역자원 부족을 '후방 경계 지원' 식으로 보완하는 것으로서 근본적인 해결책은 아니더라도 사정이 급한 만큼 우선적으로 '일부 국방 인력의 외주화'에 나서겠다는 의미다.

테슬라TESLA 창업자 일론 머스크Elon Musk는 2025년 말, 인터넷 매체를 통해 한국의 합계출산율[28]이 0.7명 미만으로 떨어진 것과

---

27)   전자정부 누리집, 국방부, "KAIDA 국방포럼, 성일종 국방위원장 발언", 2024.9.26.
28)   15세에서 49세 사이의 가임여성이 낳을 것으로 기대되는 평균 출생아의 수를 의미한다.

관련하여 "충격적이고 무서운 수준"이라는 진단과 함께 "이것은 단순한 수치 변화가 아닌 국가 소멸을 의미한다."라는 의견을 피력하고 "그 시점이 오면 북한군이 군이 침략할 필요도 없다. 그냥 걸어서 국경을 넘으면 된다."라는 식의 섬뜩한 경고성 발언을 했다. 아울러 "그때의 한국에는 보행기를 탄 노인들만 가득할 것"이라는 독설도 덧붙였다.

평상시 노인의 정치 리더십에 대해 혐오감을 드러내는 한편 인구 붕괴 문제에 대해 언급할 때마다 우리나라의 초저출산 사례를 수차례에 걸쳐 거론했던 그의 내심이 무엇인지는 짐작하기 어렵다. 물론 그의 절제되지 않은 표현은 분명 과격하고 정도를 넘어선 측면이 있지만 초저출산과 고령화가 동시에 급속도로 진행되는 우리 사회의 구조적 위험을 단적으로 나타내는 '제삼자의 경고'라는 측면에서 참고해 볼 필요는 충분히 있다.

외부의 지적이 아니더라도 대한민국이 빠르게 고령화되는 가운데 병역자원은 해마다 줄고 있으며 인구 구조상 결코 되돌릴 수도 없음은 분명하다. 따라서 이제는 국방과 관련, 군이 모든 역할을 수행하던 '현역 병력 중심'에서 벗어나 '민간 인력 활용 병행'으로의 전환이 요구된다. 미군과 나토NATO 회원국 군의 경우 군사기지 경계, 보급 및 행정, 시설 관리 등의 분야는 민간기업이나 군무원 같은 비전투 직군이 담당하는 추세다. 특히 기지와 시설에 대한 감시 및 위기 예방은 보안 분야 업체가 전담하는 방식으로 바뀐 지 오래다.

시니어 경계병과 관련하여 국내 일각에서 "50대와 60대가 실제로 국방 분야에 투입될 수 있을까?"라는 의문이 제기되는 것이 사실이다. 그러나 이들 세대 다수는 이미 30개월 이상의 군 복무 경험을 가졌기에 군대 문화에 상당히 익숙하고 기본 훈련 과정을 거친 존재로서 위기 상황 대처 능력이나 조직 적응력이 젊은 세대보다 상대적으로 높다는 것이 중론이다. 아울러 오랜 기간 사회생활을 통해 책임·성실의 덕목과 질서 존중의 태도를 체화시킨 것도 강점이다. 평상시 건강관리에 각별히 신경을 쓴 50대와 60대는 체력적으로도 별다른 문제가 없기에 후방 경계 업무는 감당이 가능하다.

아직은 구상에 이은 논의 단계에 머물고 있지만 앞으로 시니어 경계병 제도가 도입된다면 당장의 국방 현안인 병력 자원 부족을 일부 해소시키는 것과 함께 장년층과 노인층 일자리 창출 및 부족한 연금소득 보완, 해당 지역 경제 활성화 같은 효과도 기대할 수 있다. 또한 당사자에게는 경제적 이득은 물론 국가와 사회로부터 '안보 조력자'라는 안정감이 부여됨으로써 삶의 의미를 새롭게 찾는 계기로 작용할 수 있다.

다만, 국내 일각에서 시니어 경계병에 대한 우려가 존재하는 것은 분명한 사실로서 외주 형태라고 해도 '상명하복'을 근간으로 하는 군의 지휘 체계 혼선 야기 가능성이 존재하며 기강 해이, 만성 질환 같은 건강 문제, 윤리적 문제 등이 걸림돌이 될 수 있다. 나아가 AI와 로봇을 활용한 '과학화 경계 시스템' 도입이 활발히 진행되는 과정에서 이 제도는 국방 현대화 정책에 역행하는 '후진적인 대안'이라는 비판도 무시하기 어렵다.

때문에 시니어 경계병 제도 도입과 관련, 우선은 당국의 충분한 정책적 고려와 판단 및 사회적 합의가 전제되어야 한다. 이를 바탕으로 성공적인 안착이 이뤄지도록 하려면 기존 군 조직과의 업무 수행 및 지휘 과정에서의 충돌 가능성을 최소화하고 시니어 인력의 특성을 십분 반영한 맞춤형 운영 시스템이 필요하다. 또한 관련 법률과 제도 기반을 구축하는 것이 관건이다. 이를 도표로 정리해 보면 다음과 같다.

시니어 경계병 제도 관련 시스템 구축

구분	관련 조치
고용인 및 피고용인 맞춤형 운영 시스템 구축	① 고용인 자격인 군의 지휘체계 혼란 방지를 위해 피고용인 자격의 시니어 경계병을 정규군 계통에 편입시키는 대신 '민간 경계 전문가' 또는 '계약직 경계 수행 요원'으로 신분을 명확히 규정 ② 현역 간부와 시니어 요원의 업무 권한과 범위를 확실히 구분하고 갈등 예방 차원에서 사전 교육 프로그램 이수를 의무화
피고용인 건강과 안전 보장 시스템 구축	① 장년과 노년의 신체적 한계 극복, 안전이 보장되는 환경을 위해 정기적인 건강검진 프로그램을 도입하고 경계 업무 강도 조절 차원에서 '유연근무 및 교대근무 가이드라인'을 마련 ② 건강과 보건 관련 응급 상황 발생 시 군의 전문 의료 지원 체계를 활용하고 필요할 경우 외부 의료기관과 협력 방안도 고려
고용인 업무 위임 및 피고용인 활동 보장 목적 법적, 제도적 기반 확보	① 고용인 자격의 군은 업무를 합법적으로 위임하고 피고용인 자격의 시니어 경계병은 법률에 의해 보호받을 수 있도록 관련 법률과 제도 마련이 필수 ② 피고용인의 경우 신분, 보수, 근무 중 사고 시 보상 대책 등이 담긴 법률이 중요한바, 가칭 '시니어 국방 인력 활용법' 제정이 요구되며 '안보 전문가 인증제' 도입도 검토의 대상

3부

노인안보와 리더십

1장

효도에서 안보로의 전환

1절. 효도의 개념과 가치

한국 사회의 노인 문제는 오랫동안 '효도'라는 윤리적, 도덕적 범주 안에서 이해 및 해결됐다. 우리는 효도에 대해 일반적으로 "자식이 부모를 제대로 받드는 기본 윤리"로 인식하지만, 사상적으로 들어가면 훨씬 더 뜻이 깊으며 근본적으로는 '사람다움', '인간의 도리'를 포괄한다.

공자가 "효는 덕의 근본이며 모든 가르침이 그로 말미암아 생겨난다."[29]고 강조하였고 불교 경전의 경우 "효는 모든 선을 행하는

---

29) 『孝經』, 「開宗明義章」, "孝德之本也, 敎之所由生也."

데 근본이요, 모범이 되게 하는 것이다."[30]라는 경구가 있다. 또한 성경에서 "자녀들아, 주 안에서 부모에게 순종하라. 이것이 옳으니라."[31]라고 가르쳤듯이 효도는 인간으로서 견지해야 될 정신이자 자세인 것이 분명하다.

예로부터 동아시아권 국가에서는 남보다 뛰어난 능력으로 두각을 나타내어 돈을 많이 벌고 높은 지위에 오른 사람이라 할지라도 불효를 저지른다면 훌륭한 사람으로 여기지 않았고, 반대로 사회적으로 성공하지 못했더라도 효심이 깊고 웃어른을 진심으로 공경할 줄 아는 사람은 훌륭한 사람이라 생각했다.[32] 효도가 사람을 평가하는 척도였던 것이다.

삼성그룹의 창업자이며 "한국 자본주의 원형을 세운 사상가"라는 평가를 받는 고故 이병철 회장은 "인제제일人才第一"을 외치며 언제나 사람에 대해 깊이 들여다봤던 인물이다. 그는 생전에 "사람이 마땅히 지키고 행해야 할 도덕적 의리인 도의道義가 국민의 의무다."라는 지론을 갖고 있었다. 그 도의의 하나로서 효도가 꼽힌다. 효도의 성격과 가치에 대한 그의 인식은 다음과 같은 발언에서 확인된다.

도의 가운데 가장 중심이 되는 것은 효라고 하겠습니다. 효는 만

---

30) 『부모은중경』
31) 성경 에베소서 6장 1절.
32) KBS 인사이트아시아 유교제작팀,『유교 아시아의 힘』, 위즈덤하우스, 2007, 30p.

덕의 근원이며 최고 절대의 덕목입니다. 가정의 화목이 없고 사회의 평화가 없는데 어떻게 나라의 정치와 경제가 안정적 발전을 기할 수 있겠습니까? 이제 우리 모두는 사회의 이 같은 도덕적 퇴폐에 대해 깊은 반성을 해야 할 시기에 있다고 생각됩니다. 천륜과 인륜의 시초가 되며 원점이기도 한 가정에서부터 도의적 싹을 키워야 할 시점에 온 것입니다. 실로 효도와 자애를 기본으로 하는 건 실한 가정이 없이는 건실한 사회도, 번영된 국가도 존립할 수 없는 겁니다.[33]

효는 물질만능 시대를 지키는 등불입니다. 인간의 본성에서 자연스럽게 우러나오는 효행이야말로 낡은 것도 새로운 것도 아니며, 사람과 함께 있는 변함없는 질서이며 법도인 것입니다. 시대가 갈수록 모든 인간들이 한결같이 갈망해 마지않는 것은 더 많은 물질도, 더 많은 편리도 아니며 바로 인간이 인간답게 살아가는 고귀한 정신의 보존입니다.[34]

그의 아들인 이건희 회장도 "효도하고 또 효도하라. 그래야 하늘과 조상이 협조한다."[35]는 언급을 한 적이 있으며 부친의 유지를 제대로 받들었기에 고교 동문에 의해 "기업인 가운데 가장 승어부勝於父했던 인물"[36]로 평가되었다. 여기에서 승어부는 "아비를 이긴

---

33)   1969년 2월 개최된 삼성그룹 관계사 임원간담회에서 행한 발언의 일부다.
34)   1976년 1월 30일 개최된 '제1회 효행상' 시상식에서 행한 치사의 일부다.
35)   민윤기, 『이건희의 말』, 스타북스, 2020.11, 261p.
36)   상세한 내용은 서울사대부고 동참 수필모음집(2020년 8월)에 게재된 김필규의 글 참조.

다."라는 뜻이 아니라 "아비를 능가한다."라는 것으로서 "선대의 유지를 계승, 한 단계 더 발전시킨다."라는 의미를 갖는바 결코 불경스러운 표현이라 할 수 없다.

이건희 회장의 아들인 이재용 회장은 부친 사후에 이 표현을 두고 "아버지를 능가하는 것이 진정한 효도라는 가르침"이라고 해석하였다. 아울러 "아버지를 여읜 아들로서 국격에 맞는 새로운 삼성을 만들어 너무나도 존경하고 또 존경하는 아버지께 효도하고 싶다."라는 의지를 내보였다. 이를 계기로 승어부가 한동안 우리 사회의 관심을 받으며 화제로 오르기도 하였다.

역사를 거슬러 올라가 효도의 시원始原을 살펴보면 노인의 역할 및 이에 따른 위상과 관련이 깊다. 상고 시대, 단순한 먹거리 채집 단계를 거쳐 사냥과 가축 몰이를 기반으로 삼은 유목사회가 본격화되자 육체적으로 쇠약한 노인은 이동성 결여로 인해 자연히 낮은 생산성을 보였고 같은 무리로부터 천대받았다. 짐승이나 외부 집단으로부터 공격받을 때 즉각적인 대응이 늦어짐에 따라 무리 내에서는 장애물이자 기피의 대상으로 치부되었다.

점차 시대가 변화하고 인류가 물줄기를 찾아내 일정 지역에 정착하면서 형성된 농경문화는 특성상 많은 인력을 필요로 했다. 이에 따라 자연스럽게 가장을 중심으로 하는 가족제도가 만들어졌으며 나아가 혈연을 근간으로 하는 씨족공동체가 구성되었다. 이때를 계기로 노인은 자신의 삶을 통해 축적한 경험, 절기에 맞춘 파종과 수확 같은 지식 및 정보를 자산으로 삼아 공동체 생존에 필수 불가결한 존재이자 지혜로운 어른, 존경과 학습의 대상이 되었다.

　이로부터 발아된 효도 의식은 공동체의 규범으로서 기능을 발휘하기 시작하였다. 노인이 씨족공동체의 어른으로서 가족과 공동체 구성원을 사랑하고 배려함과 아울러 교육의 기능까지 맡게 되면서 효의 가치가 전체를 아우르는 하나의 정신으로 자리하였다.

　과거 농경사회에서는 이처럼 경험과 지식을 바탕으로 한 리더로서의 노인이 존재했다. 그런데 농업의 특성상 공동체는 이동이 거의 없다는 제한을 받는다. 일평생을 특정 지역에서만 머물며 오로지 하늘과 대지에만 일신을 의탁한 농민들로서는 농업 생산에 요구되는 일손 조달 문제로 인해 가족의 구성, 가정의 유지가 생계 차원에서 그 무엇보다 절실했다.

　이로 인해 효도는 가족과 가정의 생존과 질서를 확실하게 담보하는 정신적 배경이자 현실적 방안으로 부각되었다. 아울러 자식의 효행은 물질적인 부양을 수반하기 때문에 공동체 내에서 어른의 위치임에도 가정 측면으로 볼 때는 고령으로 인해 노동력을 상실한 부모 입장에서 결코 의도하지 않았더라도 노후 복지를 보장받을 수 있는 '안전장치'로 작용하였다.

　그런데 우리나라에서는 효도 개념이 오랜 기간에 걸쳐 사회 깊숙이 뿌리를 내린 도덕률로서 긍정적인 기능을 수행했지만, 한편으로는 자식의 희생, 남성 위주 사고, 여성 인권 유린, 미성년 차별 등 부정적인 기능도 분명히 존재했다. 이는 현대에 들어 효도의 정착과 확산에 있어 가장 큰 장애물로 작용한다. 청년세대가 효도에 대해 동의 및 수용을 할 수 있도록 여건을 만들려면 새로운 차원의 해석과 의미 부여가 필수적이다.

때문에 효 학계와 한국효단체총연합회를 주축으로 한 관련 단체
가 효를 "젊은 세대와 노인세대의 조화"라는 의미인 'HYO Har-
mony of Young and Old'로 정의하고 청년층과 노년층의 상호 이
해와 배려에 방점을 찍는 새로운 방향의 효 개념을 수립하였다. 효
가 그간 부모와 자녀 간 단방향의 일방적 관계에서 이제 양방향의
상호적 관계로 전환되는 계기가 마련된 것이다.

효도는 애초 '지혜로운 어른'인 가부장의 권위를 근간으로 삼아
가족 내에서 이행되는 혈육 간 윤리로 출발하였다. 시간이 흐르면
서 나중에는 가정의 문턱을 넘어 지역과 사회로 이어지고 더 나아
가 국가 차원으로까지 확장되었다. 국가 공동체의 지속성과 통치
자의 절대적인 권위를 보장하는 정치적 수단이자 장치로 활용되기
도 한 것이다.

중국의 역사를 보면 정치와 윤리의 합일로서 현존 지배 질서를
거스르지 않는 순민順民을 양성하는 목적의 '효치孝治'라는 것이 존
재한다. 진시황秦始皇은 효를 법과 정치의 영역으로 끌어들였고 한
대漢代에서는 유가 사상을 근간으로 '이효작충以孝作忠', 즉 효도를 통
해 백성의 군왕에 대한 충성을 유도하는 통치 행위도 나타났다. 우
리의 경우, "조선의 성군聖君"으로 평가받는 정조대왕 시대에도 효
치의 개념이 존재한다.

효도의 영어 표기는 Filial Piety, 또는 Filial Duty로서 "자식으
로서의 경건한 행위", "자식으로서의 의무"라는 의미를 갖는다. 한
편 효孝의 한자를 문자학적으로 해석해 보면 우리가 평상시 이해하

고 있는 이 글자는 이미 만들어진 둘 이상의 한자를 합해 새로운 뜻을 나타내는 원리가 작용된 회의자會意字이다. 학계에서는 두 가지 측면으로 해석하고 있다.

첫 번째 해석, 상단의 '늙을 노老'자와 하단의 '아들 자子'로 구성되었는바 노인과 젊은이 간의 관계를 의미한다. 상단의 노인은 바로 부모로서 하단의 자녀를 생육·보육하는 역할을 수행하며 하단의 젊은이는 자녀로서 부모를 부양·지원하는 것이므로 양자는 '물질적 측면의 상호 관계'에 속한다.

두 번째 해석, 상단의 '생각할 고考'와 하단의 '아들 자子'가 합성된 것인바, 이 글자는 형상적으로 상단의 부모가 하단의 자녀를 생각하고 하단의 자녀는 상단의 부모를 생각한다는 의미가 있다. 따라서 양자는 교감을 통한 '정신적 측면의 상호 관계'에 속한다.

이처럼 문자 측면의 의미만 살펴봐도 효도의 근본 취지는 부모와 자식 간 희생을 전제로 하는 일방적인 봉양과 복종의 관계가 아니라 각자 처한 위치 또는 입장에서 상대방을 생각하고 보살피며 지켜주는 것이다. 즉 효도는 상시로 양방향에서 부족함을 채워주는 '보완적인 관계', 결과적으로 서로에게 이익이 되는 '호혜적인 관계'라고 할 수 있다.

효도에 대한 사전에서의 풀이는 아직까지 "부모를 섬기는 도리. 부모를 정성껏 잘 섬기는 일"[37]에 머물며 자녀의 의무만을 강조하고 있다. 그러나 이제는 효도에 대한 새로운 해석이 필요한 시대가

---

[37]   국립국어원 표준국어대사전

되었다. 일각에서 "고리타분한 과거의 잔재"라는 인식을 하고 있지
만 효도의 의미와 가치는 재인식을 통해 우리의 귀중한 정신 자원
으로 활용될 가능성을 내포한다.

효도를 '생명의 문제'로 접근했던 대만 성공대학교 차이우송蔡茂松
교수의 논리에 의하면, 이는 '생명철학'으로 이해될 수 있다. 그는
효도의 본질을 세 가지로 나눠 설명한다. 첫째, 효도는 생명을 사
랑하는 것이다. 부모의 생명을 사랑할 뿐만 아니라 자신과 형제의
생명, 이웃과 친족의 생명, 나아가 인류와 만물의 생명을 사랑하는
차원이다. 둘째, 효도는 생명의 건전성 및 영속성을 유지하도록 하
는 것이다. 모든 생명체는 파괴와 살상에서 벗어나 온전히 살아남
아야 하는 존재라는 차원이다. 셋째, 생명을 존중하는 것이다. 즉
부모의 생명, 남의 생명을 존중하는 순결의 행위 차원이다.[38]

근래 효도를 연구하는 학계에서 효도에 대해 문자학적으로 진일
보한 접근과 해석을 내놓았다. 효의 한자는 젊은 자녀가 늙은 부모
를 짊어지고 있는 형태인 만큼 이는 생활 능력이 있는 젊은이, 즉
강자가 생활 능력을 상실한 늙은 부모인 약자를 부양하는 이른바
'강자의 약자 보호'라는 풀이다. 부모의 자녀 양육은 시간의 흐름
에 따라 상황이 바뀌어 자녀의 부모 부양으로 전환되는 현상에서
착안한 것이다. 부모가 강자일 때는 자녀의 보호자로서 역할을 수
행하지만, 노년으로 접어들면 대다수가 경제적·육체적 약자로 바

---

38)   차이우송, "효의 본질과 현대적 의의", 『효 사상과 미래사회』, 한국정신문화연구원, 1995,
      176p.

뀐다. 반대로 자녀가 성장하여 경제력을 가지면 부모의 보호자로서 역할을 수행한다. 결국 효도는 주체와 객체의 입장 전환을 전제로 하는 "강한 존재로서의 약한 존재 보호와 배려"인 것이다. 이러한 개념이 가정을 넘어 사회와 국가 차원으로 확장·이해된다면 다수의 소수 배려, 공동체의 사회적 약자 배려 등에서 효도의 가치는 빛을 발할 것이다.

효의 가치는 안보에도 적용할 수 있다. 안보 요소 가운데 하나인 정신 및 심리적 요소와 직결되는 것이다. 효도는 우리 고유의 정신적 가치로서 구성원 각 개인으로 하여금 가족과 친인척, 이웃과 지역사회를 지키도록 작동한다. 국방의 의무를 수행하는 병사를 버티도록 해주는 것은 본가와 고향의 부모와 가족이라는 존재다. 그 이면에는 효심과 가족애가 담겨 있다.

이러한 가치가 사회를 거쳐 국가로까지 연결되면 결국 국가적 수준의 효도 차원으로 승화가 가능해진다. 이른바 '국가적 효도'는 정부와 정치권을 주축으로 법률 및 제도 등을 통해 효심과 효행의 사회를 만드는 것이며 이울러 국민을 상대로 효도를 적극 권장하는 것이다.

역대 대통령은 각자의 정치적 견해를 떠나 이구동성으로 "효도하는 정부가 되겠습니다."라는 약속을 내걸었었다. 이는 정부의 존재 이유이며 특히 노인 문제에 대한 의지를 압축한 것으로써 매우 중요한 대목이다. 다만 효도가 국정의 전부는 아니기에 뒷부분에서는 효도의 기차는 유지하되 안보 측면에서 노인 문제를 어떻게 풀 것인지에 대해 별도로 설명하도록 하겠다.

2절. 노인 문제의 안보화

대한민국은 뭐든지 빠르게 이뤄지는 이른바 '속도전의 국가'다. 심지어 초고령사회 진입마저도 전 세계에서 가장 빠른 속도로 진행되었다. 고령화는 더 이상 인구학적 현상에만 그치지 않고 정치·경제·국방·사회 영역 등 국가 전반에 걸친 구조적 변화를 야기하고 있다. 그런데도 지금까지의 노인 문제는 복지·돌봄·효도 등의 사회적·도덕적 영역 내에서만 다루어져 왔다. 이는 노인을 오로지 '절대적인 보호의 대상'이며 '무조건적 수혜자'로만 인식하는 전통적 관점에서 기인한다.

동아시아권에서 효도는 오랜 기간 사회질서를 유지해 온 핵심 윤리였다. 부모 부양은 가족의 도덕적 의무였으며 이는 공동체의 안정과 세대 영속성을 담보하는 중요한 장치였다. 또한 자녀가 노년의 부모에게 안전망이 되는 비공식 복지 체계이기도 했다. 한편으로는 과거 국가 제도가 미비했던 시기에 국가를 대신하는 역할까지 담당했다.

과거에는 효 가치를 바탕으로 가족 중심의 돌봄, 혈연 기반의 부양 책임, 도덕과 윤리에 의존한 노후 보장이 가능했다. 그러나 초고령사회로 접어든 오늘의 시점에서 효도는 가족 규모 축소, 1인 가구 급증, 여성의 경제활동 확대, 지역 이동성 증가, 장수화에 따른 돌봄 기간 장기화 같은 구조적 한계 상황에 봉착하였다. 효도는 여전히 중시되어야 할 가치인 것은 명확하지만 국가 차원의 노인안보를 책임질 수 있는 체계적인 장치로서는 미흡한 것이 사실이다.

인구구조 변화와 돌봄의 장기화 및 전문화는 가족 기반 돌봄의 구조적 한계를 명확히 한다. 아울러 효도의 개인화는 결국 국가 책임의 축소로 연결될 수 있다. 또한 효도는 도덕적 규범이지만 경제적 부담이 과중할 경우 가족 내 갈등의 요인으로 작용한다. 이런 상황에서 무조건적 효도는 청년세대의 상대적 박탈감과 불공정 인식을 강화할 수도 있다.

현대는 "복합적인 위험사회"로 불린다. 각종 감염병과 질병, 기후변화에 따른 재해, 범죄와 사고, 디지털 소외 등 헤아릴 수도 없을 정도로 많은 위험이 사회 곳곳에 도사리고 있다. 효도는 정서적 유대와 돌봄을 가능케 하지만 위험을 구조적으로 관리하는 존재는 아니다. 아울러 가족 단위에서 작동되는 윤리에 속하지만 지방 소멸, 고령 밀집 농어촌 방치, 수도권과 지방을 가리지 않는 고독사 문제 등의 영역에서는 개인과 가족을 떠나 중앙정부와 지방정부 차원의 전략적 개입이 필수적이다.

인륜과 도덕을 기반으로 가족 내에서만 머물게 되는 효도만으로 결코 지역 안보 공백을 메울 수가 없다. 이제 효도는 노인을 중시하는 고귀한 가치이자 단단한 기반으로서 국가를 뒷받침하되 관련 정책은 국가의 몫으로 옮겨가야 한다. 이는 노인 문제에 대한 대응이 효도에서 안보로의 전환인바, 사회적인 담론 형성과 공론화가 필요한 시점이다.

초고령사회에서는 점차 비중이 증가 중인 노인층과 관련, 다양한 상황이 안보의 위협요인으로 작용할 수 있다. 예를 들면, 노인 빈곤에 따른 국가 재정의 압박은 당장 안보 문제로 대두될 것이고 고령층의 대규모 디지털 소외는 사이버 범죄와 정보전의 취약 요인으로 작용할 가능성이 상존한다. 아울러 지방 소멸과 고령화의 동시 진행으로 국토 관리의 공백이 발생하면 이는 영토안보의 문제로 비화될 것이다.

영토 안보의 경우, 우리 사회에서 위기가 현실로 나타났다. 주민들이 다른 지역으로 떠나 무인도로 바뀌게 된 서해 지역 섬을 놓고 중국인으로 알려진 외국인의 매입 추진 동향이 여러 차례 포착되었고 결국 우리 국토교통부가 2025년 2월 영해기선[39] 기점 12곳과 서해 5도를 '외국인 토지거래 허가구역'으로 지정하였다. 지방 공백이 가져온 외부 세력으로부터의 안보 위협 가능성을 극명하게 보여준 사례인 것이다.

지금 우리는 노인 문제를 기존의 관념처럼 단순한 사회복지 사안이 아닌, 국가 생존과 체제 안정에 직결되는 구조적 위험으로 재인식할 필요가 있다. 즉 중요한 안보 의제로서 재정립 해야만 되는 것이다. 이것이 바로 '노인 문제의 안보화securitization'다. 이른바 안보화는 "특정 사안을 국가나 공동체의 존립을 위협하는 문제로 규정하고 이를 통해 관련 정책의 우선순위를 부여하면서 자원을 동원하는 조치와 과정"이라고 정의할 수 있다.

전통적으로 안보는 외부의 군사적 위협에 한정되었지만 근래에 와서는 '군사안보에서 인간안보로', '국가안보에서 사회안보로', '외부

의 물리적 위협에서 내부의 구조적 위험으로'와 같은 흐름이 대세를 이룬다. 내부의 구조적 위험을 불러온 요인의 하나로서 노인 문제가 안보적 성격을 갖는 이유를 몇 가지로 설명하도록 하겠다.

첫 번째는 인구구조 취약의 위험이다. 저출산과 노령화에 따른 생산가능인구 감소와 부양비용 급증은 국가 경쟁력을 악화시킨다. 두 번째는 재정 안정성의 위험이다. 연금·의료·보건·돌봄에 드는 비용은 국가 재정의 지속가능성을 뒤흔든다. 세 번째는 사회통합 약화의 위험이다. 청년과 노인 간, 수도권과 지방 간 갈등은 사회적 균열을 초래하고 점차 심화시킨다. 네 번째는 지역안보 공백의 위험이다. 고령화 진전과 지방 소멸 현상은 국토 관리와 재난 대응 역량을 크게 약화시킨다.

그동안 우리 사회에서 다뤄지지 않았기에 생소할 수 있는 노인 문제의 안보화는 현실로 다가온 인구 구조 변화 및 이로 인해 야기된 안보 환경 변화에 대한 적극적인 대응이다. 이제는 국가 정책 수준에서의 적극적인 검토가 요구된다. 따라서 형식적인 개념 선언이 아니라 구체성을 갖기 위해 차례대로 몇 가지 단계를 거쳐야만 한다.

1단계는 인식의 전환이다. 노인을 사회의 일방적인 수혜자가 아니라 경험 자산, 지역사회 안전의 보루, 공동체의 경계 인력, 사회적 완충장치로 위치하도록 해야 한다. 이는 '효도 중심 노인 존중'의 사고에서 탈피한 '안보 중심 노인 활용'의 전략인바, 목표는 노인이 보호의 대상에서 전략의 자산으로 위치가 바뀌도록 하는 것이다. 노인을 더 이상 객체이자 수요자가 아니라 주체이며 공급자로 거듭나도록 공동체의 인식 전환이 필요하다.

2단계는 정책의 재구성이다. 기존의 노인복지 정책은 지원 일변도였다. 이에 반해 안보화는 정책이 구축·관리·통합 중심으로 재설계되는 것이다. 노인 고독사는 사회안보 차원의 관리 체계 구축으로 대응하도록 하며 노인 빈곤은 국가 재정안보 틀 안에 포함시켜 재정의 지속성이 관리되도록 한다. 그리고 노인 범죄 피해는 국가 치안 강화 차원으로 범죄 예방 전략 과제에 통합되도록 한다. 이 단계에서는 노인 정책은 보건복지부의 단독 과제가 아니라 국방·행정 안전·기획 예산·경찰 등의 참여가 이뤄지는 범정부적인 과제이자 정책으로 확장이 요구된다.

3단계는 체계의 제도화다. 노인안보의 완성 여부는 결국 제도화에 달려있다. 여기에서 필요한 것은 국가 수준의 노인안보 전략 수립, 노인안보 지표 개발, 노인안보 전담 조직 설치, 노인 위기관리 매뉴얼 마련이다. 나아가 지방정부 단위의 노인안보센터 설립을 긍정적으로 검토해볼 필요가 있다. 이는 사회복지를 넘는 수준의 안보복지인 만큼 반드시 국가 전략의 하나로 채택 및 제도화가 약속되어야 한다.

이제 노인 문제 안보화의 영역별 적용에 대해 살펴보겠다. 첫째는 경제안보 영역이다. 국민연금·공무원연금·군인연금·사학연금 등 각종 연금의 재정 안정성 관리가 대표적이다. 공적 연금은 '은퇴자의 생명줄'이나 마찬가지이기 때문이다. 노인의 저축을 취급하는 금융기관 역시 금융안보 차원에서 부여받은 역할 수행에 충실할 필요가 있다. 한편 산업 측면에서는 고령친화 산업을 국가 전략산업으로 육성하는 방안도 실효성 있는 조치로 거론된다.

둘째는 사회안보 영역이다. 사회안보는 국가의 내부 결속력 강화와 통합 구현에 있어 매우 중요하다. 체계화되고 상시적이며 즉각적인 대응이 가능한 치안이 무엇보다 필요하고 소방 분야의 역할도 절대적으로 요구된다. 치안과 소방은 노인을 포함한 국민을 든든하게 지켜주는 존재인바, 위급 상황에서 가장 먼저 접하는 존재인 만큼 역할에 걸맞은 처우가 이뤄져야 한다.

셋째는 국토 및 지역안보 영역이다. 지방 소멸과 고령화는 농어촌 방치, 재난 대응 공백, 국경·도서지역 거주민 감소와 연결된다. 경기 북부와 강원 지역 일부에서는 국내 병역자원 부족으로 인한 부대 해편이 지속되어 상주인구가 대거 사라지면서 경기 침체를 겪고 있으며 심한 곳은 거의 폐허의 상태로까지 내몰린 상황이다. 노인은 이제 이곳의 유일한 거주민이나 마찬가지다. 따라서 이들에게 안전한 환경을 제공해 주는 것이 급선무가 되었다.

넷째는 인간안보 영역이다. 사회적 약자인 노인의 존엄·생명·건강을 보호하는 것은 단순한 복지가 아니라 국가의 도덕적 정당성과 직결된다. 노인에게는 국가안보라는 거대 담론에 앞서 일상에서의 안보가 더 시급하고 필요하다. 우리는 전 세계적인 코로나19 팬데믹 시대 상황에서 전염병의 위력, 상대적인 의료·보건의 취약성이 전쟁보다 더 무서운 존재였음을 절실하게 경험했으며 아직도 이를 선명하게 기억하고 있다.

노인 문제의 안보화는 당연히 필요하고 대단히 시급한 것이지만 공동체 내에서 함께 살고 있는 사람들의 부정적인 견해와 우려의 목소리에도 반드시 유념해야 한다. 국가와 사회가 노인을 관리의 대상으로만 본다든가, 과도하게 개입한다든가, 세대 간 불신을 조장한다든가 등이다. 아울러 정책의 군사화도 경계해야 할 대목이다. 이러한 내용을 도표화해 보면 다음과 같다.

노인 문제 안보화의 긍정적, 부정적 측면

구분	긍정적 측면	부정적 측면
정책 위상	국가의 전략 의제로 격상되면서 우선순위 상단에 위치	의제를 둘러싸고 과도화 된 정치적 논쟁거리로 대두
정책 통합	범정부 차원의 통합 거버넌스 구축을 촉진	행정 권한 집중 현상으로 입법과의 충돌 가능성
정책 효과	각종 데이터를 기반으로 위험 관리가 촉진되는 효과 기대	수치 중심에 매몰되어 인간 중심 사고의 약화, 정책의 군사화 우려
국가 모델	초고령사회에 대응 가능한 전략 국가 전환의 계기	모든 가치를 노인과 안보에 두는 과잉 안보 국가화 우려
재정 관리	장기적인 재정 지속성 확보 노력 강화의 계기	재정 긴축 논리로 악용될 가능성의 제기
자원 배분	소요 예산, 인력 등에서 우선순위 확보가 용이	특정 분야에 대한 예산과 인력 등 과집중 우려
위험 인식	고령화가 촉발하는 구조적 위험을 조기에 인지	고령화에 따른 위험 담론의 과장 가능성
위기 대응	재난, 감염병 등에 대한 위기 대응 체계 강화	과도한 비상 대응 체계 일상화에 따른 상시적 위기감과 피로감 발생
예방 기능	기존의 사후 대응에서 사전 대응 체계로 전환	과도한 통제 정책으로 구성원의 오해 가능성

사회 통합	고독사, 빈곤 등 노인 문제의 국가 책임화	노인을 위험집단으로 인식하도록 할 가능성
세대 관계	세대 간 상호 이해와 배려의 논의를 촉진	재정과 인력 등 자원 분배 문제로 세대 간 갈등 촉발 가능성
노인 위상	국가와 사회의 보호 대상에서 전략적 자산으로 재인식	상시적인 관리와 감사의 대상으로 전락할 가능성

노인 문제를 안보로 전환하는 것에 대한 우려와 견해도 분명히 예상되지만, 현재의 상황을 분석하고, 향후의 추이를 전망해 본다면 아무런 대책도 없이 수수방관할 수는 없다. 오랜 역사를 통해 축적되었고 다른 국가와 차별화된 효도문화를 적극적으로 활용하되 노인의 처지와 애로를 해결할 수 있는 현실적 대응 방안 마련이 요구된다.

노인안보의 관점에서 바라본 효도는 인구구조 급변, 장수화 및 만성질환, 세대 부담의 불균형, 국가 차원의 인식 부재 등으로 인해 효용성의 문제에 봉착하였다. 따라서 노인안보를 추진할 때 효도의 본질과 가치는 절대로 폐기하지 않고 국가 전략에 편입시켜 정신적 기반으로서 영속성을 확보하도록 할 필요가 있다. 초고령 사회에서 노인을 지키는 것은 도덕적 호소만으로는 역부족인 만큼 전략을 토대로 한 제도적 장치가 필수적이다.

노인안보는 노인만을 위한 정책이 아니다. 청년세대 입장에서 "오늘의 노인은 내일의 나"인 것이다. 때문에 노인을 지키는 국가는 미래의 노인을 지키는 것이다. 결국 국가의 개입과 구조적·전략적·제도적 리더십이 결합해야만 노인안보가 다른 세대의 동의와 참여하에 비로소 완성 단계로 나갈 수 있다. 이제 필요한 것은 도덕에서 제도로, 개인 책임에서 국가 책임으로, 복지에서 안보로의 전환이다. 이 전환은 효도의 부정이 아니라 국가적 완성이다.

2장

노인안보 리더십 발휘

1절. 노인안보 리더십 개념

대한민국에서는 현재 전 세계에서 유래를 찾기 어려울 정도로 고령화가 진행되고 있다. 이와 같은 인구 구조의 급속한 변화로 나타나는 결과는 복지 수요의 증가로만 그치는 것이 아니다. 산업의 구조, 재정적 상황, 지역별 편차, 세대 간 관계, 정치적 지형, 안보적 환경 등이 과거에 비해 확연히 달라지면서 국가 운영 전반에 걸쳐 막대한 영향을 받는다.

특히 고령화는 생산가능인구 감소에 따른 국가 경쟁력 약화는 물론 부양비용 급증으로 인한 재정 압박, 세대 간 이해 충돌을 촉발하고 지방 소멸 위기, 국토 관리 공백, 돌봄 인프라 부족 같은 현상의 원인으로 작용한다. 지금의 우리 사회는 이를 정확하게 인지

하고 상황에 맞는 대응책을 마련해야 될 시점이다. 여기에서 필요
한 것이 노인안보다.

노인안보는 제도만으로 작동할 수 없다. 제도를 현장에서 실제
로 적용·시행하도록 하는 존재는 국가 공동체 리더와 그 리더십이
다. 노인안보 리더십은 "초고령사회에서 노인이 직면하는 생존·안
전·존엄 등 권리를 침해하는 위협을 국가안보 차원으로 인식하고,
이를 통합적이고 체계적으로 예방·관리하는 공적 리더십"을 일컫
는다.

이 리더십은 기존의 복지 행정 리더십과는 다른 성격을 갖는바,
노인 문제를 사회적 위험이자 국가의 지속가능성을 좌우하는 안
보 요소로 규정하고 대응하는 수준의 전략적 리더십이다. 아울러
전통적으로 인식·이행되던 안보 리더십과도 일정 부분 궤를 달리
한다.

전통 안보 리더십이 외부 위협, 이에 따른 군사적 대응에 집중했
다면 노인안보 리더십은 내부의 고령층과 관련된 구조적 취약성을
관리한다. 또한 복지 리더십이 고령층 대상의 사후 보호와 분배에
초점을 두었다면 노인안보 리더십은 고령층이 겪는 위험에 대한 사
전 예방과 통제를 중시한다. 일반적 행정 리더십이 고령층 대상 제
도의 집행에 중점을 둔다면 노인안보 리더십은 국가 전략과 사회
통합을 목표로 설정한다.

이처럼 노인안보 리더십은 복지·안전·인구 등 관련 영역과 정책
을 포괄하는 것으로서 기존의 리더십 개념과 가치·목표·방식 등
측면에서 차별화되는 새로운 개념의 리더십이라 할 수 있다. 그리

면 왜 이러한 리더십이 지금의 우리 사회에 필요한 것일까?

우선은 초고령사회의 위험관리 차원에서 필요하다. 노인 인구의 급증에 따른 다양한 문제가 현실적인 위기로 대두되는 것에 대응키 위해서는 사회공동체의 관리가 필수적이다. 다음은 사회 안정의 유지 차원에서 필요하다. 노인의 빈곤이나 돌봄 공백 등이 발생할 경우 그 결과는 사회 불안과 갈등으로 이어질 개연성이 높은 만큼 위기의식을 갖고 체계를 갖춰 대처해야 한다. 또한 정책 통합의 차원에서 필요하다. 노인 안위의 문제는 단일 정책과 특정 부처만으로 해결하기 어렵다. 다양한 영역에서 이뤄지기 때문이다. 여기에서 정책을 통합적으로 관리하고 조정하는 리더십이 요구된다. 기존에 존재하지 않았던 이 리더십은 인식·윤리·능력·지향성 등 몇 가지 요소로 구성된다.

첫 번째 요소는 안보적 인식 능력이다. 노인의 빈곤·고독사·돌봄 붕괴 등 현상을 개인적 문제가 아닌 사회적·국가적 위험성으로 여기고 인구 구조 변화가 사회 공동체 안정에 미치는 단기 및 중장기적 영향을 면밀하게 분석하는 의지와 자세, 그리고 능력을 갖춰야 한다.

두 번째 요소는 책임 윤리다. 현재 노인이 겪는 안위의 문제를 가족이나 시장의 부담으로 전가한 것을 국가의 책임 영역으로 이전·흡수하는 윤리적 접근이 요구된다. 또한 노인을 보호의 대상이 아닌 권리의 주체로 인정 및 존중하는 태도가 필수적이다.

세 번째 요소는 통합·조정 능력이다. 분절된 채 행해지는 복지·의료·안전·산업 등 관련 정책이 연계될 수 있도록 주도하고 이 과정에서 모순과 충돌이 없이 시너지 효과를 거두도록 컨트롤 타워의 책임자로서 능력을 발휘해야 한다. 그리고 중요한 것은 중앙정부·지방정부·민간의 협력과 역할의 조정이다.

네 번째 요소는 미래 지향성이다. 노인의 안위와 관련된 정책 수립과 집행은 단기적 관점이 아닌 지속가능성을 기준으로 이뤄져야 한다. 재정 투입과 지원을 놓고 "바로 성과로 이어져야 한다."라는 식의 조급함은 리더십 발휘의 장애물이다. 한편 노인으로 편입될 중장년 세대를 고려하는 조치도 이 리더십의 지향점이다.

노인안보를 중시하는 리더는 현재는 물론 미래의 상황까지 염두에 두기 때문에 당장에 모든 세대로부터 공감과 인기를 얻지 못한다 해도 가치·목표·방향 등 전략의 최종 결정자·책임자로서 다음 세대의 평가를 통해 당위성·실효성을 인정받을 것이다. 진정한 리더라면 오늘의 순간적인 평가에 기대기보다 긴 호흡으로 내일의 평가에서 더 큰 보람을 얻어야 한다.

노인안보 리더십에는 철학이 담겨 있다. 이 철학은 고령층의 삶을 오로지 가족이나 개인 같은 사적 영역에 맡겨놨던 기존 관념과의 결별에서 시작된다. 노인이 직면하게 된 경제적·신체적·사회적 각종 위협은 당사자 개인적인 삶의 실패가 아니라 시대와 사회 구조의 변화 및 이를 제대로 읽어내지 못한 리더의 잘못된 판단과 결정에서 비롯된 것이다.

즉 "노인의 어려움은 국가 전략 선택의 결과에서 기인한 것"이라는 인식이 노인안보 철학의 핵심적인 전제다. 이 철학은 국가 구성원들의 "국가는 국민이 늙어 사망할 때까지 책임을 지는 존재인가?"라는 질문에 대해 리더가 "그렇다."라고 명쾌하게 답변하는 태도를 보일 때 비로소 의미가 있다.

노인안보 리더십의 인간관은 "인간 자체가 항상 강하고 자립적인 존재"라는데 동의하지 않는다. 오히려 "인간은 생애 주기 전반에 걸쳐 취약성·의존성·독립성·자주성을 반복적으로 경험하는 존재"라는 것을 전제로 삼는다. 영유아기·아동기의 의존, 청년기의 독립적 생활, 중장년기의 자립과 자녀 양육을 거쳐 노년기에 이르면 재의존이 이뤄지는 것이다.

때문에 노인의 취약성은 결코 예외적인 것이 아니라 세상의 모든 인간이 겪는 보편적인 상태다. 이러한 인간관을 가진 철학은 노인 보호를 시혜가 아닌 자기 보존의 윤리로 전환시킨다. 아울러 돌봄은 도덕이 아니라 공적인 의무라는 데 주목한다. 이는 노인 돌봄을 더 이상 개인의 미덕에 맡길 수 없으며 국가에서 회피할 수 없는 책임으로 인식하는 것이다.

노인안보 철학은 안보관의 확장을 요구한다. 이는 외부의 적보다는 내부의 붕괴를 경계하는 것으로서 고령층의 증가에 대한 적절한 대처의 부족이 군사적 충돌보다 더욱 큰 위험을 불러올 수 있다는 개념이다. 노인의 빈곤과 고립, 돌봄의 붕괴 같은 현상은 총성이 울리지도, 포연이 보이지도 않지만 사회 신뢰를 하락시키고 국가의 통합을 약화시킨다. 따라서 이 철학은 "국가를 무너뜨리는 요인은 외부의 침략만이 아니라 사회적 약자인 노인을 방치하는 데서도 찾을 수 있다."라는 인식을 기반으로 한다.

노인안보 리더십에는 시간 윤리가 포함된다. 즉 "단기적 예산 절

감이냐? 아니면 장기적 사회 비용이냐?", "당장의 정치적 인기 문제
이냐, 인기가 없어도 거시적 안정의 선택이냐?"와 같은 것에 관한
결정에서 리더는 비난을 감수하더라도 구성원을 향해 보이지 않는
사회의 위험을 솔직하게 말하고 미래의 안정을 선택하는 결단이
필요하다.

국가관은 노인안보 리더십에서 반드시 반영되어야 할 요소다. 노
인안보와 관련된 리더십이 제대로 발휘되는 국가는 "국민으로 태
어나, 구성원으로 살아가고, 노년기를 보낸 후 존엄하게 생을 마무
리할 수 있도록 최소한의 안전을 제공·보장해 주는 공동체"라고
할 수 있다. 이를 위해서는 리더의 국가관이 명확해야 한다. 국가
가 인간의 생애 전체를 어떻게 존중하고 보호하면서 책임을 질 것
인가에 대한 고민과 성찰은 진정한 리더의 덕목이다.

노인안보를 구현하는 리더는 고령층 대상의 행정을 단순히 집행
하는 존재에 머물지 않고 정책을 통해 다양한 역할을 수행하게 된
다. 때문에 그의 철학과 신념이 매우 중요한 가운데 관련 정책의
수립과 이행 과정에서 나타나는 핵심적인 역할을 몇 가지로 나눠
살펴보도록 하겠다.

제1의 역할, 예방 중심의 설계자다. 노인안보 리더는 노인이 위험
에 처한 뒤에 개입하는 것이 아니고 사전에 면밀한 조사와 예측을
바탕으로 적합한 생활환경을 설계해야 한다. 실례로 미끄럼 방지
주거시설, 안전이 담보된 보행로, 응급호출 시스템, 정기 안부확인
시스템, 스마트 돌봄 기술 등은 예방형 안보 리더십에 의해 개
발·적용된 결과물이다.

제2의 역할, 위기 대응의 지휘자다. 폭염·한파·화재·홍수·감염병·사고와 같은 재해와 재난 상황에서 노인은 다른 연령대에 비해 절대적으로 취약한 존재다. 안보 리더는 노인 우선 구호와 대피, 맞춤형 재난 정보의 적시 전달, 이동 지원과 임시 돌봄 체계가 신속히 가동되도록 사전에 준비함은 물론 필요시 조직과 인력이 즉각적으로 움직이도록 지휘해야 한다.

제3의 역할, 공동체 구성의 조직자다. 노인안보는 이웃과 마을 등 공동체 구성원들이 함께 만들어가는 것이다. 안보 리더는 주민은 물론 통장과 이장 등 기초형 참여자, 자원봉사자 및 조직, 청년과 학생 등을 대상으로 당위성과 필요성을 인식시키고 상호 유기적 연결을 통해 유사시 기동 가능한 '노인안보 공동체'를 구성 및 조직해야 한다.

제4의 역할, 기본 권리의 수호자다. 학대·방치·금융사기·디지털 소외 등이 노인 문제와 관련된 새로운 안보 위협으로 떠올랐다. 따라서 안보 리더는 법률과 제도를 통해 노인의 기본적인 권리를 지키고 나아가 피해 회복 시스템을 구축해야 한다. 노인안보는 기본적으로 대상자의 권리를 보호하는 것으로서 리더의 의지와 자세를 실제로 구현하는 것은 수호자로서의 책임을 지는 차원이다.

제5의 역할, 기술 도입의 선구자다. 노인이 직면하는 문제는 기존의 인력과 조직만으로는 대응키 어려운 것이 현실이다. 때문에 안보 리더는 AI·IoT·로보틱스 등 새로운 기술에 대해 개방적인 태도와 인식·수용의 자세를 가져야 한다. 필요하다면 거부감 없이 기술을 받아들여 과감하게 노인안보의 조력자 역할을 맡기는 것이 리더십 구현의 첩경이 된다.

2절. 노인안보 리더십 실천

기존의 안보 리더십과 성격을 달리하는 노인안보 리더십은 앞으로 노인 안위를 다루는 현장에서의 이행을 통해 정착될 것이다. 이는 개념 논의에서 나아가 리더가 견고한 체계와 구체적 정책을 두고 노인이 겪는 현실의 문제를 해결·극복하는 과정에서 제대로 이행되어야만 제대로 구현이 가능해진다. 노인안보 리더십이 실천으로 옮겨지려면 몇 가지 조건이 필요하다.

첫 번째 조건은 관점의 전환이다. 이는 리더가 노인 문제를 복지로만 대하지 않고 국가안보의 확장된 영역으로 인식하는 시각을 가져야 한다는 의미다. 구체적으로 "노인 문제는 개인의 문제가 아니라 사회 공동체의 구조적 위험이다.", "노인의 안전은 사회 안정과 불가분의 관계를 맺는다.", "노인을 보호하는 것은 복지비용의 지출이 아니라 국가 안정을 위한 투자다."라는 식의 관점으로 옮겨가는 것으로서 문제를 대하는 시선의 확장이다.

두 번째 조건은 국가 책임 구조의 확립이다. 노인안보는 국가 책임의 명확화가 전제되지 않으면 작동할 수 없다. 때문에 리더는 국가의 종합적 전략 수립, 중앙정부의 총괄 위상, 지방정부의 역할 및 책임 분담, 민간 참여 유도 대책 등을 구조적으로 마련하도록 조치해야 한다. 이러한 구조가 견고하게 자리를 잡으면 노인안보 정책이 일시적·단편적 사업이 아니라 지속 가능한 국가의 기능으로서 역할을 수행하도록 해준다.

세 번째 조건은 통합 정책 체계의 구축이다. 노인의 안위와 관련된 문제는 건강·소득·돌봄·주거·안전·사회 참여 등 다양한 영역이 서로 연결된 다차원적·복합적인 성격을 갖는다. 따라서 부처별로 분절된 정책으로는 적시에 효과적으로 대응하기 어렵고 결과에 대한 분석과 평가 및 책임 소재 파악도 곤란해진다. 결국 노인안보 리더십의 진정한 실천을 위해서는 통합 수준의 정책 체계와 협력 구조가 필수적인 것이다.

네 번째 조건은 사회적 공감대 형성이다. 노인안보 정책은 일회성의 단기적 지출이 아니라 중장기적 투자이기에 상당히 오랜 시간에 걸쳐 재정 부담이 발생할 수밖에 없다. 때문에 정책의 지속성을 유지하기 위해서는 사회적 공감대 형성의 선결이 필요하다. 이는 공동체 내 세대 간 책임감 공유, 노인에 대한 존중 문화 확산, 돌봄의 당위성 및 공공성 인정 등으로서 공감대 형성을 기반으로 삼아야 정책 실행의 안정성이 확보된다.

노인안보 리더십의 실천은 방향성을 명확히 해야만 시행착오를 방지하고 차후의 위험을 감소시킬 수 있다. 그동안에는 찾아보기 어려웠던 새로운 성격의 안보 리더십인 만큼 전례나 벤치마킹할 대상이 없다. 노인의 삶과 우리 사회의 미래가 걸린 것이므로 더욱 신중한 방향 설정이 필요하다. 방향성 설정에 요구되는 몇 가지 기준을 살펴보도록 하겠다.

첫째, 사후 대응에서 사전 예방으로 변화해야 한다. 기존의 노인 정책은 문제가 생긴 이후에 대응하는 방식이 주류를 이루었다. 이에 비해 노인안보 관점에서는 위험을 미리 발견하고 예방하는 체계와 방식이 중요하다. 이는 노인의 안위와 관련된 사회 비용을 줄이고 정책 효과를 높이는 방향과 일치한다.

둘째, 복지 중심에서 안전 중심으로 확장되어야 한다. 노인 정책이 지금처럼 생활 지원에 머무르면 안전 문제는 도외시되면서 충분히 다뤄지지 않는다. 노인안보 리더십은 안전에 방점을 찍고 범죄·재난·재해·주거·디지털 같은 영역에서 노인이 처한 어려움을 복지 이상의 현안으로 중시하고 해결한다.

셋째, 보호 중심에서 역량 활용으로 이동해야 한다. 노인을 단순히 보호 대상으로만 여기는 정책은 장기적인 관점에서 지속 가능하지 않다. 노인안보 리더십은 노인의 사회 참여 확대, 지역 공동체 참여 진작, 경험·지식·능력의 사회적 활용 등을 고민해야 공동체로부터 의미와 가치를 인정받는다.

넷째, 중앙 정책에서 지역 기반의 체계로 전환해야 한다. 노인이 일상을 통해 겪는 위험은 지역에서 발생하는 경우가 대부분이다. 따라서 관련 정책은 지역 중심의 노인안보망 구축을 강화하는 데 주안점을 둬야 한다. 생활권 중심의 돌봄 시행, 지역 안전 네트워크 구축, 지방정부 역할 확대 같은 구조적 대응이 필요하다.

노인안보 리더십 실천에는 다양한 내용이 포함된다. 노인의 안위와 관련된 일들은 어느 한 가지 영역에서만 일어나지 않고 다양성·복합성·다차원의 성격을 갖는다. 노인 대상의 안보 리더십 발휘 과정에서 추진되는 구체적인 조치의 내용은 무엇인지 살펴보도록 하겠다.

제1의 조치는 소득 체계의 강화다. 노인의 경제적 안정은 노인안보의 기초로서 중요하다. 주요 정책으로는 안정적인 연금 체계, 노인 빈곤 감소 정책, 고령친화 일자리 확대 등을 들 수 있다. 빈곤은 노인들로 하여금 걸 거리로 나서도록 한다. 폐지를 주워 생계를 이어가는 노인이 전국에 약 4만 2천 명으로, 월평균 수입은 15만 원에 불과하다.[40] 이는 "우리 사회 노인 빈곤의 민낯"이라고 불리는 대표적인 사례로서 정부가 지원책을 마련하고 있으나 여전히 미흡하다. 때문에 일부 사회적 기업이 해결책 마련에 나서는 상황인 만큼 공동체 리더가 관심을 두고 들여다봐야 할 대목이다.

제2의 조치는 돌봄 체계의 구축이다. 만약 노인을 돌보는 것에 공백이 생긴다면 이는 노인안보에 있어 가장 큰 위협이 된다. 때문에 지역 기반의 통합돌봄 체계 구축과 장기요양 서비스 확대, 돌봄 인력 안정화가 시급하다. 돌봄 체계는 예산의 투입뿐만 아니라 많은 인력을 필요로 한다. 의사·간호사·사회복지사·돌봄 전담 인력 등이 한 팀으로 움직이는 서비스다. 그러나 현실은 관련 인력의 부족으로 인해 어려움이 산적되어 있다. 공동체 리더는 인력 공급 측면에서 단기·중기·장기 관점의 해결책을 고민해야 한다.

---

40) 대한민국 정책주간지 K-공감 공식 블로그에 게재된 수치이며, 시민단체인 참여연대는 각 지방자치단체 자료 취합·분석을 통해 폐지 줍는 노인의 규모는 전국적으로 1만 5천 명 수준이라고 추정한다.

제3의 조치는 건강관리 체계의 확충이다. 건강은 노인이 영위하는 삶의 질과 안전을 좌우하는 핵심 요소로서 중요하다. 이를 위해 예방 중심의 건강관리, 만성질환 관리 체계 확충과 의료 접근성 강화가 필요하다. 1차적으로 노인이 당사자로서 건강을 챙겨야 하지만 코로나19 팬데믹 시대 당시 전염병 전파는 개인의 수준에서는 대응할 수 없다는 것을 여실히 보여주었다. 이는 정부의 개입과 주도로 이행되는 공중보건의 역할이 공동체에서 필수적이라는 것을 의미한다. 따라서 공동체 리더는 "국민 건강이 곧 안보"라는 인식을 해야 한다.

제4의 조치는 생활안전 보호의 실행이다. 노인은 신체적·심리적 요인 등으로 인해 범죄·사고·재난·재해 등에 취약성을 보인다. 노인을 주요 대상으로 삼은 범죄를 예방하고 안전한 주거 및 교통 환경을 조성하는 한편 재난 대응 체계를 정비해야 한다. 아울러 노인이 관련 교육을 받을 수 있도록 프로그램을 마련할 필요가 있다. 공동체 리더는 "노인 일상의 위험이나 위기는 개인적이고 사소하므로 정책과 업무의 대상이 아니다."라는 식의 인식을 극도로 경계해야 한다.

제5의 조치는 사회적 고립 예방이다. 노인이 외부와의 관계가 끊긴 채 고립된다면 생존은 물론 정신건강에도 막대한 영향을 받는다. 최악의 경우 고독사의 상황까지도 벌어질 수 있다. 가족과 이웃의 역할이 중요하지만, 때에 따라 지역의 관심과 개입이 필요하다. 이를 위해서 지역 공동체 활동 지원을 통한 네트워크 유지, 노인 커뮤니티 활성화, 디지털 소통 지원 등이 검토될 수 있다. 공동체 리더는 "누구와도 연결되지 못한 채 고립된 노인이 가장 조용한 위험"이라는 인식을 갖고 노인 문제를 다뤄야 한다.

노인안보 리더십의 실천은 단순한 복지의 확대 조치가 아니다. 그것은 국가가 인구 구조의 변화에 어떻게 대응하는지를 보여주는 통치 역량의 발현이다. 국내에서 권위를 인정받는 인구문제 전문가는 "2030년은 한국 사회에 노년 위기가 본격화되는 시점이다. 이때부터 한국형 하류노인이 대량으로 등장한다. 이는 미처 사회의 변화에 제대로 대응하지 못한 일부에게만 해당되는 이야기가 아니라 해당 세대의 99%가 직면할 위기다."[41]라는 경고성 분석을 내놓았다. 리더라면 반드시 새겨들어야 할 대목이다.

우리가 위기의식을 가져야 되는 것이 당장의 현실인 가운데 초고령사회로 급속하게 진입한 대한민국에서 노인안보 리더십은 사회 안정의 유지, 세대의 통합, 국가 책임의 구현, 미래 사회 위험의 선제적 대응이라는 차원에서 중요하며 의미가 있다. 이 리더십의 실천은 노인만을 위한 것이 아니라 국가의 지속가능성을 위한 전략의 실제화다.

---

41) 전영수, 한국이 소멸한다, 비즈니스북스, 2018, 260p.

3장

국가의 품격 견지

1절. 선진국가의 모습

영국의 정치컨설팅 업체인 사이먼 안홀트Simon Anholt사는 매년 '좋은 국가 지수Good Country Index'를 조사·발표하고 있다. 평가 척도는 과학기술·문화·국제 평화와 안보·세계 질서·지구와 기후·번영과 평등·건강과 복지로서 국가의 정책과 행위를 통해 "지구와 인류에 어떻게 기여했는가?"에 대한 것을 기준으로 삼는다. 2024년도의 경우 167개 대상국 가운데 유럽 국가들이 상위권에 자리매김했고, 대한민국은 30위권 수준에 위치했다. 반면에 강대국인 미국·러시아·중국의 경우 각기 40~60위권에 머물렀다.

한편, 국제정치와 세계 경제를 다루는 미국의 격월간지 포린 폴

리시Foreign Policy가 평화 기금과 공동으로 2005년부터 산정·발표하는 '취약국가 지수Fragile States Index'도 있다. 여기에서 사용되는 척도는 응집력 지표·경제적 지표·정치적 지표·사회적 지표다. 지표의 세부 내용에는 치안 유지력, 집단 갈등, 경기 침체, 개발 불균형, 인적 유동, 정부의 정당성, 공공 서비스, 인권과 법치, 인구 압박 등 다양한 요소가 포함된다. 취약 국가 순위의 상단에는 정치적 불안과 경제적 위기에 처한 다수의 아프리카 국가들이 자리를 한다.

위의 두 가지 지수는 '좋은 나라', '취약한 나라'라는 식으로 방향과 다를 뿐 국가의 수준을 논의하는 데 있어 참고 자료로 활용된다. 사람에게 인격이 있듯이 국가에도 격을 매기는 것으로써 이를 국가의 품격, 즉 국격國格, National Dignity이라고 한다. '품격' 또는 '위엄'으로 번역되는 영어단어 Dignity는 라틴어 Dignitas에서 유래한 것으로서 이는 "공동체를 위해 노력한 명예 차원의 가치"라는 의미다. 강력한 군사력을 바탕으로 제국을 이뤄낸 그 당시 로마는 공동체를 위해 헌신·분투한 용사의 명예를 최우선시하였다. 여기에서의 명예는 다른 구성원을 위한 헌신과 희생을 전제로 부여되었다.

노인안보 측면으로 볼 때 국가의 품격은 '좋은 국가 지수'에서 나타났듯이 단순히 군사력·경제력·기술력·외교력·자원·인구로만 평가되지 않는다. 국가가 가장 취약한 시민을 어떻게 대우하고 보호하는지가 평가의 기준으로 중요하다. 이는 노인이 불안 없이 살아갈 수 있는지가 국가 품격의 핵심 지표로 작용한다는 의미다. 노인안보는 국가의 도덕성과 책임감, 관련 법률과 제도, 정신과 문명의 수준을 동시에 보여주는 척도라고 할 수 있다.

노인안보가 국가의 품격과 관련되는 이유를 설명하자면, 우선은 노인이 '국가의 성과 집단'이라는 점이다. 이들은 인생을 통해 국가 건설, 경제 발전, 사회 유지에 기여해 온 존재로서 국가의 당대 역사 그 자체다. 공동체 기여에 대한 자부심과 공동체 지속가능성에 대한 염원이 대단히 강한 존재인 만큼 국가로서는 소중한 사람들인 것이다. 이들이 고립과 고독, 빈곤과 질병 상태에서 방치된다면 국가는 자신의 성취를 뿌리부터 부정하는 것이나 마찬가지다.

다음으로는 노인안보는 국가의 책임 윤리를 시험한다는 점이다. 국가는 유권자와 시민을 향해 아동·청년과 관련된 정책을 놓고 "미래에 대한 투자"라는 설명과 함께 지지를 구할 수가 있지만 노인안보의 경우 공동체 구성원들로부터 정당성과 동의를 얻거나 우선순위를 보장받기가 매우 어렵다. 이런 데도 국가가 노인을 중시하고 구체적인 안보 정책 집행에 나선다면 이는 효율보다 책임, 이익보다 의무, 계산보다 윤리 기반의 통치 행위로 평가받게 된다. 이처럼 노인안보는 국가 윤리의 최종 시험대이다.

그렇다면 노인안보 체제가 갖춰지고 이행되는 국가는 어떠한 모습일까? 노인과 안보가 결합되어 초고령사회의 현안에 직면 후 적극적이고 능동적으로 대처한다는 점에서 "품격을 갖춘 선진국"으로 불러도 손색이 없는 국가다. 이러한 국가는 몇 가지 특성을 갖는다.

제1의 특성은 공동체 내에서 존엄의 제도화가 이뤄졌다는 점이다. 이런 국가에서는 노인의 삶이 법률과 제도에 의해 상시적·지속적으로 보장되며 장수하는 것이 결코 두려움이 될 수 없다. 아울러 노후는 불안보다는 예측할 수 있는 삶이 된다. 결국 국가의 품격은 선언에서 그치지 않고 제도화로 명백하게 입증하는 데서 비롯되는 것이다.

제2의 특성은 공동체 내부의 안정성이 매우 높은 수준에 와있다는 점이다. 세대 및 계층 간 갈등이 최소화되고 노인 문제로 인한 사회적 비용이 감소됨과 아울러 노인 대상의 각종 범죄, 의료 시스템 붕괴 같은 위험이 상당히 완화된 상태를 보인다. 노인안보가 국가 내부 안보의 핵심 축으로서 안정성을 추구하는 영역의 긴요한 존재로 인정된 결과다.

제3의 특성은 공동체의 희망인 미래 세대에게 신뢰감을 준다는 점이다. 청년 세대가 "내가 이 나라에서 늙어도 괜찮은 것일까?"라는 질문을 던졌을 때 노인안보가 보장된 국가라면 청년에게 미래를 약속하는 한편 결혼·출산·정착의 심리적 기반을 제공할 수 있다. 이를 통해 국가에 대한 신뢰가 축적된다. 이처럼 노인안보는 미래 세대에 보내는 국가의 약속 이행에 관한 신호다.

노인안보는 국가의 품격을 가르는 기본적인 지표로서 우리나라가 지금부터라도 개념을 잡고 지향해야 할 중요 영역이다. 대외 원조 및 지원 같은 방식으로 국가의 품격이 평가되기도 하며 선진국 수준에 오른 우리로서는 결코 홀시할 수 없다. 그럼에도 급박한 상황으로 전개될 가능성이 높은 우리 내부의 노인의 안위 문제를 인식 및 해결하는 것도 대단히 중요하다.

현재 국가의 수준을 다루는 다양한 지표와 방식이 존재하지만 노인안보를 기준으로 국가 수준을 평가해 보는 것은 향후 우리의 방향성 설정에 필요하다. 이를 위해 다음과 같이 수준별 국가 품격의 차이를 정리하였다.

노인안보 수준별 국가 품격의 차이

국가 유형	국가 품격	국가 행위
저품격 국가, 방치형 국가	미성숙 단계의 비문명국가	① 노인 문제를 오로지 가족의 책임으로 전가한다. ② 고독사, 빈곤, 의료 공백 등이 구조화된다. ③ 국가가 책임 회피를 위해 개인의 선택을 강조한다.
중간 품격 국가, 시혜형 국가	부분적 성숙 단계의 준문명국가	① 복지 제공은 있지만 상시적인 권리로 보장하지 않는다. ② 예산 상황에 따라 정책과 제도의 후퇴 가능성이 상존한다. ③ 노인을 보호의 대상이자 부담스러운 존재로 인식한다.
고품격 국가, 안보형 국가	성숙 단계의 문명국가	① 노인의 생존, 안전, 존엄을 국가안보 요소로 규정하고 편입시킨다. ② 위협에 대해 사후가 아닌 사전 차원으로 대응 및 관리한다. ③ 노인은 보호 대상이지만 주체로도 인정한다.

2절. 보훈과 노인 일자리

상당수 노인은 육체의 노화와 함께 일상에서 심리적·경제적으로 위축되고 불안감을 느낀다. 따라서 이들 세대의 안정화를 위해서는 정서적 측면의 접근과 현실적 측면의 지원이 필요하다. 공동체로부터 인정받고 자신이 구성원들을 위해 기여했다는 자부심을 느끼는 것, 아직은 효용성이 있는 존재라고 인식하는 것은 노인에게 삶의 의미와 보람을 찾도록 해주는 활력소다.

노인이 갖는 자부심과 자존감은 일반적으로 본인의 의지 및 노력에서 주로 기인하지만, 개인을 떠나 공동체로 눈을 돌려보면 다양한 사회적 배경과 국가 정책이 더욱 중요하다. 이 가운데 국가의 개입이 이뤄지고 직간접적으로 공동체의 노인안보와 관련되면서 선진 국가로서의 수준을 드러내는 부분으로 한정, 설명하도록 하겠다. 대표적인 것으로는 국가보훈과 일자리 제공을 들 수 있다.

우리 사회에는 아직 한국전 및 베트남전 참전 용사들이 생존해 있다. 그리고 정부와 지방자치단체로부터 '참전유공자 생계지원금', '참전명예수당'을 받으며 사망 시 유골은 국립묘지 또는 각 지역 호국원에 안치된다. 2026년부터는 국가보훈처의 '참전유공자 생계지원금'이 당사자 사망 후에도 배우자에게 지급된다. 이러한 조치의 배경에는 "나라를 위한 특별한 희생이 있다면 반드시 합당한 예우가 뒤따라야 한다."라는 인식이 자리한다.

안보와 관련된 국가 차원의 보답이자 효행 가운데 가장 상징적인 것이 보훈報勳이다. 보훈은 사전에서 "국가유공자의 애국정신을 기리어 나라에서 유공자나 그 유가족에게 훈공에 대해 보답하는 것"[42]으로 풀이된다. 즉 국가유공자의 헌신에 대한 합당한 보상, 질곡의 역사를 극복하기 위해 희생한 사람들에 대한 공훈선양, 국

---

[42]   국립국어원 표준국어대사전

민과 미래 세대들에게 그 숭고한 희생정신과 애국심을 함양하고 계승하기 위한 것이다.[43]

국가 차원의 보훈은 지원과 예우에 방점이 찍혀 있지만 그렇다고 단순한 시혜성 정책이 아니다. 국가의 정체성 및 국민 통합의 핵심적 가치이자 미래를 담보하는 주요 정책으로서 공동체 정신과 헌법 질서를 지키기 위해 공헌·희생했던 이들에게 충분한 보상과 예우하는 것이다. 또한 그 의미를 공동체 전체 구성원이 선명히 기억하도록 하는 국가의 도덕적 책무이며 중장기적으로 이뤄지는 전략 과제이기도 하다.

때문에 국가보훈 기본법 2조에는 "대한민국의 오늘은 국가를 위하여 희생하거나 공헌한 분들의 숭고한 정신으로 이룩된 것이므로 우리와 우리의 후손들이 그 정신을 기억하고 선양하며, 이를 정신적 토대로 삼아 국민 통합과 국가 발전에 기여하는 것을 국가보훈의 기본이념으로 삼아야 한다."[44]라는 내용이 있다. 이는 보훈이 현재뿐 아니라 미래까지 고려해야 되는 정신이라는 것을 강조하고 복지 차원을 넘어 국가 발전을 기약하는 가치 질서로 규정한 것이다.

이처럼 보훈이 갖는 의미는 국가에 부여된 중차대한 책무이자 행정사무 가운데 하나로서 국가를 위해 국민이 자신의 생명까지도 의연히 바칠 수 있는 애국심의 원천이라는 데 있다. 국가에 의한

---

43) 박철우·박세진, 『보훈 60년사』, 국가보훈처, 2021, 10p.
44) 출처, 법제처 국가법령정보센터

보훈의 이행은 구성원에게 "국가와 사회공동체를 위한 희생은 무엇과도 바꿀 수 없을 만큼 값진 것"이며 "결코 모두의 기억에서 사라지지 않고 반드시 보답으로 돌아온다."라는 강력한 믿음을 주게 된다. 특히 안보는 구성원의 신뢰 및 참여가 전제되어야만 정립되는 것이기에 보훈에서 중요한 기반으로 작용한다.

정부 차원에서 이뤄지는 보훈은 국가의 존립과 관련, 공헌하거나 희생한 사람들을 국가가 예우하고 그 공훈을 찬양하는 것을 목적으로 삼는다. 아울러 국가와 사회 등 공익을 위해 헌신하는 희생정신과 그 삶의 가치를 국민 생활의 귀감으로 상징화하여 국민의 일체성 확보와 국가 발전의 정신적 토대를 제공하는 요체가 되도록 이끄는 국민 통합적 측면의 성격을 갖는다.[45] 즉 보훈은 국민의 일체성과 공동체의 통합성을 지향하는 것이 핵심인 것이다.

건국 이후 수많은 전쟁을 치러왔던 미국은 보훈의 선진국으로서 이미 1930년도에 제대군인처Veterans Administration를 설립하였고 1989년 제대군인부Department of Veterans Affairs로 격상시켜 내각의 독립 부처로 만들었으며 천문학적인 예산과 방대한 조직·인원을 통해 국가에 헌신한 퇴역 군인들에 대한 각종 복지와 예우를 지원하고 있다. 알링턴 국립묘지Arlington National Cemetery는 보훈의 성역으로서 존재하며 이곳의 경비·장례 및 추모행사를 진행하는 영현행사병英顯行事兵, Old Guard은 그 어느 부대원보다 엄격한 조건과 심사를 통해 선발된다. 무명용사 묘역의 "신만이 아시는 미국 군인이 여

---

45) 국가보훈처 기획예산담당관실, 『국가와 보훈』, 국가보훈처, 2002, 15-16p.

기 명예로운 영광 아래 잠들어 있다."라는 문구가 미국의 보훈 정신과 정책을 상징한다.

우리나라의 경우 1961년 "군인을 돕고 보살핀다."라는 시혜적 의미의 군사원호처로 출발함으로써 보훈 업무를 국가 차원에서 다루기 시작하였다. 그 이후 정권의 성격에 따라 장관급 또는 차관급 부처로서의 국가보훈처를 거쳐 2022년 제20대 대통령 선거 공약의 이행을 위해 2023년 드디어 장관급의 국가보훈부로 격상되었다. 이것은 "공훈에 보답한다."라는 의미의 보훈을 제대로 지향할 수 있는 토대 마련의 성격을 갖는다.

이는 국격國格과 밀접한 관련성을 갖는 것으로써 앞부분에서도 언급되었던 국격은 "국가가 누구를, 어떻게 기억하고 합당한 조치를 하느냐?"에 의해 결정된다. 따라서 국가안보를 위해 헌신한 사람들을 정부 차원에서 결코 잊지 않고 제대로 책임을 지며 걸맞게 예우한다는 것은 그만큼 국가의 명예와 위신이 일정 수준에 도달했다는 얘기다. 또한 우리가 이제는 진정으로 국가다운 국가로서 선진국의 반열에 올랐음을 상징한다.

국가 차원에서 보훈이 정립되고 이행되는 것은 결국 그동안 삶의 과정에서 안보에 관련되었던 공로자, 즉 노인층이 공동체로부터 이해와 인정을 받는다는 것이며 이는 당사자에게는 무엇과도 바꿀 수 없는 큰 자부심으로 작용한다. 또한 다음 세대들에게 교훈을 주는 것인바, 국가의 안보에 대한 방향과 정책을 신뢰할 수 있도록 하는 계기로 작용할 수 있다.

보훈과 더불어 노인안보에서 필요한 것은 일자리다. 노인안보와 관련하여 보훈이 상징성을 갖는다면 일자리는 실제성을 갖는다. 우리나라의 노인복지법을 보면 제2조에 "노인은 그 능력에 따라 적당한 일에 종사하고 사회적 활동에 참여할 기회를 보장받는다. 노인은 노령에 따르는 심신의 변화를 자각하여 항상 심신의 건강을 유지하고 그 지식과 경험을 활용하여 사회 발전에 기여하도록 노력하여야 한다."[46]는 내용이 있다. 노인의 사회적 활동 참여는 권리이며 사회 발전 기여는 의무인바, 이들이 일을 통해 보람을 찾도록 해주는 것이 필요하다.

때문에 노인층 일자리 문제는 대단히 중요하며 시급한 것이다. 다행히도 우리 사회의 일자리 창출은 노인층과 장애인 등 사회적 약자 보호 및 지원 차원에서 이미 공동체 내의 합의가 이뤄져 있는 가운데 정부 주도 공공부문과 공익단체 성격의 민간 부문에서도 행해지는 상황이다. 노인층 대상의 경우 수요와 공급이 청년층과는 성격을 달리하고 분야가 겹치지 않기에 고용시장의 질서를 교란시킬 가능성은 매우 낮은 편이다.

우리나라의 고령화가 급속도로 진행되는 가운데 "나는 아직도 젊다."라고 느끼며 근로 의욕을 보이는 젊은 노인층이 대거 등장하였다. 의학의 눈부신 발달과 함께 영양 상태의 획기적인 개선 등 요인으로 인해 향후 우리 국민의 평균 수명은 더 늘어갈 것으로 예측된다. 이런 상황에서 젊은 노인층이 일에 대한 의욕은 물론 필요한 능력·경력·학력을 충분히 갖췄음에도 불구하고 일할 기회를

---

46)　출처, 법제처 국가법령정보센터

얻지 못한 채 은퇴 이후 30년 이상의 기간 동안 무직 상태로 소일하는 실정이다. 이 때문에 당사자들 상당수가 생계 차원은 물론 정서적인 측면에서도 무위도식의 자괴감 속에서 심각할 정도의 취약성을 보이게 된다.

이에 따라 중앙정부와 지방자치단체는 노인복지법, 저출산·고령사회기본법 등 관계 법률에 의거하여 노인 일자리 사업을 추진하는 상황이다. 이 사업은 65세 이상 노인을 대상으로 맞춤형 일자리를 제공함으로써 소득 창출과 사회 기여의 기회를 마련해주는 것인바, 개인안보 효과가 있다. 당사자인 노인들로서는 부족한 소득의 보완, 건강관리와 증진, 사회 참여를 통한 자신감 회복의 계기를 만들 수 있다. 공공성 측면으로 보면 노인 문제의 예방과 감소, 의료비 같은 사회적 비용의 절감이 가능해진다. 이는 안보 측면으로는 '개인안보 기반 제공을 통한 공공안보의 구현' 성격을 갖는다.

다만, 노인인구의 특성이 가족 구성 실태와 거주지, 건강 상태와 소득, 가치관과 행동 방식, 학력과 경력 등의 차이에 의해 다양화된 가운데 고학력의 전문직 출신 베이비 붐 세대가 노인층으로 급격히 유입되는 것은 노인 일자리의 변수로 작용한다. 새로운 노인 세대 사이에서 중장기적으로 안정된 고용과 일의 성격 및 난이도에 따른 적절한 보수를 전제로 하는 욕구가 지속적으로 증가하고 있어 노인 일자리 사업은 궤도 수정을 요구받는 중이다.

특히 65세 이하로서 '노인 편입 예정자'인 젊은 노인들은 다수가 은퇴 이후 몇 년간 '연금 절벽'을 마주하게 된다. 직장의 정년과 연금 수급 연령 간 공백이 존재하기 때문이다. 이들은 당장에 공공성을 가진 노인 일자리 사업의 대상이 아니기에 더욱 막막한 상황에 부닥친다. 자녀 혼사를 마쳤거나 소득 부족 보완을 위해 주택연금을 활용할 수 있는 사람은 그나마 다행이다. 경제 성장기에 힘들게 일을 하면서도 노후를 대비치 못한 채 자녀 교육에 모든 것을 쏟아붓고 내 집 마련에 실패한 경우, 만혼과 출산으로 인해 어린 자녀를 둔 경우, 평생 미혼으로서 독거 상태인 경우 등 다양한 상황에서는 경제적인 어려움이 당장에 큰 장애물로서 당사자의 삶 앞으로 다가선다.

사전에서는 노인을 '나이가 들어 늙은 사람'[47]이라고 풀이한다. 그러나 오늘날의 현실에서 노인은 단순히 숫자상으로 나이가 들었고 육체적으로 힘이 저하되어 존재 가치가 하락한 사람이 결코 아니다. 오히려 이들이 평생에 걸쳐 직접 체득하고 장기간 축적한 경험·지혜·지식을 공동체를 위해 활용할 경우 강력한 인적 자산이 될 것이다. 아울러 가용한 모든 것이 투입되어야만 하는 국가경쟁력 강화에도 분명히 일조할 수 있을 것이다.

인류가 지식사회로 들어선 이후 과거의 경험과 능력은 이제 더 이상 필요 없는 것으로 치부되기도 하지만 세상의 근본적 섭리는 현시점에서의 과거를 결코 무용지물로만 인식할 수 없도록 만든다. 오늘날 인간의 정신을 지배하는 지구상 대다수의 고등 종교는 공히 수천 년 전에 탄생한 과거 정신의 산물이며, 인류의 생존과 발전의 열쇠를 쥔 첨단 과학과 기술 또한 수천 년 전에 태동한 기

---

47)　네이버 국어사전

초 과학과 이론을 바탕으로 한다. 이처럼 어제는 오늘과 내일의 모태다.

이와 같은 섭리는 인간에게도 적용된다. 오랜 세월을 견디며 살아온 사람만이 우리 사회에서 진정으로 필요한 것, 위험이 되는 것이 무엇인지를 알고 이를 지적해 주는 통찰력洞察力, insight을 발휘할 수 있다. 이들이 축적해 놓은 경험치는 과거의 시행착오가 다음 세대에서 반복되거나 재발되는 것을 방지할 수 있다. 때문에 우리 사회 일각에서는 노인을 "지혜로운 사람"이라는 뜻의 혜인慧人, "앞선 세대로서 책임감을 느끼고 공동체 발전에 앞장서는 사람"이라는 뜻의 '선배 시민' 등으로 호칭하기도 한다.

노인은 현대사를 거치면서 오랜 반복과 숙달을 통해 체득·체화시킨 노하우 및 경험을 바탕으로, 다른 연령대보다 체력은 부족하지만 위협 요소는 민감하게 포착 가능한 존재다. 이들이 사회를 안내하는 역할을 수행할 수 있다면 위기 징조의 발견과 대응이 가능해질 것이다. 결국 노장청老壯靑 세대가 활력과 지혜의 융합을 통해 함께 만들어가는 세상에서 큰 힘이 된다는 의미다.

노인을 사회로 이끄는 가장 좋은 방향이자 방법은 일자리를 만들어주는 것이다. 이는 "최상의 노인복지 정책"으로 불러도 손색이 없다. 일자리를 통해 소득의 일정 부분을 해결하고 건강을 챙기며 사회 참여자로서 긍지와 보람을 느낀다면 공동체로서는 수치상에 잡히지 않는 긍정적인 효과를 거둘 수 있다. 또한 대한민국은 자원 빈국으로서 글로벌 차원의 무한 경쟁이 펼쳐지는 가운데 자원부국의 종속변수에 머무는 상황인 만큼 인적자원에 의지할 수밖에 없다. 이런 현실을 고려한다면 가용한 모든 자원의 동원이라는 측면에서 노인의 참여가 반드시 필요하다. 이것은 현 단계에서 우리가 피할 수 없는 선택이기도 하다.

정부나 공동 부분에서의 노인 일자리 사업이 진행되고 있지만 예산과 형평성, 우선순위 등을 고려할 때 분명히 한계가 존재하는 만큼 기업의 역할이 강화되어야 한다. 물론 기업은 수익을 우선시하는 데다가 사회로부터 '청년 일자리 창출'이라는 기능까지 부여받은 것이 현실이다. 경제 상황에 따라 상시로 구조조정을 해야만 수익성이 담보되고 생존이 가능해지는 속성을 갖는 것도 사실이다.

이러한 기업에 대해 "노인 일자리를 만들어 달라."라고 강제할 수는 없지만 사회적 합의에 의해서는 정년 연장이나 퇴직 이후 재고용 같은 방식으로 대처할 수 있다는 것이 중론이다. 특히 글로벌 스탠다드이자 경제계의 현안으로 대두된 ESG 경영[48]은 기업이 인권 존중과 사회적 기여 측면에서 약자에 대해 배려하도록 강조하고 있다. 기업이 사회적 책임 차원에서 노인 문제에 접근할 경우 결국 노인층 일자리뿐만 아니라 관련 기술의 개발 및 제품 생산, 서비스 측면에서 청년 일자리 또한 확대되는 효과를 얻는다. 기업으로서는 관심과 투자에 따른 선순환의 결과물이 정확하게 예측

---

48) 환경(Environmental), 사회(Social), 지배구조(Governance)의 영문 첫 글자를 따서 만든 새로운 경영 개념이다.

되는 것이다.[49]

　현재는 기업 다수가 ESG 평가를 받기 위해 전략적 봉사 차원으로 노인을 위한 지원을 하고 있지만 이는 일회성·홍보성 생색내기에 그칠 수밖에 없다. 장기적 관점으로 노인이 일하고 지역에서 기여할 수 있도록 간접적인 방식으로라도 일자리 창출을 모색하는 것이 중요하다. 일부 에너지 공기업에서 환경보호 차원으로 폐건전지 수거를 노인단체에 맡겨 수익을 보장해 주는 모델을 개발·시행 중인바, 모범적인 사례의 하나로 꼽힌다.

　이웃 국가인 일본의 경우 초고령사회로 진입한 이후 '산업인력 부족'이라는 현실적인 이유로 기업이 근로자의 임금을 삭감하지 않는 채 정년 연장을 해주는 추세다. 이러한 움직임은 노동시장의 변화에서 기인한다. 1990년대 전후로 경제 호황에 따라 기업이 대규모로 채용했던 인력이 60세가 되면서 정년을 맞아 퇴직하는 시점에 이르렀고 결국 인력 부족 현상에 직면한 것이다.

　일본은 노인의 일자리 창출에서 규모의 확대만 중시하는 것이 아니라 현업에 종사하는 노인의 건강에도 주의를 기울인다. 정부 차원에서 건강과 안전을 위한 각종 조치가 취해지는 것이다. 고령 근로자의 작업 중 건강 문제가 발생하는 것을 막기 위해 후생노동성은 2021년, 고용주를 대상으로 '고령 근로자 예방책 가이드라인'을 확정·시행하고 있다. 반일휴가 같은 유연근무제를 도입한 인사

---

49)　문봉수, 『삼성과 효도경영』, 북랩, 2023. 214p.

제도, 세심한 건강관리 실시 등이 주요 내용이다.[50]

일본 전문 기관의 연구 결과에 의하면 2040년을 기준으로 약 1,100만 명의 인력이 부족할 것으로 나타나고 있다. 때문에 고령자를 경제의 새로운 동력으로 활용하기 위해 많은 노력을 기울이고 있다. 특히 몇몇 기업들이 은퇴한 고령자를 신입사원으로 고용하면서 화제가 되었다.[51] 이러한 흐름이 우리에게도 닥칠 것이 분명하다. 따라서 대한민국보다 먼저 인구 고령화의 길을 걸어간 일본의 사례와 경험을 벤치마킹하고 우리 상황에 맞도록 변용·적용할 필요가 있다.

아울러 중요한 것은 국가의 리더십 발휘다. 정부가 민간 분야와 머리를 맞대고 노인세대의 건강과 능력, 학력과 경력, 사회적 효용성에 맞는 맞춤형 일자리를 지속적으로 개발·창출하도록 기반과 환경을 만들어야 한다. 당연히 기업에 대한 정부 차원의 인센티브 부여가 병행되어야 효과가 높아진다. 이는 노인의 안정화 및 사회 기여라는 측면에서 국가의 안보와 밀접한 관계가 있는 조치다.

---

50)　김웅철, 초고령사회 일본이 사는 법, 매경출판, 2024, 67p.
51)　KBS 명견만리 제작팀, 명견만리, 인플루엔셜, 2017, 109p.

4장

정치와 행정의 역할 수행

1절. 정치의 선택

고대 그리스 철학자 아리스토텔레스Aristoteles의 "인간은 자연 본성적으로 정치적 동물이다."라는 명제에서 알 수 있듯이 인간의 삶에서 정치를 분리할 수 없다. 정치권과 거리를 둔 일반인도 일상을 통해 직간접적으로 정치의 영향을 받으며 상황과 필요에 따라 기본권의 하나인 투표를 통해 정치에 영향을 미치기도 한다.

정치政治를 한자로 해석해 보면 '정'은 "바로 잡기 위해 회초리로 친다."라는 뜻이며 '치'는 "물이 넘치는 것을 수습한다."라는 뜻이다. 즉 정치는 "부조화와 문제를 바로 잡아 극복한다."라는 의미가 있다. 사전에서는 "나라를 다스리는 일. 국가의 권력을 획득하고 유지하며 행사하는 활동으로, 국민이 인간다운 삶을 영위하고 상호 간의 이해를 조정하며, 사회 질서를 바로 잡는 따위의 역할을 한다."[52]고 풀이된다. 미국의 정치학자로서 정책학의 토대를 다진 해럴드 라스웰Harold Lasswell은 정치를 "권력의 배분과 행사"라고 정의하기도 하였다.

정치의 다양한 목표와 영역 가운데 여기에서는 노인안보로만 국한해서 설명될 것이다. 노인안보와 관련된 정치는 "무엇을 국가의 선택으로 할 것인가?"라는 차원의 결정 주체로서 중요하다. 정치의 본질이 관리에 있는 것이 아니라 선택에 있기 때문이다. 노인안보를 위한 정치의 역할은 "안전의 문제를 겪는 노인을 어떻게 잘 도와줄 것인가?"가 아닌 "노인의 안전을 놓고 무엇을 국가에서 반드시 책임져줄 것인가?"를 숙고하고 결정하는 것이다.

이와 관련하여 "노인의 생존과 안전이 개인의 책임인가? 아니면 국가의 책임인가?", "노인안전을 복지의 확장으로 볼 것인가? 아니면 안보의 핵심으로 볼 것인가?", "노인의 위험은 사후 구제 대상인가? 아니면 사전 관리 대상인가?"와 같은 질문이 제기될 수 있다. 이러한 질문에 대한 정치권의 선택과 답변은 의무이며 국가의 도덕적·안보적 기준을 설명하는 행위의 하나다.

정치 영역에서의 판단과 결정에 따라 국가와 국민의 오늘, 그리고 내일이 결정된다. 특히나 노인의 안위는 결국 정치에 달려있다고 해도 과언이 아니다. 노인을 우선순위에 두느냐, 아니면 뒷순위

로 미루느냐는 정치의 몫으로서 노인층이 갖는 '다수의 표' 때문이 아닌 당위성과 필요성을 기준으로 판단과 선택이 이뤄져야 다른 세대의 공감과 동참이 가능해진다.

다양한 문제를 다뤄야 하는 정치의 본질은 관리가 아닌 선택에 방점이 찍힌다. 때에 따라 정치를 행정과 혼용하거나 동일 선상에서 다루기도 하지만 양자의 본질은 완연히 다르다. 행정이 설정된 목표와 부여된 임무를 효율적으로 이행하는 기술 행위 차원이라면, 정치는 무엇을 목표로 삼을 것인지를 결정하는 권력 행위 차원이다.

정치는 "국가가 무엇을 지키기 위해 존재하는지?"를 놓고 자문자답하는 행위이자 선택의 주체이지만 그렇다고 행정의 상위 개념은 아니며 양자가 인과 및 협업 관계를 맺는다. 정치의 본령은 국민의 요구를 수렴 후 목표를 설정하는 것이고 행정의 본령은 그 목표를 정책으로 반영·구현하는 것이다. 때문에 정치가 공동체와 정책의 나침반으로서 기능을 상실한다면 행정은 방향성을 놓치고 계속해서 표류할 수밖에 없다.

정치의 과정은 "무엇이 국가의 핵심 과제인가?", "과제 가운데 무엇을 우선시할 것인가?", "선택에 따른 비용은 누가 부담할 것인가?"에 대한 해답을 찾는 것이다. 이 선택은 가치중립 지대를 벗어나 가치 판단과 권력 배분의 지대를 향한다. 따라서 정치는 비판과 반작용을 결코 두려워하지 않으며 오로지 국리민복國利民福만을 염두에 두는 고독한 결단의 영역에서 이뤄진다.

정치와 국가의 관계를 보자면 국가는 정치적 선택에 의한 결과물이다. 국가는 결코 자연 발생적 조직이 아니라, 정치적 선택이 누적 및 축적된 데서 비롯된다. 안보 문제와 관련하여 근대 이후부터 현대에 이르기까지 "어떤 대상을 보호할 것인가?", "어떠한 위험에 대응할 것인가?", "어느 수준까지 개입할 것인가?"에 대한 질문이 지속적으로 제기되어 왔다. 이에 대한 대답으로 나온 것이 법률·제도·예산·군대·복지 체계 등이다.

이제 노인안보와 관련하여 정치의 핵심적인 역할을 살펴볼 차례다. 제1의 역할은 의제Agenda 설정이다. 즉 무엇을 국가의 문제로 규정할 것인가를 결정하는 것이다. 특정 사안이 개인의 문제인지, 사회의 문제인지, 국가의 문제인지를 놓고 경계를 긋는 주체가 정치다. 예를 들면 노인의 고독사는 개인의 불행일 수도 있고, 사회적 약자 문제일 수도 있으며 나아가 국가안보의 취약성을 알리는 신호일 수도 있다. 정치가 이를 어떻게 인식하고 국정의 어디에 위치시키느냐에 따라 책임의 주체와 개입의 정도가 달라진다.

제2의 역할은 가치 선택과 우선순위 선정이다. 국가가 사회 현상과 문제의 모든 것에 개입하고 동시에 해결할 수는 없다. 때문에 정치는 필연적으로 가치에 대해 우선순위를 매기는 작업이다. 성장 대對 분배, 효율성 대對 형평성, 단기적 성과 대對 장기적 안정이 일으킬 충돌 가능성 앞에서 하나를 선택하고 그 선택을 정당화시키는 과정이기도 하다. 여기에서 주목되는 것은 '선택하지 않는 것' 또한 정치의 선택이다. 정치가 선택을 주저하고 침묵한다면 기존의 위험이 자동으로 지속되고 미래의 위험은 당연히 도래한다.

제3의 역할은 정당성 부여와 강제력의 확보다. 정치는 행정을 상대로 "왜 이것을 해야 하는가?"에 대한 정당성을 부여한다. 정치적 선택은 법률의 제정, 제도의 도입, 목표의 선언, 소요 예산의 배정 등과 같은 과정을 통해 행정이 강제력을 갖고 집행으로 나갈 수 있도록 하는 기반이 된다. 만약 정치가 부여하는 정당성이 없다면 행정은 능동성이 결여된 채 소극적인 움직임에서 벗어나지 않는다. 이로 인해 잘못된 결과에 대한 책임이 개인에게 전가되고 결국 국가는 위기로 인해 마비 상태에 빠지는 상황에 직면한다.

제4의 역할은 갈등 조정과 책임의 귀속이다. 정치는 갈등을 제거하는 존재가 아니라 갈등을 조정하는 존재다. 세대·계층·지역 간 갈등을 제도권으로 유입시켜 폭발의 단계로 나가지 않도록 중재를 통해 타협과 합의를 유도하는 것이 정치 본연의 역할이다. 여기에서 중요한 대목은 책임의 귀속, 즉 책임 소재의 명확화다. 이는 "누구에 의해 결정되었는가?", "누구에 의해 집행되었는가?", "누가 실패의 책임을 질 것인가?"를 가리는 것이다. 정치가 과정과 결과에 대한 책임을 회피하거나 도외시한다면 사회의 불신으로 인해 관련 정책은 성과를 내지 못하게 된다.

제5의 역할은 미래를 현재로 끌어오는 것이다. 정치는 현재의 유권자만을 상대로 하는 것이 아니다. 아직 투표권이 없는 미래 세대·미래의 유권자의 이해를 현재 시점에서 반영하는 장치다. 인구구조 문제, 기후변화 문제, 재정압박 문제 등이 포함된 안보 영역에서 당장에는 불리한 선택이라 해도 정치는 결단해야만 존재의 의미를 찾을 수 있다. 정치는 단기·중기·장기의 관점에서 선택을 놓고 시점의 유불리만을 따질 수 없다. 언제나 미래의 상황도 고려하는 지속가능성을 염두에 두어야 한다.

정치가 잘못된 판단과 선택으로 실패의 결과를 내놨을 때 나타나는 전형적인 증상이 있다. 첫째는 정치권이 중요한 문제를 "논의 중, 검토 중"이라며 결정과 조치를 미루고 방치하는 것이다. 둘째, 정책과 관련하여 정치적 선언은 이뤄졌지만, 법률과 제도·예산 등 필요조건이 가시화되지 않는 것이다. 셋째, 정치 일정과 불가피한 상황 등을 이유로 책임을 회피하고 이를 행정과 개인에게 전가하는 것이다. 넷째, 위기 발생 이후 정치권의 형식적인 대응으로서 '소 잃고 외양간 고치기', '사후약방문' 식의 행태를 보이는 것이다.

정치가 실패하면 안보는 즉각적으로 위기를 맞는다. 특히 노인안보는 현재의 시점에서 국정의 최우선 순위가 아니기에 정치권의 눈길을 사로잡기 어려운 측면이 존재한다. 그럼에도 선견지명을 갖고 위기에 민감한 정치인이라면 노인의 안위가 정치권에서 반드시 논의되고 담론으로 등장해야만 우리 사회의 내일을 기약할 수 있음을 인식할 것이다. 정치는 구성원들에게 비전을 제시하는 행위이자 현재와 미래의 불안을 제거하는 장치인 만큼 저자로서 노인안보를 심도 있게 검토해 볼 것을 제안한다.

한편 노인안보와 관련하여 정치에 반드시 필요한 것은 윤리적 기준이다. 여기에서의 정치 윤리는 간단하다, 바로 "사회 기여자이자 약자인 노인을 제대로 보호하지 못하는 정치와 권력은 존재 가치와 정당성을 잃는다."라는 것이다. 노인을 대하는 윤리가 정치에 우선으로 반영되어야만 정책과 조치는 명분이 확보되며 추동력을 얻을 수 있다. 정치로 상징되는 국가권력은 "누구를 먼저 보호할 것인가?", "어떠한 위험을 우선으로 최소화시킬 것인가?"에 대해 확고한 기준을 갖고 명확한 답변을 내놔야 한다.

2절. 행정의 이행

정치에 의해 선정된 공동체의 의제는 행정을 통해 구현된다. 행정은 입법과 사법을 제외한 국가의 작용인바, 공공선·공익 달성을 목적으로 삼아 예산을 거두고 집행하는 능동적이고 적극적인 행위로서의 성격을 갖는다. 행정은 결국 정치의 성과물을 만들어내는 존재로서 중요한 기능을 수행한다. 정치가 '구성원의 삶'을 주제로 삼은 논문의 서론을 제기하는 역할이라면 행정은 본론을 전개하고 결론을 맺는 역할을 맡는다.

행정의 이행 과정에서는 국민의 복리를 고려함과 동시에 공공의 의견 수렴과 책임·지원·효율 추구가 무엇보다 중시된다. 행정이 정치권의 논의와 착안을 정확히 파악하는 한편 당장에는 보이지 않지만, 필연적으로 우리에게 다가와 위협이 될 존재를 인지하는 능동적 자세 견지가 요구된다. 그리고 구성원 모두에게 의견을 묻고 당장에, 또는 앞으로 필요한 것이 무엇인지에 파악하는 순서로 이어져야만 '뒷북 행정'의 오명을 피할 수 있다.

국가와 지방자치단체는 법령에 의거, 일련의 업무를 수행하는데 공공 서비스 제공, 복지 증진, 질서 유지, 규제 및 조정, 사회 변화에 따른 정책 제시 및 집행 등이 포함된다. 노인안보는 여기에서 사회 변화에 따른 정책의 제시와 집행에 해당된다. 이처럼 초고령 사회로의 진입은 중앙과 지방의 행정을 상대로 새롭고도 어려운 과제를 부여하였다.

노인안보에서의 행정은 국가안보 시스템의 운영자로 자리한다. 이때 운영자 입장에서 몇 가지 원칙이 견지되어야 한다. 첫째는 사건 발생을 항상 염두에 두고 평시에도 가동되는 상시성의 원칙이다. 둘째는 사후에 이뤄지는 복지 이전에 위험을 미리 차단하는 예방성의 원칙이다. 셋째는 기관·영역·제도·지역 등에 의한 분절 현상을 해소하는 통합성의 원칙이다. 넷째는 대응에 실패할 경우 책임의 소재를 명확하게 하는 책임성의 원칙이다.

행정의 주체는 노인안보 업무의 성격 및 차원에 따라 중앙정부와 지방정부로 나뉜다. 중앙정부는 범정부 컨트롤타워로서 노인안보를 복지 부처의 단독 과제가 아닌 부처 간 협업이 필수적인 '국가위험 관리 사안'으로 운영되도록 관련 조치를 취하는 역할을 맡는다. 이 조치가 이뤄져야 보건·복지·행정 안전·국토·고용·치안·소방 방재 등의 행정 기능이 상호 연계될 수 있다. 여기에서 중요한 것은 부처 간 데이터의 공유, 중복 사업의 통폐합, 폐쇄적 행태 통제, 위기 발생 시 조정 권한의 조율이다.

지방정부는 노인안보 행정의 현장을 책임지는 주체로서 중요한 존재다. 노인안보가 실제로 성공을 거둘지 여부는 지방정부의 역할 수행에 따라 결정된다. 행정의 실질적 이행이 이뤄지려면 각 지역 인구구조·경제적 상황·노인 실태가 다른 점을 반영, 맞춤형으로 설계될 필요가 있다. 지방에서는 읍·면·동 단위의 노인 위험 관리가 요구되는 만큼 민간단체로서 전국적인 네트워크를 구축해 놓은 대한노인회·한국자유총연맹·바르게살기운동중앙협의회, 새마을운동중앙회 등의 지역 조직과 유기적 연계 및 협조 유도를 적극 검토해야 한다. 이는 민과 관의 협업을 통한 안보 구현 방식이다.

노인안보 행정은 대한민국이 초고령사회를 맞이한 상황에서 국가와 지방의 새로운 업무 영역으로 제시되는 것이다. 기존에도 노인은 존재했고 이에 따른 복지가 지원되었지만, 이제는 안보 차원으로 접근이 요구된다. 때문에 노인안보를 중심으로 삼는 행정은 기존의 복지 중심 행정과 다른 기능을 갖고 있는 바, 이를 몇 가지로 나눠 설명하도록 하겠다.

제1의 기능, 위험 식별 및 예측이다. 노인들이 겪는 빈곤·질병·고립·주거·학대 등의 위험을 사전에 탐지하고 고위험군 분류, 이상 징후 자동 경보, 위험 지표 마련 같은 행정 수단 동원을 통해 문제를 해결한다. 예를 들자면, 노인의 고독사 징후가 포착되면 즉각적으로 현장으로 출동, 확인 조치를 취하는 것이다.

제2의 기능, 조기 개입 및 예방이다. 노인에게 위험이 발생하기 이전에 행정 수단을 통해 선제적으로 개입한다. 방문을 통한 대면, 전화를 통한 비대면 방식으로 점검하는 한편 의료와 돌봄을 연계시키고 소득과 주거의 안정을 지원하는 것이다. 이때 중요한 것은 '사건 단계'가 아닌 '징후 단계'에서의 개입이다.

제3의 기능, 위기 대응 및 보호다. 노인이 질병·학대 등에 의해 생존의 위기에 직면할 경우 행정은 즉각적으로 개입한다. 행정 수단으로는 긴급 보호 명령, 임시 거처 마련, 의료 조치 등을 사용할 수 있다. 신고가 접수되면 단시간 내 해당 부서에 전달되고 곧바로 조치가 이뤄진다.

제4의 기능, 존엄과 권리의 보장이다. 행정 차원에서 노인의 자기 결정권과 인권을 보호한다. 이를 위해 차별과 학대 감시 체계, 당사자의 의사결정 지원 제도, 노인시설 인권 기준 관리 등의 방식이 동원된다. 다만, 보호 명분으로 과잉 통제는 사전에 명확히 차단되어야 한다.

제5의 기능, 서비스 통합 및 조정이다. 기존의 복지·주거·안전이 분절된 상태에서 각자 이뤄진 것을 하나로 통합한다. 여기에 필요한 행정 수단으로는 사안관리 책임자 및 부서 지정, 원스톱 서비스 체계 구축, 중복 지원과 누락 점검 체계 가동 등이다. 이것이 이뤄진다면 '노인들의 다부서 방문에서 한 번의 접근'으로 전환이 가능해진다.

제6의 기능, 지역사회 연계와 참여 유도다. 노인의 고립 예방을 위한 공동체 복원으로서 '숨겨진 약자'가 아무런 도움도 못 받는 것을 차단하는 기능이다. 행정 차원의 구현 수단으로 지역 네트워크 구축, 민간 및 종교단체 연계, 노인의 공동체 내 역할 부여가 있다. 이를 통해 노인의 고립 차단, 사회 연계, 참여 촉진이 차례대로 이뤄진다.

제7의 기능, 평가·피드백·책임의 실행이다. 노인 대상의 안보 관련 정책에 대해 지속적으로 점검하고 결과치 파악을 통해 개선책을 마련한다. 행정 수단으로는 성과 지표 설정, 실패 사례 분석과 공개, 예산제도 내 반영 및 개선 등이 있다. 무엇보다 중요한 것은 실패를 숨기지 않는 투명한 행정이다.

노인안보의 행정과 관련하여 대표적인 사례는 코로나19 팬데믹 시대 당시의 행정을 들 수 있다. 보건소를 중심으로 이뤄진 환자 발생 대응과 백신 접종 과정에서 입증되었듯이 지방 사무는 주민의 인위와 1차적으로 연결된다. 때문에 의료와 보건 업무가 기존의 행정 문건 및 민원 처리, 각종 인허가 처리, 건축 및 환경 분야 감독과 관리 같은 전통적인 업무를 뛰어넘어 중요한 업무로 자리하였다, 여기에다 인구 고령화·저출산·다문화 추세까지 더해지는 가운데 대다수 자치단체는 새로운 업무와 임무를 지속적으로 부여받는 상황이다.[53]

노인안보는 반드시 성공시켜야 하는 과제이지만 아직까지 개념에 대한 이해도가 낮고 기존 업무 수행도 벅찬 행정으로서는 상당히 부담스러울 수 있다. 이로 인해 과제 이행 차원에서 공감과 소명 의식이 뒷받침되지 않는다면 결과는 실패로 돌아갈 가능성이 매우 높다. 노인안보 행정의 실패 요인을 예측해 본다면 부처 간의 칸막이, 사후 대응 중심의 업무 진행, 지방자치단체의 권한 및 예산 제한, 성과 측정 시스템 부재, 책임 회피 문화 등일 것이다.

그럼에도 다른 측면으로 접근한다면 노인안보는 행정의 새로운 영역으로서 성과 창출의 기반이 될 개연성이 높다. 행정의 수요자인 노인의 수가 급속도로 증가하고 노인 편입 예정자의 수가 대규

---

53) 문봉수, 『삼성과 효도경영』, 북랩, 2023. 262p.

모이기 때문에 행정의 역할 수행에서 매우 넓은 공간이 나올 것이다. 유권자의 지지를 기반으로 삼는 정치인의 경우 노인안보는 자신의 입지를 다지고 지속성을 기할 수 있는 영역으로서 매력적일 것이다.

정치는 행정에 앞선 선택과 결단으로서 노인안보를 우리 사회의 담론으로 제시하고 환경을 조성해야 할 의무를 갖는다. 한편 행정은 정치에 의한 결정을 실제로 이행하는 존재로서 사명감과 함께 책임감으로 무장하고 노인안보를 구현해야 한다. 중요한 구성원으로서의 노인이 안보 측면에서 위협받는다면 이는 국가와 지역 공동체의 안정에 결정적인 악영향을 미치게 된다.

노인안보 행정이 기존 행정에 더해질 경우 단기간에는 과부하가 걸릴 가능성도 배제할 수 없다. 다만, 국가의 현안으로 대두된 노인 문제를 시대정신으로써 대하는 것이 지금의 상황에서 대단히 중요한 만큼 적극적인 수용과 도입을 검토할 필요가 있다. 중장기적으로는 반드시 도입되어야 할 과제이기 때문이며 문제는 외면한다고 해서 결코 해결되지 않기 때문이다.

4부

노인안보와 시스템 모색

노인안보 국가 모델 제시

1절. 국가 모델 개념

초고령사회로의 진입은 인구 구조의 변화만 가져오는 데서 그치지 않고 노인 인구 급증에 따른 빈곤·질병·고독의 일상화, 범죄 노출과 재난 취약성, 지역 소멸 급속화 같은 현상을 동반한다. 이는 개인과 사회의 문제 수준을 넘어 국가의 안정성과도 직결된 구조적 위협으로 전환될 수 있다. 그런데도 현재의 정책적 대응은 여전히 노인 문제를 복지와 시혜, 불가피한 재정 지출 측면에서만 진행 중이며 주로 가족의 책임에 의지하는 실정이다.

때문에 노인이 직면한 위험 자체가 사전에 관리되지 못한 채 누적되고 위기 발생 시 사회 전체의 부담으로 작용하면서 폭발성을 가질 개연성이 높다. 이런 연유로 노인안보과 관련된 국가급 모델 마련의 필요성이 대두된다. 노인안보 국가 모델은 "고령화로 인해 구조화된 각종 위험을 개인·가족의 책임이 아닌 국가안보 차원의 공적 책무로 인식하고, 위험의 예방·관리·회복 체계 구축과 정착을 국가 운영의 핵심 기능으로 제도화한 모델"이라고 정의할 수 있다.

이 모델은 단순한 노인복지의 확대나 확장 수준이 아니다. 국가의 존속성과 사회 안정성, 공동체 지속가능성을 유지하기 위한 안보 전략의 확대이며 영역의 확장이다. 따라서 기존의 복지국가 모델과는 성격을 달리한다. 이미 시행 중인 복지를 기본으로 삼되 공동체 존립에서 절대적으로 요구되는 안보와 접목함으로써 노인이 겪는 다양한 위험을 선제적·체계적으로 관리하는 것이다. 때문에 복지 모델을 다른 차원에서 바라보면서 새로운 해법을 추구하는 개념이다.

노인 인구의 증가는 국가의 대응책이 아직 준비되지 않는 상태일 경우 노인 빈곤의 집단화, 고독사·방치의 가능성, 재난 발생 시 노인의 피해 집중, 지역 고령화 심화 같은 현상을 불러일으킨다. 이는 여태까지 국가를 버티게 해줬던 군사력이나 경제력만으로는 해결하기 어려운 비군사적 안보 위협이며 중장기적으로 국정 운영의 전반에 걸쳐 큰 영향을 미친다.

반면, 기존의 복지국가 모델은 사후 지원에 방점이 찍힌 관계로 예방 기능이 약하고 부처별·법률별로 분절된 구조를 가졌기 때문에 위기 상황을 맞았을 경우 최종 책임의 주체가 불분명하며 국가의 통합 대응에는 한계를 보일 수 있다. 이는 복지 체계가 노인 문제와 관련, 소요 비용의 상시적인 지급 기능은 수행하지만, 예상 위험의 통합적인 관리 기능은 없다는 것을 시사한다.

노인의 건강·안전·생계 등과 관련된 돌봄은 전통적으로 가족과 지역 공동체에 의해 이뤄져 왔다. 그러나 핵가족화, 1인 노인가구 급증, 지역 공동체 약화 등으로 인해 기존의 돌봄 구조는 더 이상 지속 가능하기 어렵다. 이 때문에 필요해진 노인안보 국가 모델은 돌봄을 도덕이나 인륜, 미풍양속이 아닌 국가의 기본 책무이자 필수 기능으로 새롭게 정의하는 것이다. 그래야만 돌봄이 국가에 의해 공공성과 안정성을 확보할 수 있다. 노인안보 국가 모델은 다음과 같이 안보 개념의 확장과 국가 역할의 재정의·전환으로서 의미가 있다.

첫째는 안보 개념이 군사 안보 중심에서 사회 안보와 인간안보 영역으로 확장된다는 점이다. 이는 국가의 역할을 기존의 '외부의 위협으로부터 국민을 보호하는 것'에서 '내부의 구조적 위협으로부터 국민의 삶을 지키는 것'으로 전환하는 차원이다. 외부의 위협에 앞서 내부의 위협을 먼저 들여야 봐야 된다는 논리다.

둘째는 노인을 국가의 안보자산으로 전환시킨다는 점이다. 노인을 재정 부담의 요인에서 경험·지식·안전성을 가진 자산으로 재인식하는 데서 세대 갈등 완화, 사회 참여 확대, 사회의 회복 탄력성 회복 같은 성과가 나온다. 노인의 존재를 새롭게 인식한다는 논리다.

셋째는 노인안보가 국가의 신뢰와 품격 제고를 가져온다는 점이다. 노인안보는 국가가 가장 취약한 시민을 어떻게 대우하는지를 보여주는 바로미터barometer다. 국가 모델의 구축과 정착은 국가의 보호 기능에 대한 신뢰 제고, 사회적 연대 강화로 이어진다.

노인안보 국가 모델 구축은 기존에 시행되는 복지 기반의 단일한 정책 모델이 아니라 다양한 영역을 아우르는 모델로서 국가 운영 체계의 재설계가 이뤄져야 구축할 수 있다. 새로운 개념으로서의 모델이 탄생하려면 설계 과정에서 몇 가지 원칙이 요구된다.

제1의 원칙은 국가 최종 책임 원칙이다. 노인 위험에 대해 마지막까지 책임을 지는 주체는 국가인 것이다. 제2의 원칙은 예방 중심의 원칙이다. 사후 지원이 아니라 위험의 조기 감지와 차단이 기본 원칙으로 자리해야 한다. 제3의 원칙은 통합 관리의 원칙이다. 복지·주거·치안·재난 등의 영역을 하나의 안보 체계로 통합 및 관리하는 것이다. 제4의 원칙은 권리와 존엄의 원칙이다. 국가의 통제 중심이 아니라 인간 본연의 권리를 기반으로 삼는 안보 모델을 지향해야 한다. 제5의 원칙은 단계적 전환의 원칙이다. 이는 기존의 제도를 폐지하거나 붕괴시키는 것이 아니라 일정에 따른 재설정·재배치다.

위와 같은 원칙을 기반으로 이제 노인안보 국가 모델을 어떻게 구축할 것인지에 대한 방안을 살펴볼 차례다. 법률과 제도, 행정과 정책, 재정과 투자 등 관련된 모든 분야에 대한 구체적 방안과 조치가 면밀하게 검토되어야 통합성 및 체계성을 갖는 모델이 나올 수 있다.

첫 번째는 법률과 제도 차원의 구축 방안이다. 가장 우선적인 조치로는 노인안보 기본법의 제정이 있다. 이 법률에 노인안보의 정의와 범위, 중앙정부와 지방정부의 책임, 기존의 노인복지법 및 재난 관련법과의 관계 등을 명시하되 개별 정책법의 상위 기본법으로 위상을 갖도록 조치해야 한다. 아이디어 차원이지만 노인복지법은 노인안보 실행법으로, 노인장기요양보험법은 노인위험 완화법으로 개정하는 것이다. 또한 재난 및 안전관리 기본법에 노인 우선 보호 기준을 삽입하고 주거 기본법은 고령자 안전주거 기준이 상향되도록 입법 차원에서 논의할 필요가 있다.

두 번째는 조직과 거버넌스 차원의 구축 방안이다. 노인안보 전담 기구로 대통령 직속의 중앙행정기관인 노인안보청을 설립하거나 여의치 않다면 먼저 대통령 또는 국무총리 소속의 노인안보위원회 설립을 적극 검토해야 한다. 노인안보청은 노인안보 국가 모델 전담 기관으로서 범부처 조정·감독·평가 기능 권한을 갖고 노인안보 전략 수립 및 이행을 점검하는 기능을 부여받아야 한다. 노인안보위원회의 경우 정부 각 부처로 분절된 노인안보 관련 기능과 업무를 종합·조정하는 기구이자 대통령 또는 국무총리에게 자문도 수행하는 위상을 갖도록 조치할 필요가 있다.

세 번째는 정책 실행 차원의 구축 방안이다. 기본적으로는 노인안보 위험지도 작성이다. 지도를 통해 빈곤·질병·고독사·재난 등의 취약 지역을 시각화하고 이를 기반으로 AI·빅데이터 활용의 조기 경보 시스템을 도입함과 아울러 지역별 적시 개입 기준도 설정하는 것이다. 한편 지역 노인안보망 확보 및 확충을 의무화함으로써 읍·면·동 단위 노인안보 책임 체계를 만들고 복지·보건·치안이 고령자와 직접 연계되도록 하는 것이 중요하다. 이럴 경우 노인의 위험 발견 시 즉각적인 공적 개입과 조치의 발동이 가능해진다.

네 번째는 재정 및 투자 차원의 구축 방안이다. 노인안보에 소요되는 예산의 문제로서 특별회계 또는 기금 설치 방식으로의 접근이 필요하다. 노인안보는 단기적인 복지비용이 아닌 장기적인 안보 투자로 재인식될 때 당위성과 지속성을 갖는다. 관련 예산은 예방 사업에 우선으로 배분하고 지방정부 인센티브와 연계되어야 한다. 한편으로는 민간 및 지역의 연계 투자가 중요하다. 구체적으로는 지역 내 고령친화 산업과의 연계, 지역 일자리 창출형 노인안보 모델 개발, 민관 협력 기반 확장 및 증진 등이 있다.

다섯 번째는 인식과 문화 차원의 구축 방안이다. 노인안보에서 중요한 것은 인식의 전환이다. 노인 문제 해결을 '자녀의 효도에서 국가의 책임'으로, 소요되는 비용을 '복지 비용에서 안보 투자로', 노인의 위상을 '수혜자이자 사회의 부담에서 시혜자이자 사회의 자산으로'와 같은 방향으로 바꿔 진행하는 것이다. 여기에는 반드시 노인의 사회적 역할 확대가 병행되어야 한다. 이들이 수혜자 위치의 수동적인 존재가 아니라 시혜자 위치의 능동적 존재로 거듭나도록 유도하는 것이 노인안보 국가 모델의 궁극적인 목표다.

노인안보 국가 모델 구축을 위해서는 실제로 구현할 수 있는 정책의 제시가 무엇보다 중요하다. 정책은 시작과 함께 한 순간에 완결될 수 없기에 단기·중기·장기에 걸쳐 단계별로 해법이 마련되고 집행될 수밖에 없다. 이를 도표로 정리해 보면 다음과 같다.

노인안보 국가 모델 구축 단계별 진행

단계 구분	지향 목표	핵심 용어	정책 조치	성과 지표
1단계: 인식 전환과 준비의 단계로서 1~2년 소요	① 국가 차원 노인 문제 안보화 공식 선언 ② 범정부 수준 통합 체계 기초 구축 ③ 기존 복지 중심 접근의 한계 명확화	인식 전환, 선언, 준비	① 노인안보를 국무회의와 국가중장기계획에 공식 반영 ② 대통령 또는 국무총리 소속의 노인안보위원회 설립 ③ 노인안보 위험 실태 전수조사 ④ 노인안보 기본법 초안 마련 ⑤ 기존 복지 예산 중 위험 예방 및 관리 항목 재분류 ⑥ 노인안보 명칭의 예산 편성	① 국가 전략 문서에 반영 여부 ② 노인안보 지도의 고안 여부 및 구축 진행율
2단계: 제도화 및 확장의 단계로서 3~5년 소요	① 노인안보를 법률과 제도, 조직, 예산으로 고착화 ② 사후 복지에서 사전 안보로 전환 ③ 중앙과 지방의 일체화 구조 완성	법제화, 조직화 확장	① 노인안보 기본법 제정 ② 노인안보청 설립 및 국가 컨트롤타워 역할 부여 ③ 지역 안보망 구축 및 확장 의무화 ④ 노인안보 위험 지도 고도화 및 취약노인 사전 등록과 관리 ⑤ 노인안보 특별회계 편성 또는 기금 설치 ⑥ 지자체 대상으로 성과에 따른 인센티브 부여	① 고위험 상황 노인 조기 발견율 ② 고독사, 학대, 방임 등 사건 감소율 ③ 재난과 재해 시 노인 피해 비율 ④ 지역 노인 안보망 구축율

3단계: 고도화 및 내재화 단계로서 5~10년 소요	① 노인안보를 국가안보 체계 내로 완전 편입 ② 노인을 보호 대상에서 안보 자산으로 전환 ③ 초고령사회 대응 국가 모델 완성	고도화, 내재화, 자산화	① 국가안보 체계와의 연계 및 노인 위기 시 자동 작동 ② 노인의 안보 참여 모델 정착 ③ 디지털 노인 안보 체계 완성 ④ 다른 세대의 공감과 참여 유도 ⑤ 노인의 존엄, 권리 중심 안보 문화 확립 ⑥ 인구구조 변화 대응 국가 위험성 관리 체계 견고화	①노인안보 국가 신뢰도 ② 고령사회 위기 대응 조치 평가 ③ 국제적 비교 지표 상위권 진입 ④ 노인의 안보 활동 참여율

대한민국은 전 세계적으로 가장 급속하게 초고령사회로 진입한 국가가 되었다. 이런 상황에서 노인안보 국가 모델을 선제적으로 구축한다는 것은 다가오는 위기를 관리 가능한 위험으로 전환시키고 노인 문제로 인한 사회적 비용을 감소시키며 미래 세대의 예견된 부담을 완화하도록 하는 전략적 선택이다. 이런 측면에서 볼 때 노인안보 국가 모델은 단지 노인만을 위한 정책이 아니라 모든 세대를 위한 국가의 장기적 구조개혁이다.

2절. 해외 모델 사례

우리의 노인안보 국가 모델을 객관적으로 바라보기 위해서는 해외 국가의 노인 관련 정책 모델과 비교해 보는 것도 필요하다. 현재 대다수 국가는 노인 문제를 복지 개념으로 접근하고 있는데, 여기에서는 "노인 문제를 안보 위험으로 인식하고 있는가?", "국가가 최종적인 책임의 주체로 기능하고 있는가?", "예방·통합·회복의 체계를 갖추었는가?", "정부의 전략 개입 수준은 어느 정도인가?"를 기준으로 삼아 유형별로 나눠 살펴보도록 하겠다.

유형 1은 사회안보 통합형 국가다. 해당 국가로는 스웨덴·덴마크·핀란드 등 북유럽 국가가 있다. 이 유형의 국가는 노인 문제를 복지 방식으로 해결하지만, 사회 전체의 안전과 안정 문제로도 인식한다. 때문에 관련 정책이 '노인복지'라는 통상적 개념에서 한 걸음 더 나아가 '사회안보social security', 또는 '생활의 안전life security' 개념에 가깝다.

국가에서 노인의 돌봄·의료·주거·안전을 완전히 공공의 책임으로 인식 및 관리한다. 중앙정부는 표준 설정, 재정 조달, 관리 및 감독을 주관하며 지방정부는 실행을 담당한다. 이 과정에서 노인의 고립과 단절, 질병과 건강 악화, 경제적 빈곤 등은 안보 위협의 징후이자 조기 조치 필요성의 신호로 간주된다. 국가의 책무가 강조되기 때문에 조직과 인력·예산의 투입이 과감하게 이뤄진다.

이런 국가의 조치가 갖는 노인안보의 강점은 예방 중심 체계의 확립, 고독사와 방치 같은 문제를 구조적으로 최소화시킬 수 있다는 것이다. 때문에 공동체 내에서 노인에 대한 국가의 조치와 관련된 신뢰도가 매우 높은 편이다. 반면 이행에 드는 재원 마련을 위해 높은 조세 부담이 지적되고 있으며 다문화 및 이주자 확대에 따른 국민의 반발이 야기되면서 사회 일각에서 지속가능성에 대한 의구심이 나타나는 상황이다.

유형 2는 전략 차원 개입형 국가다. 대표적인 국가로서는 중국과 싱가포르를 들 수 있다. 이 유형의 국가는 '강력하고 엄격한 정부'라는 특성을 갖는데 노인 문제를 국가 통치와 안정 유지의 핵심적인 변수로 인식한다. 특히 중국의 경우 사회 불안 요인 관리 차원에서 노인 정책이 설계·집행된다. 더 상세한 내용은 '제5부 노인안보 국가로 가는 길'에서 별도로 설명될 것이다.

중앙정부 주도로 정교한 계획과 지침이 마련되며 강력한 행정 시스템을 통해 지역 단위 노인 관리망을 통해 이행된다. 양국이 기본적으로는 가족 부양을 유지하되 중국은 노인권익보장법을 통해 자녀의 부모 부양을 의무화한 상태다. 당사자가 이를 어길 시 여러 가지 불이익을 감수해야 한다. 이들 국가의 노인 문제는 단순한 복지가 아니라 사회 안정과 체제 안보의 요소로 작용하며 특히 고령 인구는 관리·통합의 대상이다.

이들 국가의 노인안보는 국가 차원의 신속한 개입과 조치를 할 수 있으며 지역별·계층별 위험에 대한 대응과 관리도 상시로 작동한다는 강점을 갖는다. 그러나 외부 세계로부터 국가에 의해 개인의 존엄과 자율성이 제한될 가능성이 남아 있으며 권리 기반의 접근이 쉽지 않아 자칫 노인의 인권이 침해될 우려가 있다는 지적을 받는다.

유형 3은 복지와 시장 혼합형 국가다. 해당 국가로는 독일과 프랑스가 있다. 이 유형은 노인의 위험을 사회공동체의 위험으로 간주하되 국가·시장·보험이 각자 분담하는 방식으로 노인 문제에 접근한다. 공적 연금과 의료는 국가의 책임이며 돌봄은 공공·민간·가족 단위가 혼합된 방식으로 대처한다. 또한 장기요양보험을 통해 노인의 위험을 관리한다.

정부와 민간 섹터의 결합 방식으로 대응하는 이 유형은 분담에 따른 재정의 지속가능성, 공적 뒷받침에 의한 제도의 안정성과 예측 가능성을 갖고 있으며 민간의 자율성이 상당히 보장된다. 그러나 국가의 개입이 강력하지 않아 노인 고립·정신적인 위기 등 발생시 공동체 차원의 대응은 앞서 설명된 다른 유형에 비해 상대적으로 약하다.

이와 같은 유형은 통합적 안보 개념과는 거리가 있으며 제도의 분절에 따른 종합적·체계적 대응이 어려운 특성을 갖는다. 노인안보는 국가의 적시 개입이 요구되며 단편적인 대응만으로는 해결하기 어렵다. 국가의 일정 수준 개입과 관리, 민간 참여 보장을 중시하는 이 유형은 아직까지 개입보다는 관리에 주안점을 둔 우리의 현재 상황과 상당히 유사한 모델이다.

유형 4는 개인 책임 추구형 국가다. 대표적인 국가로는 미국과 영국을 들 수 있다. 이들 노인 문제를 기본적으로 개인과 가족의 책임으로 인식하고 국가는 최소한의 안전망만 제공한다. 때문에 의료와 돌봄의 시장 의존도가 상당히 높다. 더불어 노인이 겪는 빈곤·질병·고독 등의 문제는 사후 대응 중심으로 이뤄진다. 이런 것들과 안보 개념의 연결도 이뤄지지 않는다.

이 유형은 국가 재정 부담이 다른 유형에 비해 상대적으로 낮고 개인의 선택과 관련된 자유가 강조된다는 강점을 갖는다. 국가는 노인안보와 관련된 재정 부담을 직접적으로 책임지지 않으며 개인의 문제에 대해서 적극적으로 개입도 하지 않는다. 개인으로서는 자유를 보장받지만 노후 생활의 책임은 온전히 당사자의 몫으로 남는다. 민간과 시장이 주도하는 상황에서 국가의 책임은 찾기가 어렵다.

이런 유형의 국가에서는 의료 접근권·경제적 빈곤 등을 기준으로 삼을 때 같은 노인층이라도 상대적인 격차가 심하며 이는 자칫 사회 불안의 요소로 전환될 가능성이 존재한다. 노인이 아파도 병원에 가지 못하고 자선에 기대는 삶을 이어간다는 것은 안보 부재를 온몸으로 겪는 것이나 마찬가지다. 경제적으로 선진국이며 높은 문명 수준을 가진 국가의 모델이지만 노인안보 측면으로 볼 때는 가장 취약하다고 평가될 수 있다.

그렇다면 한국형 노인안보 국가 모델에의 적용 방향은 어떻게 잡을 것인가? 위의 유형을 비교해 본 결과 각각의 장점을 취합한 혼합 진화형이 적합할 것이다. 해외 사례는 하나의 정해진 정답이 아니다. 국가가 노인을 어떻게 인식하고 대우하는지에 대한 당사국의 선택 결과인바, 우리로서는 적절한 참고가 필요하다. 즉 북유럽형의 예방 및 통합 철학, 중국식의 국가전략 인식, 독일식 제도의 안정성을 선별적으로 취합하여 한국형을 만들고 여기에 우리만의 강점을 녹여 새로운 모델을 생성시키는 것이다.

해외 사례에서 눈여겨 볼 대목은 유형 4의 국가인 영국의 경우 국가의 개입을 되도록 줄이되 필요시 정부 차원의 조치를 취하는데, 대표적인 것이 2018년 설립된 내각의 고독부孤獨部, Ministry of Loneliness[54]다. 이 부처는 고독을 개인 문제가 아니라 사회적 문제로 보고 인식 개선, 범정부 차원 전략 수립, 사회적 연결과 처방, 데이터 기반 대응 등을 담당한다. 이를 위해 '건강한 노화 프로그램', '외로움 인식 주간' 등의 프로그램을 운영 중이다.

해외 사례에서 유형별 국가로 제시되지 않았지만, 일본의 상황을 보면 고독으로 인한 우울증·치매 등 건강 악화가 막대한 의료비와 노동력 상실로 이어진다는 판단하에 영국의 고독부 설립을 벤치마킹하였다. 2021년 내각관방에 고독·고립 대책담당실을 설치한 후 담당 대신의 지휘를 받아 사회적 유대감을 강화하는 방향으로 고독·돌봄 정책을 추진하고 있다.

우리나라에서는 국민의 고독 문제를 주관하는 정부 차원의 조직은 아직까지 없는 상태이며 자치단체인 서울시의 복지실 산하 돌봄·고독정책관, 인천광역시의 외로움돌봄국이 지역의 컨트롤타워로서 노인층이 포함된 주민을 대상으로 관련 업무를 맡고 있다. 이 때문에 사회 일각에서는 국가가 직접 노인층의 정서적·심리적인 문제 해결에 나서야 되는바, 구체적으로는 노인행복청의 설치가 필요하다는 의견을 제시하고 있다.

---

54)　국내 일부에서는 '외로움부'로 표기하는 경우도 있다.

　해외 각국의 사례에서 살펴본 것처럼 노인안보와 직결된 국가의 책임과 조치는 모든 국가가 일치하지 않는다. 내부 사정이 상이하고 관심과 개입의 강도가 다른 만큼 어느 나라의 모델이 정답인지는 확언하기 어렵다. 다만 우리로서는 새로운 모델을 만들어낸다는 측면에서 국가의 개입을 명확히 하되, 노인의 권리와 존엄을 중심에 둠으로써 다른 국가와 차별화된 유형의 모델을 구축한다면 특유의 저력을 바탕으로 'K-노인안보 국가 모델' 생성도 가능할 것이다.

2장

통합 돌봄의 본격 가동

1절. 돌봄의 의미와 가치

초고령사회의 노인 세대는 신체적·경제적 취약성으로 인해 각종 위험에 가장 먼저 노출되는 존재다. 이런 상황에서 돌봄의 지체·부재·붕괴가 발생한다면 노인의 개인적 수준 위기가 곧 사회적 불안, 국가적 위기 차원으로 전이될 가능성이 높아진다. 때문에 노인안보에서 돌봄은 일반적인 복지 서비스가 아닌, 위험을 사전에 차단하고 사회 안정성을 견고하게 유지하도록 담보하는 안보 장치로 재정의·재인식되어야 한다.

우리 사회에서 "도와서 보호함"이라는 뜻을 갖는 돌봄은 '부양', '요양', '보살핌', '케어', '간호' 등의 다양한 용어로 혼용되고 있다. 돌봄은 인간을 인간답게 만들어주는 특성을 갖는다. 종전에는 건강이나 연령 등으로 자립하기 어려운 사람을 가족이나 주변 사람들이 보살펴주는 데 한정되었지만, 이제는 누구나 보살핌을 받을 수 있고 사회와 국가까지 돌봄이 참여하고 있다. 때문에 돌봄의 일상화·보편화는 거스를 수 없는 시대정신이다.

의미의 확장에 따라 '돌봄 경제'라는 용어까지 등장한 것이 오늘의 모습이다. 아울러 과거의 육체적인 건강에 대한 돌봄이 이제는 정신적인 건강 돌봄, 즉 마음 돌봄도 중요한 대상이 되었다. 노인의 경우 육체적인 문제도 있지만 심리적인 측면의 문제도 안고 있기에 고독과 고립감 해소를 위한 마음 돌봄의 중요성·필요성에 대한 사회 인식이 점차 높아지는 중이다.

노인안보와 관련된 돌봄은 복지에서의 돌봄과는 분명히 차이가 있는 것으로서 "노인의 생존·존엄·안전·평화·자율 등이 일상에서 위협받지 않도록 국가와 사회공동체가 지속적으로 개입·보호·연결·관리하는 구조적 차원의 선제적·적극적·능동적 행위"다. 이는 노인안보의 돌봄이 가족의 윤리와 선의에 의존하는 것이 아닌, 제도화되고 지속 가능한 공적 기능임을 의미한다. 이제 돌봄의 안보적 의미가 무엇인지 확인해 볼 차례다.

우선은 생존 위험 예방 기능으로서의 의미다. 돌봄은 노인에 대한 방임과 방치 및 학대, 그리고 그들의 고독사 징후를 찾아내어 적시에 대응한다. 아울러 만성질환과 응급 상황을 즉각 인지하고 영양 결핍과 주거 위험을 조기에 발견함으로써 노인의 생명을 지키는 '1차 방어선'이다.

다음은 사회 불안 차단 기능으로서의 의미다. 만약 돌봄이 붕괴

된다면 빈곤 노인층의 급증 및 대규모화, 지역 공동체의 해체 위기 대두, 세대 갈등과 노인 혐오 확산 같은 안보 위험을 일으킨다. 이와는 반대로 돌봄 체계가 견고한 상태에서 정상적으로 작동할 경우 사회 내부의 위험 차단에 따른 긴장과 갈등의 완화를 끌어낼 수 있다.

그다음으로, 국가 책임 가시화 기능으로서의 의미다. 돌봄은 노인에 대한 국가의 책임이 가장 직접적으로 드러나는 영역이다. 돌봄이 제대로 작동하면 국가는 구성원들로부터 신뢰를 얻고 돌봄이 붕괴된다면 국가의 존재 가치와 신뢰도는 급격히 하락한다. 돌봄은 이처럼 국가가 국민의 생애를 책임질 수 있는지를 시험한다. 그렇다면 노인안보가 추구하는 돌봄의 핵심 가치는 무엇일까?

제1의 가치는 존엄의 가치다. 노인안보의 돌봄은 노인으로 하여금 살아만 있도록 조치하는 것이 아니라 존엄을 유지한 채 인생의 의미를 갖고 살아가도록 관리해 주는 것이다. 돌봄에는 노인이 신체 기능 저하, 소득 감소, 가족 관계 악화 상황에 부닥친다고 해도 이를 적극 해결하는 것인바, "고귀한 인간으로서 당연히 존중받아야 한다."라는 핵심 가치가 담겨 있다.

제2의 가치는 예방의 가치다. 노인안보의 돌봄은 사후 복구에 앞선 사전 예방의 수단이다. 위기 발생 이전의 감지, 문제 파악 후 조기 개입, 비용과 사회적 갈등의 최소화가 중요하다. 돌봄에서 노인안보의 당위성과 지속 가능성을 명쾌하게 설명해 주는 핵심 가치가 확인된다.

제3의 가치는 공동체 연대의 가치다. 노인안보의 돌봄은 세대·계층·지역 간 상호 연대를 삶의 현장에서 구현하도록 한다. 돌봄에 의해 가족에서 출발하여 지역을 거쳐 국가로 이어지는 책임의 연속성이 보장된다. 이는 개인의 문제가 공동체의 책임으로 전환되는 과정인바, 돌봄은 사회통합을 촉진하는 데 있어 매개체로 역할을 맡는다.

제3의 가치는 안정의 가치다. 견고한 상태에서 정상적으로 작동되는 돌봄 체계는 사회공동체에서 생산가능인구의 부담 완화, 돌봄 공백에 대한 우려 감소, 국가 미래에 대한 신뢰 구축 등의 효과를 낳는다. 이는 돌봄이 노인만을 위한 제도와 정책이 아닌, 사회 전제의 수요에 부응하고 구성원들을 안정시키는 공공재임을 시사한다.

여기에서 사용되는 '돌봄'이라는 용어는 주체와 객체가 필요하다. 일반적으로는 노인이 객체가 되지만 때에 따라서는 주체가 될 수도 있다. 실제로 돌봄 인력의 부족, 경제적 사정 등으로 인해 노인이 노인을 돌보는 이른바 '노老-노老 케어'가 우리 주변에서 흔히 목격된다. 이처럼 안타까운 현상은 국가의 개입이 미처 이뤄지지 못한 데서 기인하는 것으로서 공동체 차원의 돌봄 본격화가 반드시 필요한 이유로 작용한다.

준비가 제대로 안 된 상태에서 맞이한 초고령사회, 이처럼 우리의 급박한 현실에 비춰볼 때 이제는 노인안보 측면에서 의미와 가치를 갖는 돌봄을 귀중한 안보 자산으로 전환하도록 하는 국가의 적극적인 노력이 요구된다. 그렇다면 안보 자산으로의 전환과 관련된 과제로는 무엇이 있을까?

먼저 돌봄의 공공성 강화다. 가족에 집중된 과도한 책임을 완화시키고 중앙정부와 지방정부의 기본 책임으로 전환하면서 이를 법적·제도적으로 명문화시키는 조치가 필요하다. 돌봄은 나의 문제에서 출발하여 우리의 문제로 바뀐 고령화의 해결책으로서 공공성을 갖기 때문에 이제는 모두가 참여하고 의견을 내는 사회 공동체의 담론이다.

다음으로는 돌봄 인력과 시스템의 지속가능성 확보다. 돌봄에 드는 노동의 사회적·경제적 가치를 십분 인정하고 안정적인 양성과 배출 및 처우 개선이 뒤따라야 한다. 사람이 사람을 돌보는 것은 지고한 가치를 지녔지만, 선의에만 기대하기에는 고된 일이다. 또한 단기간의 업무가 아니기에 피로가 누적된다. 이에 따른 적절한 보상은 기본 조치로서 중요하다. 돌봄의 인력 부족 보완을 위해 등장한 것이 '돌봄 테크'로서 경제와 산업 측면에서도 파급 효과도 갖는다.

이어서 지역 기반의 돌봄 안전망 구축이다. 노인의 생활권을 벗어나지 않는 통합돌봄 체계가 요구되며 의료·주거·안전과의 연계도 반드시 필요하다. 지역밀착형 돌봄이 되어야 노인이나 돌봄 참여자 다 같이 물리적·시간적 제약에서 벗어나 효능감과 실효성에 공감하게 된다. 돌봄은 중앙정부의 거시 정책이지만 지방정부의 현실 업무인 만큼 무엇보다 중요한 것은 자치단체의 인식과 의지다.

마지막으로 기술과 돌봄의 결합이다. 돌봄에서 인력의 역할은 분명 한계를 갖는다. 돌봄은 필요하다면 멈추지 않고 24시간·365일 상시로 이뤄져야 하는 서비스로서 기술이 병행되어야 지속될 수 있다. 기술이 돌봄과 결합하면 스마트 돌봄 체계가 구축되어

인적 측면에서의 한계를 극복할 수 있으며 비용·효과 측면에서도 경제성과 지속성을 갖게 된다.

전통적으로 국가안보는 외부의 위협에 대응하는 것을 전제로 삼았지만, 초고령사회의에서는 내부의 취약성 관리가 안보의 핵심 과제가 된다. 이때의 돌봄은 군사력과는 다른 방식과 수단으로 국가를 지킨다. 강력한 국방력이 국가와 국경을 지킨다면 견고한 돌봄은 사회와 노인을 지키는 것이다.

2절. 통합 돌봄의 시행

이미 초고령사회로 진입한 대한민국은 노인 문제를 복지 차원에서만 다룰 수 없는 단계로 향하고 있다. 고령화는 개인의 노쇠·질병·빈곤 등을 넘어 가족 해체, 돌봄 공백, 사회 불안, 국기 재정 압박, 지역 공동체 붕괴로까지 확산될 개연성과 구조적 위험 요인으로 작용할 가능성을 내포하고 있다. 이 때문에 국가 및 사회 공동체 대응 차원으로 노인에 대한 체계적이고 종합적인 돌봄의 필요성이 그 어느 때보다 높은 상황이다.

이를 반영하여 우리나라에서는 2026년 3월 27일부터 돌봄과 요양 서비스 체계가 본격화되었다. 정부는 '의료·요양 등 지역 돌봄의 통합지원에 관한 법률'에 의거, 시행령과 시행규칙 제정을 통해 통합 돌봄Intergrated Care을 시행 중이다. 그간 노인장기요양보험, 장애인 활동 지원, 노인 맞춤 돌봄 서비스 등 다양한 제도가 존재해왔으나 각기 따로 운영됨으로써 사각지대·중복 발생, 상호 연계 부족 등의 문제가 발생하였다.

이와 같은 문제를 해결하기 위해 등장한 것이 바로 통합 돌봄 제도다. 이 제도는 노인과 장애인이 거주하던 곳에서 계속 건강하게 생활할 수 있도록 의료와 요양, 돌봄과 주거 등을 하나로 묶어 패키지로 지원하는 방식이다. 그동안 각 기관이나 조직이 분절적으로 시행해오던 관행적이고 기계적인 방식과 구조에서 탈피하여 대상자의 삶 전체를 일관성·연속성을 가진 종합 관리 체계로 전환하는 것으로 해석할 수 있다.

통합 돌봄의 체계는 두 가지를 핵심으로 한다. 하나는 장기요양 등급이나 장애인 등록이 없더라도 당사자 혼자 생활하기 어렵다고 판단되면 지원이 가능하다는 점이다. 그리고 다른 하나는 노인이나 장애인의 삶과 가장 가까운 자치단체의 직접 관리인데, 대상자 개인별 지원 계획을 수립하고 필요한 서비스를 통합 패키지로 제공한다는 특징을 갖는다.

통합 돌봄은 건강관리와 진료가 연계된 의료 서비스, 장기와 재가를 기본으로 하는 요양, 식사·이동·안전 지원의 일상 돌봄, 가족과 보호자 지원 및 부담의 경감 등의 기능을 수행한다. 이를 통해 돌봄이 중단되거나 누락되는 사례, 사각지대 발생을 최소화시킬 수 있다. 노인의 경우 겪게 되는 위험이 다차원적이고 가족 문제와도 직결된 만큼 당사자는 물론 보호자의 입장에서는 큰 힘으로 인식되고 도입이 반가운 제도다.

이 체계 도입은 단순한 복지 정책의 성격을 떠나 사회 안정과 국가 안전을 떠받치는 새로운 기반 체계의 구축이다. 아울러 "노인을 어디에 수용할 것인가?"가 아닌 "노인이 살던 곳에서 어떻게 안전하게 삶을 영위하도록 할 것인가?"라는 질문에 대한 국가의 제도적 답변이다. 이는 노인안보를 향한 1차적인 조치로서 의미를 가지며 대단히 시의적절하다.

노인안보는 넓은 의미에서 노인의 생활 안정 보장, 건강 유지 지원, 사회 안전망과의 접촉 강화 등을 통해 사회적 위험을 감소시키고 국가 및 지역 안보를 견고히 한다는 개념이다. 통합 돌봄은 다음과 같은 측면에서 노인안보의 기반으로서 역할 수행이 가능하다.

첫 번째 역할, 생활 안정 및 건강 유지를 통한 사회적 위험의 감소에 따른 삶의 질과 안전 확보다. 통합 돌봄은 노인이 익숙한 자기 집 또는 지역사회에 거주하면서 필요한 의료나 돌봄을 받도록 해준다. 이러한 지원은 당사자의 심리적 안정과 생활의 일상성을 보장하는 효과를 가져온다. 아울러 분절된 서비스로 인한 접근성 문제도 해소가 가능해진다.

두 번째 역할, 보호자 부양 부담의 경감에 따른 사회의 위험성 축소다. 보건복지부 의뢰에 따라 국민건강보험공단에서 통합 돌봄에 대한 평가를 진행해 본 결과, 이 제도 도입으로 인해 보호자의 70% 이상은 부양 부담의 줄었다는 응답을 했다.[55] 부양 부담이 줄

---

55) 성시호, "의료·돌봄 통합 지원했더니... 보호자 70% 부양 부담 줄어", 연합뉴스, 2025.9.25.

게 되면 가족 내 갈등 완화, 보호자의 노동과 경제 활동 유지, 사회적 비용 절감 같은 효과가 나타난다. 이는 전체 사회 안전망이 더욱 견고해지는 구조로 연결된다.

세 번째 역할, 건강·돌봄의 자료를 기반으로 삼은 위험 예방의 강화다. 통합 돌봄 체계는 의료·돌봄·요양 데이터를 종합하고 AI·IoT 활용 환자 모니터링 해결책 등을 포함해 노인의 건강 및 안전 정보가 지속해서 관리되는 방향으로 발전을 모색 중이다. 이는 '위기의 조기 발견, 신속 대응, 피해 최소화'라는 안보적 예방 체계와도 명백히 연결된다. 자료수집과 분류, 분석과 평가는 피드백을 통해 국가의 자산으로 활용이 가능해진다.

네 번째 역할, 적용 무대인 지역사회 중심의 안전망 강화다. 통합 돌봄은 단순히 서비스를 제공하는 차원에 머무르지 않고 지역 내 의료기관·사회서비스원·노인복지센터·지자체가 상호 연결과 협력을 진행하는 지역통합 네트워크를 구축한다. 이 네트워크는 응급 상황의 대응, 정보의 공유, 위험 징후의 발견 같은 기능을 수행함으로써 공동의 목표 달성에 대해 책임을 진다. 이로 인해 사회적 위기·공중보건 등의 문제에 대한 지역 대응 강화로 이어진다.

통합 돌봄이 본격적으로 시행되면서 부족한 부분의 보완 및 정비가 이뤄지면 '복지와 돌봄 수준의 향상, 사회적 안정성 제고, 국가 안보 강화'가 단계적으로 진행되는 구조적 기능의 확대로 나타날 것이다. 아직은 진행형 또는 첫걸음마 수준으로서 완성형으로 정착되지는 않았지만, 시행으로 인해 기대되는 통합 돌봄의 효과에 대해 살펴보도록 하겠다.

첫째, 공동체 위험 경감이다. 건강과 생존 안보의 강화는 지속적인 의료 연계와 생활 관리로 노인의 생명·존엄이 보호되며 이는 국가 차원에서 공중보건 위험을 대폭 줄이는 효과로 이어진다. 장기적인 관점에서 본다면 투입 대비 산출 효과로서 결코 아까운 비용이 아니다.

둘째, 공동체 비용의 감소다. 노인과 관련된 방치와 고독사, 사실 시설 입소 등이 하락세로 돌아선다면 소요되는 의료비와 복지비, 사회적 대응 비용이 감소할 것이다. 보호자가 간병의 부담에서 일정 부분이라도 벗어나 생업에 매진함으로써 거두는 경제적 실익도 부수적인 효과다.

셋째, 공동체 신뢰의 회복이다. 노인의 "나는 결코 방치되지 않았고 돌봄 체계 안에서 보호된다."라는 인식은 사회 구성원들로 하여금 "국가와 지역이 나와 가족을 지켜준다."라는 신뢰감을 느끼게 한다. 이는 사회 공동체의 불안과 불신을 완화시키는 강력한 신호다.

넷째, 공동체 안정성의 강화다. 이미 인구의 20%를 점하고 그 비중이 2030년에는 25% 수준으로 올라갈 것으로 예측되는 65세 이상의 노인이 불안정 상태에 놓인다면 이는 사회 공동체의 불안으로 이어질 수 있다. 이런 상황에서 통합 돌봄을 통한 노인안보 강화는 사회의 전체 구조를 안정시키는 역할을 한다. 이는 군사와 외교 중심의 안보와는 다른 생활 기반 안보로서 국가 안보의 또 다른 축이 될 것이다.

지금 시행 중인 통합 돌봄은 기본적으로 복지 정책이자 사회 안전망이지만 한편으로는 예방형 안보 체계의 성격을 가지며 국가 존립에 필요한 현실적 전략이다. 통합 돌봄과 관련된 노인안보는 더 이상 변방의 의제가 아니라 국가안보의 기초를 다지는 데 필수적인 중심부의 의제로 대두되었다. 노인안보는 개인 차원으로는 생존과 존엄의 문제이며 가족 입장에서는 부양 안정의 문제이고 사회 차원에서는 갈등·비용·위험의 관리 문제다. 나아가 국가 차원으로 본다면 공동체의 지속가능성과도 관련된 문제다.

여기에서 통합 돌봄은 국가안보, 특히 노인안보와 관련된 의제 구현의 강력한 인프라이며 구체적 방식으로서 중요하다. 통합 돌봄과 노인안보는 "노인을 지키는 것이 곧 사회를 지키는 것이며, 사회를 지키는 것이 곧 국가를 지키는 것"이라는 논리 속에서 서로 연결된다. 따라서 향후 통합 돌봄은 노인안보 측면에서 인식되고 다뤄질 필요가 있다.

8장

지역을 통한 국가의 작동

1절. 지자체의 중요성

조선시대 실학자인 다산 정약용丁若鏞 선생의 역작으로서 오늘날에도 공무원 교육과 훈련에서 자주 제시 및 활용되는 목민심서牧民心書에는 그 당시 지방의 수령이 준수해야 될할 다양한 준칙이 적시되어 있다. 일정 지역의 최고 책임자로 발령받은 이후부터 공직을 마치고 물러나기까지 반드시 수행해야 되는 직무에 관한 매뉴얼인 셈이다.

다산이 목민심서 내용 가운데 특히 강조한 것은 지방 수령으로서 핵심 대상인 백성을 제대로 보호하고 편안히 살 수 있도록 조치하는 애민愛民의 행정이다. 구체적인 조치로서는 노인 봉양, 버려진 아이 양육, 불쌍한 사람과 상을 당한 사람 배려, 병약자 돌봄,

재난을 당한 백성 구제 등이 있다. 이는 최일선의 행정 책임자로서 약자에 대한 관심·배려·실천을 요구하는 것이다.

약자 대상의 행정을 명시한 애민육조愛民六條는 노인에 대한 봉양에서 시작된다. 제1조에 "노인을 공경하는 예가 폐지되어 백성들이 효도에 대해 뜻이 없으니 목민관이 양로의 예를 다시금 일으키지 않을 수 없다."[56]라는 구절이 있다. 효도의 의미와 가치가 중시되던 조선시대임에도 효심이 약화되고 효행이 미흡하였기에 지방을 책임진 수령으로서 효도 문화를 진작시키고 노인을 돌보는 것에 힘쓰는 것이 중요한 책무임을 밝힌 것이다.

아울러 애민육조에는 "재정 능력이 부족할 경우 경로잔치의 규모를 확대하지 말고 80세 이상의 노인들만 모시고 잔치를 해야 한다."[57]는 내용도 담겨 있는바, 노인 돌봄이 지방행정에서 대단히 중요한 조치이지만 여건이나 상황에 따라서는 재정적인 부담으로 작용함을 시사한다. 다산의 저술로부터 200여 년이 지난 오늘날 복지행정도 재정 문제에 봉착하면 규모와 대상 축소 같은 방식으로 대처한다는 점에서 복지가 갖는 재정적 측면의 어려움은 시대와 관계없이 존재함을 알 수가 있다.

다만, 다산은 재정적인 문제의 경우 율기육조律己六條를 통하여 "수령 노릇을 잘하려면 자애로워야 되며, 자애롭기 위해서는 반드시 청렴해야 하고, 청렴하려면 반드시 검약해야 하니, 관청의 비용

---

56) 『牧民心書』, 「愛民六條」, "養老之禮廢, 而民不興孝, 爲民牧者, 不可以不擧也."
57) 『牧民心書』, 「愛民六條」, "力詘而擧贏, 不可廣也, 宜選八十以上."

을 절약해서 쓰는 것이 수령의 으뜸가는 임무다."[58]라면서 청렴과 절용을 재정 문제의 해결책으로 제시하였다. 아울러 "절용한다는 것은 한계를 두고 억제하는 것이다. 한계를 두어 억제하려면 반드시 법식이 있어야 한다. 법식은 절용의 근본이다."[59]라면서 재정상 지출의 명확한 기준과 시스템 구축을 촉구하였다.

또한, 애민육조에서는 "양로의 예에 있어 반드시 노인들에게서 좋은 교훈을 듣고 그 지방의 폐단과 질병에 대해 물어야 한다."[60]고 강조하였다. 이는 지방행정에서 반드시 필요한 여론 수렴 차원으로서 노인들의 의견 청취 및 수렴과 경륜 활용이 극히 중요하다는 점을 밝힌 대목이다. 민심의 흐름, 특히 노인층의 식견을 존중하지 않고 의견을 무시한다면 시대를 막론하고 행정은 지역 상황에 둔감한 채로 일방적이며 자의적으로 집행될 가능성이 높다.

지방 행정의 책임자로서 목민관이 노인을 공경하는 자세는 백성의 풍조를 변화시키는 효과를 갖는다. 때문에 다산은 목민심서에서 "때때로 노인을 우대하는 혜택을 베풀면 이로써 백성들이 노인을 공경할 줄 알게 된다."[61]고 역설하였다. 리더는 공유 가치를 실천하는 존재로서 원칙과 기준을 갖고 팔로워에게 본보기가 되어야 한다. 다산이 언급한 것처럼 지방수령이 책임자로서 노인을 공경하고 그들의 소리에 귀를 기울인다면 지역 내 백성들의 공감을 얻고

---

58) 『牧民心書』, 「律己六條」, "爲善牧者必慈, 慾慈者必廉, 慾廉者必約, 節用者牧之首務也."
59) 『牧民心書』, 「律己六條」, "節者限制也, 限以制之, 必有式焉, 式也者節用之本也."
60) 『牧民心書』, 「愛民六條」, "養老之禮, 必有乞言, 詢瘼問疾, 以堂斯禮."
61) 『牧民心書』, 「愛民六條」, "以時行優老之惠, 斯民知敬老矣."

공유되면서 행정의 효능감이 제고될 것이다.

우리가 아는 유기체는 "많은 부분이 일정한 목적 아래 통일·조직되어 극 각 부분과 전체가 필연적 관계를 맺는 조직체"[62]로서 산출output의 일부를 투입input으로 되돌림feedback으로써 자극에 대한 반응 또는 활동을 자동으로 수정하는 메커니즘을 갖고 있다. 이는 행정 조직도 마찬가지다. 행정의 결과로 나타난 민심을 확인 후 다음 행정에 반영하는 과정을 통해 수정 또는 보완의 과정을 밟아야 한다. 다산은 목민관으로서 지방의 수령이 노인을 매개체로 민심의 소재를 정확히 확인하고 가르침과 교훈을 되새겨야 제대로 된 행정이 이뤄질 것으로 판단한 인물인바, 그의 관점과 생각은 지방자치 행정이 자리 잡은 오늘의 상황에서도 깊이 새기고 반영할 만한 의미와 가치를 갖는다.

오늘날 우리나라의 지방행정은 헌법에서 업무와 규정에 대해 명확히 보장된 것이다. 또한 지방자치법은 "지방자치단체의 종류와 조직 및 운영, 주민의 지방자치행정 참여에 관한 사항과 국가와 지방자치단체 사이의 기본적인 관계를 정함으로서 지방자치행정을 민주적이고 능률적으로 수행하고, 지방을 균형 있게 발전시키며, 대한민국을 민주적으로 발전시키려는 것을 목적으로 한다."라고 명문화하였다. 이 조문 가운데 주민·참여·민주·능률·균형·발전 등이 핵심적인 단어로서 지방자치의 성격을 보여준다.

지방자치Local Autonomy는 중앙집권의 상대적인 용어로서 전국이

아닌 광역 또는 기초 지역 단위를 기반으로 삼는 단체 및 주민이 권한을 행사하는 정치체제다. 4년마다 각 정당의 공천을 받고 주민의 투표로 선출되는 사람들이 권한을 위임받아 행정을 담당하고 지역을 운영하기 때문에 "풀뿌리 민주주의"로도 불린다. 미국과 영국 등 전통적으로 지방분권이 발달한 서구 국가들은 주민자치 위주에 독립적 색채가 뚜렷하지만, 우리나라의 경우 중앙정부의 권한이 여전히 강하기 때문에 자치단체는 행정을 통한 자치의 성격을 갖는다.

때문에 우리나라에서는 광역 및 기초자치단체가 정책과 상황에 따라 중앙정부와 일정한 긴장 또는 갈등의 관계를 보이기도 하지만 기본적으로는 예산 배분과 인적 교류 등을 매개체로 삼아 상호 유기적인 협력관계를 이어가는 상황이다. 지역의회 의원들은 선출직 정치인으로서 주민 접촉과 요구 수렴, 행정 감시의 역할을 맡는 데 비해 단체장은 선출직 정치인이지만 업무상 행정 집행에 초점이 맞춰진 만큼 행정가로서의 역할이 중요하다.

우리나라의 상황을 보면 정치인에게 광역단체장은 크나큰 로망이다. 광역단체는 외교와 국방의 기능만 없을 뿐 중앙정부의 거의 모든 부처 업무를 수행하는 '작은 정부'나 마찬가지다. 때문에 다선의 국회의원이 입법부의 경험과 실적을 기반으로 광역단체장에 도전하는 경우가 빈번하다. 광역단체장 자리가 그만큼 매력적이며 때에 따라 '대권의 자리로 가는 첩경'이라는 의미다. 실제로 이명박 제17대 대통령은 서울시장, 이재명 제21대 대통령은 성남시장과 경기지사를 거쳐 대통령이 된 사례가 있다. 미국의 경우를 보면 카터, 레이건, 부시, 클린턴 등 무려 17명의 주지사 출신 대통령이 배출되었다.

국회의원의 광역단체장 선호는 입법과 행정 감시도 대단히 중요하지만, 지역 최고책임자로서 소신과 포부, 비전과 약속, 예산과 조직을 통해 성과를 거두고 성장을 이룰 경우 입법부 중심의 정치권에서는 쉽게 얻을 수 없는 보람과 긍지이며 나아가 대권 도전의 기회까지도 잡을 수 있기 때문으로 해석된다. 정치인이자 행정가로서의 단체장의 위상이 과거에 비해 크게 올라가면서 책임 또한 막중해졌다. 흔히 말하는 주거·생계·취업·안전·교통 같은 "주민들의 먹고 사는 문제"가 이들의 손에 달려 있다고 해도 과언이 아니다.

지방자치 시대는 지방이 더 이상 변방이 아니라 중앙의 정치권에서 놓칠 수 있는 민생을 직접 챙기는 현장으로서 위상을 갖도록 하였다. 특히 서울과 경기도의 경우 수도권으로서 국민의 51% 이상이 몰려 사는 지역인바, 이는 거주민의 이익이 곧 국민의 이익이 된다는 의미다. 때문에 주거와 교통, 산업과 환경, 의료와 보건, 교육과 취업, 복지와 문화 등 생활 여건과 관련된 수요가 대단히 큰데 비해 공급은 상시로 달리는 현실에서 이를 해결하는 것이 광역단체의 주요 임무이자 중요 업무로 자리한다. 광역단체에 속한 기초단체 역시 주민의 규모만 다를 뿐 마찬가지 상황이다.

이제 노인안보 측면에서 지방자치단체의 중요성과 역할에 대해 살펴보도록 하겠다. 노인안보는 단순한 복지 혹은 보호의 차원을 넘어 노인의 생존·존엄·안전·자립을 상시적이고 지속적으로 보장해 주는 공공안보 체계다. 이때 자치단체는 위험의 현지성, 안전의 일상성, 안보의 확장성으로 인해 중앙정부를 보완해 주는 안보의 중추적인 존재로서 위상을 갖는다.

위험의 현지성은 노인으로서 회피하기 어려운 고립과 고독사, 의료 접근성 부족, 이동권 제한, 주거 환경 불안, 돌봄의 공백 같은 현상 대부분이 지역단위에서 발생하는 것을 말한다. 이로 인해 중앙정부의 거시적·획일적 정책만으로는 적시 대응이 대단히 어렵다. 따라서 물리적·시간적인 측면에서 지방정부의 역할이 매우 중요해진다.

안전의 일상성은 노인의 안위가 전쟁·재난·재해 등 국가 차원의 특별한 상황보다는 평상시 다양한 사유로 인해 결정되는 경우가 대부분인 데서 비롯된다. 때문에 여기에서 요구되는 것은 국가 행정보다는 생활 행정의 즉각적인 조치다. 주민을 대상으로 한 생활 행정의 전담 기관으로서 자치단체가 가장 효과적인 수행의 주체가 되는 것이다.

안보의 확장성은 현장 책임의 주체가 중앙에서 지방으로 바뀌었음을 의미한다. 전통적 국가안보가 군사와 외교에서 인간안보와 생활안보로, 나아가 노인안보로까지 확정되면서 "어느 주체가 가장 즉각적이고 효과적으로 대응하느냐?"가 안보 문제 해결의 관건이 되는 만큼 지금의 상황에서 자치단체의 존재감은 더욱 뚜렷해질 수밖에 없다.

지방자치단체는 노인과 가까운 거리에 있는 공공 권력으로 책임과 권한을 행사한다. 안보 업무를 전쟁으로 비유하자면 전선戰線을 지키는 '최후의 방어자' 역할을 맡았다고 할 수 있다. 실제로 지역 거주 노인에게 닥치는 위협을 가장 먼저 감지하고, 피해를 가장 빨리 수습하며 여기에 더해 사후 회복을 가장 오래도록 책임진다. 노인을 위한 경계 담당자, 응급 대응자, 회복 관리자의 역할을 동시에 수행하는 존재인 것이다.

초고령사회에서 노인 문제가 대책 없이 방치될 경우 대규모 인구 집단의 빈곤, 의료 시스템의 과부하, 세대 및 계층 갈등, 지역 격차와 지방 소멸 등으로 이어져 결국 국가 내부 불안정의 요인으로 작용할 가능성이 높다. 이와 관련하여 지방자치단체의 노인안보 의지와 역량은 곧 국가안보의 내적 안정성·견고성과 직결된다. 자치단체가 노인안보에서 수행하는 핵심 역할을 정리해 보면 다음과 같다.

자차단체의 노인안보 핵심 역할

역할 구분	역할 내용
위협 조기 탐지와 예방	독거노인 실태를 상시적으로 파악하고 고위험 노인군 관련 데이터를 집중 관리하며 고독사, 학대, 방임 위험의 조기 경보 체제를 구축 및 운영한다. 지역 내 의료와 복지, 경찰 및 소방과의 협조, 관련 정보를 연계한다.
생존 안보 보장	긴급 생계 및 의료를 지원하고 방문 진료와 돌봄 서비스를 책임진다. 또한 주거안전 점검과 개보수를 지원하며 폭염과 한파, 재난 시 노인보호 계획을 수립 및 집행한다.
안전 안보 지원	비군사적 위협에 대한 대응으로서 범죄 예방 환경 설계와 조성, 교통과 보행 안전 체계 구축, 디지털 사기 및 금융범죄 예방 교육 실시, 재난 대응 훈련 및 대피 등을 지원한다.
존엄 안보 유지와 사회 통합	단순한 보호 차원에서 벗어난 존엄의 유지 조치로서 노인 일자리 및 사회 참여 확대, 세대 통합 프로그램 운영, 노인의 경험과 지식 활용 방안 마련, 지역 공동체 내 역할 부여 등으로 구현된다.

위기 대응과 회복 관리	재난, 팬데믹, 사회적 위기 발생 시 노인보호 계획을 시행하고 위기 이후 신체적, 심리적, 경제적 회복을 지원한다. 또한 지역 돌봄 네트워크를 재건하는 것으로서 노인안보의 회복탄력성 관리자 역할이다.

지방자치단체는 노인안보의 핵심적인 주체로서 큰 역할을 수행하지만 몇 가지 한계와 과제를 안고 있다. 우선은 재정·조직·인력의 제약으로서 중앙정부의 권한 이양과 자율권 보장이 요구된다. 또한 각 자치단체 간 인구·세수·예산 등의 격차에 따른 보정도 필요로 한다. 다음은 복지 중심 시각의 한계로서 노인안보의 영역과 요소를 복지사업으로만 인식한다는 점이다. 또한 안보·위기·위험에 대한 착안과 접근이 아직은 미흡한 실정이다. 여기에 더해 자치단체의 법률과 제도적 위상 미흡도 간과할 수 없다. 노인안보를 명시적으로 규정한 근거가 없기에 전담 부서 및 책임자가 존재하지 않는다.

위와 같은 상황임에도 노인안보 체계에서 지방자치단체는 보조 역할을 하는 행정기관이 아니라 국가안보의 기반을 확고히 지탱해주는 1차 저지선이자 방어선이다. 특히 초고령사회로 진입한 대한민국에서는 지치 단체가 갖는 노인안보 역량이 사회의 안정성, 국가의 지속성, 미래 세대의 안보 부담 경감 여부를 결정짓는 핵심 요소가 된다. 결국 노인안보의 성패는 자치단체의 의지와 역량에 달려 있다고 해도 과언이 아니다.

2절. 민간단체와 연계

노인안보는 '국가 혼자의 힘만으로 지키는 영역'이 아니라 '사회 전체의 참여를 통해 분담하는 생태계'라고 할 수 있다. 안보 생태계 조성에는 민간단체의 참여가 필수적이다. 노인의 안위를 다루는 행위는 단순한 범죄 예방과 재난 대응을 넘어 생존의 담보, 안전의 유지, 존엄의 지속, 배제의 차단 등과 같은 인간안보 기반의 전 세대안보 성격을 갖는다. 때문에 정부의 안보 행정에는 관련 민간단체와의 연계 및 조력 확보가 무엇보다 중요하다.

안보 관련 민간단체는 군사조직이 아니지만 국가와 자치단체의 안보 기능을 보조·보완하는 존재로서 큰 의미가 있다. 이러한 민간 성격의 단체와 조직으로는 재난구호 단체, 지역 치안 단체, 안전교육 단체, 안전 및 안보 전문 NGO비정부기구, 퇴역 군인 및 퇴직 경찰 단체, 지역 안전 네트워크 등이 있다. 이들은 국가의 역량이 미치기 어려운 미시적 공간과 일상적 사건을 해당 자치단체와 협력을 통해 접근·해결하는데 매우 적합하다.

안보와 유관한 일부 민간단체는 관련 법률에 의해 설립되었고 국가와 지방정부의 보조금 지원 및 수익사업 인정의 혜택을 누린다. 해당 단체 회원의 상당수가 장년층과 노인층으로서 국가의 존립 및 안정에 대해 소명의식을 갖고 있으며 사회에 봉사하려는 의지도 매우 강하다. 이런 점에서 안보에 특화된 노인단체는 국가안보의 파트너로서는 제격인 것이다. 우리나라의 대표적인 안보 관련 단체로는 한국자유총연맹·재향군인회·재향경우회 등이 있다.

한국자유총연맹은 1964년 제정된 한국반공연맹법에 의해 한국반공연맹으로 출발한 단체로서 1989년 한국자유총연맹 육성에 관한 법률 제정과 함께 현재의 명칭을 얻었다. 행정자치부 소관 법정단체 성격을 가졌으며 대한민국의 자유민주주의 가치를 수호·발전시키고 자유민주적 기본 질서에 입각, 평화통일을 추진하는 전국단위의 안보운동 단체 위상을 갖는다.

이 단체는 320만 명의 회원을 기반으로 삼아 광역자치단체와 기초단체에 지부 및 지회를 설치하고 국가 정체성 수호, 국민통합 및 사회안전망 확충, 건전한 민주시민 육성, 범국민평화통일운동을 전개 중이다. 설립 취지에 걸맞게 70년이 넘는 역사 속에서 국가안보에 크게 기여해 왔지만 근래 언론과 사회 일각으로부터 그간의 정치적 편향성, 구성원의 고령화, 대중적 소통 부재 등이 지적되면서 새로운 전환의 상황에 직면했다.

외부의 비판적 시각에서 벗어나 확고히 방향성을 잡고 지속성을 기약하는 차원에서 정치 중립적인 운영과 함께 청년세대의 유입, 사회와의 긴밀한 소통이 필요한 시점이다. 이를 위해 노인안보 영역에서 그간의 실적과 노하우를 십분 활용하는 것도 하나의 방법이다. 조직과 인력이 갖춰진 만큼 지역에서 자치단체와의 협업을 모색하는 것은 실현 가능성이 충분하며 안보의 특성상 보수와 진보의 구분이 없기에 정치적인 논란에서도 자유로울 수 있다.

재향군인회는 퇴역 군인을 기반으로 삼고 대한민국재향군인회법에 근거한 공공단체로서 가입 대상자는 희망에 의해 정회원이 될 수 있다. 1952년, 당시 임시수도였던 부산에서 3만 명 규모의 준군사조직으로 출발하면서 초대회장은 현역 장성이 맡기도 했었다. 가입 대상 회원은 병역을 마친 약 1천만 명이지만 실제로 가입 및 활동 중인 회원은 140만 명 수준으로 알려졌다.

전국적으로 광역자치단체 및 기초자치단체 단위로 지역별 조직을 갖췄으며 그동안 안보의 위기 상황이 발생했을 때마다 국가를 든든하게 뒷받침해 왔다. 국가와 국민의 생존권 수호가 이 단체의 궁극적인 목표다. 이를 위해 각급 회별로 지역봉사단 운영을 통해 자율방범 활동, 재난 발생 시 구호 활동, 불우이웃 돕기 등을 활발히 전개하고 있다.

회원들은 국방의 현역에서 물러났지만, 다수가 사회의 현역임을 자처하며 지역의 안전과 평화를 위해 활약 중이다. 이들이 노인안보에서 기여할 수 있는 여지는 충분하다. 군인으로 복무하면서 체화시킨 정신과 자세는 '지역 지킴이'로서 역할을 수행하는 데 있어 자산이 된다. 이 단체는 근래 병역자원 부족에 따른 어려움 해소를 위해 민간군사기업을 만들고 국방과 관련된 후방 지원 분야에서 기여할 방안도 적극적으로 모색 중이다.

재향경우회는 퇴직 경찰관들이 모여 자유민주주의 수호와 공익 증진을 목표로 설립된 공공단체로서 1963년 정부의 정식인가를 받았으며 대한민국재향경우회법에 의해 법적 근거를 갖는다. 퇴직 경찰 회원이 135만 명이며 현직 경찰은 명예회원으로 15만 명이 가입되어 있다. 시도 경찰청과 시·군·구 경찰서 직제에 맞춰 지역별로 지회를 둔 전국적인 조직이다.

퇴직 경찰은 공직 생활을 통해 사회질서에 대한 높은 의식과 준

법정신을 체득한 존재로서 지역사회 안정에 기여할 수 있는 존재
다. 이들의 가장 큰 강점은 다년간의 업무 경험과 지역사회 현황
관련 지식이다. 현장을 누구보다 잘 알고 대민봉사 경험을 가졌기
에 법질서 확립과 치안 협력 및 지원 같은 시민 안전의 공익 활동
이 가능하다.

법령에 의해 정치활동을 할 수 없기에 이념 논란에서도 자유로
울 수 있는 이들을 지역 안보의 일선에서 활약하는 민간 영역의
주체로 자리하도록 중앙정부와 지방정부의 노력이 긴요한 시점이
다. 실제로 지역 조직의 금융범죄예방단은 노인들의 피싱 범죄 노
출을 방지하기 위한 교육을 하고 있으며 특화된 강사 조직을 통해
노인 대상의 안전교육도 주기적으로 진행함으로써 노인 보호활동
의 성과물을 내놓고 있다.

그렇다면 국가의 민간단체 연계가 왜 중요한 것일까? 우선은 국
가안보 행정의 구조적 한계를 들 수 있다. 행정은 사후 대응 중심
으로 설계되는 가운데 예산·인력·조직의 제한으로 인해 모든 안보
의 영역을 전적으로 감당할 수가 없다. 이 때문에 대상이 되는 고
령자의 개별 상황과 지역의 현실 파악이 어렵다. 결국 이를 보완하
는 차원에서 현장 밀착형의 민간단체 역량이 보태져야 한다.

다음으로는 노인안보 위협의 특성을 들 수 있다. 노인을 대상으
로 나타나는 위협은 주거지·마을·요양원·병원 같은 일상의 공간
에 자리한다. 한편 고독·방임·학대의 경우 사적 영역에서 벌어지
며 비가시성을 갖기에 발견과 조치가 어렵다. 이러한 위협과 현상
은 안전·복지·심리 등과 연결되면서 복합성을 띤다. 이에 대응하기

위해 다양한 영역에서 활동 중인 민간단체가 참여해야 한다. 국가 주도의 노인안보에 관련 민간단체가 합세하는 상호 연계 모델의 기본 구조는 다음과 같다.

노인안보와 민간 안보단체 연계 모델 기본 구조

주체	위상	역할
국가 및 중앙정부	국가 차원 기획자	법률, 정책, 예산, 전략을 수립하고 공동체의 과제로 설정 및 집행
광역 및 기초 자치단체	지방 차원 주도자	지역 단위에서 특성에 맞도록 운영 및 조정
민간 안보단체	지방 차원 협력자	현장에서 실행 및 감시, 지원을 통해 중앙과 지방의 정책 구현 일조
노인 개인	대상자이자 기여자	지방정부의 정책이 실효성을 갖도록 참여 및 정보 제공
지역사회	노인안보의 현장	국가와 지방의 관련 행정이 전파 및 이행되도록 민간 차원에서 지원

구체적인 분야별 협력 방안으로는 첫째, 지역 치안과 생활안보의 연계다. 퇴직 경찰과 군인 단체 및 기존의 자율방범대와 연계하여 노인 밀집 지역과 시설 대상의 주기적인 순찰, 독거노인안전 점검, 보이스 피싱 같은 범죄사건 예방 및 차단 활동을 전개하는 것이다. 이는 노인을 지역안보의 기준점으로 설정하는 데서 출발하는 것이며 가장 직접적인 접근 방식이다.

둘째, 재난 및 위기 대응의 연계다. 민간 재난구호 NGO 및 대한적십자사 등과 함께 폭염·홍수·한파 등의 재해 발생 시 노인 우선

보호 체계를 가동하고 화재·사건 등의 재난 직면 시 노인 대피와 이송 전담팀을 꾸리는 방안이다. 아울러 평상시에는 재해와 재난에 대비하는 교육을 공동으로 벌이는 방식의 협업 진행도 검토해 볼 필요가 있다.

셋째, 민방위 분야에서의 연계다. 현재는 유명무실한 상태인 민방위 체계는 원래 민방위기본법에 근거, 주민의 생명과 재산을 보호하는 차원에서 정부의 지도 아래 이뤄지는 것으로서 우리에게 매우 중요한 자위적 수단이다. 지역별로 구성된 민방의협의회를 통해 관련 민간단체의 참여와 협력 유도가 필요하다. 이를 기반으로 노인 맞춤형 민방위 교육, 응급 처치 및 화재 대응 훈련이 시행된다면 국가 차원의 안보가 갖는 한계 보완이 가능하다.

넷째, 지역 감시 및 경계를 위한 노인참여 모델의 공동 개발이다. 안보단체의 지역 조직, 시니어 자원봉사 조직을 참여시켜 '시니어 안전 파수꾼', '학교 안전지킴이', '시민용 시설 경계자' 같은 제도를 만들고 '이상 징후 신고체계'도 구축하는 것이다. 이런 조치가 이뤄진다면 지역 거주 노인을 중심으로 '노인에 의한' 안보가 실질적으로 구현될 수 있다.

노인안보와 관련된 민간단체의 역할 수행이 구체적으로 이뤄지려면 무엇보다 제도화가 선결되어야 한다. 우선은 노인안보 기본법 같은 법적 근거 마련이 필요하다. 그리고 기본법에서 '민간 안보단체 협력' 조항의 명시가 필수적이다. 그다음으로는 재정과 인센티브 구조의 도입이다. 활동에 소요되는 지원금이 마련되어야 하고 참여 단체에는 세제 혜택, 참여 노인에게는 점수화를 통해 인센티브를 부여하는 것이 기본이다.

다만, 민간단체의 노인안보 참여가 취지와 의미 측면에서 큰 의미를 갖는다 해도 일정 부분 문제점은 존재한다. 자치단체나 행정단위와의 역할 중복 가능성이 있으며 권한 없는 민간단체의 주민 대상 사적 통제 우려도 남는다. 더불어 전문성 차원에서 단체별 편차도 발생할 여지가 있다. 또한 안보 활동에 참여하는 노인에게는 육체적 부담으로 작용할 가능성도 제기된다. 이러한 문제점은 중앙정부와 지방정부, 그리고 민간 영역 간의 충분한 사전 협의와 조율을 통해 해소시켜 나가야 할 것이다.

결론적으로, 노인안보와 안보 관련 민간 단체의 상호 연계는 복지를 안보로 격상시키고 안보를 일상으로 정착시키며 이를 통해 노인을 부담이나 장애가 아닌 자산이자 동력으로 전환하는 계기를 만드는 새로운 방식의 패러다임이다. 이는 중앙 및 지방정부의 조치가 누락·지체·해태되지 않고 구석구석까지 스며들면서 공동체가 기대하는 만큼의 성과를 거두는 데 있어 현명한 방식의 접근으로서 깊은 의미와 가치를 갖는다.

4장

기술과 산업의 활용

1절. 스마트 노인안보

근래의 인류 사회는 급속한 고령화와 첨단 기술혁명의 동시 진행이라는 새로운 시대적 환경에 직면하였다. 특히 65세 이상 인구가 자국 인구의 20% 이상을 점하는 초고령사회 국가의 경우 노인의 생존·안전·건강·빈곤 같은 다양한 영역에서 복합적 성격의 위험성이 높아지는 상황이다. 이러한 위험은 복지 차원의 문제로만 그치지 않고 사회 안정, 나아가 국가의 지속성과도 연결되는 안보의 현안으로 떠오르고 있다.

한편 AI·IoT·빅데이터·로봇 등 첨단기술의 발전과 고도화는 인간의 삶을 보호하고 지원하는 추세로 나가며 사회 문제 해결의 새로운 지원군으로서 가능성을 보여주고 있다. 이와 같은 기술적 기반 위에서 노인의 안전하고 편리한 삶을 보장해 주는 새로운 안보 패러다임이 등장했는바, 바로 스마트 노인안보 개념이다. 이는 기존의 복지나 돌봄 정책을 넘어 기술이 동반되는 예방적·통합적 노인안보 체계라고 할 수 있다.

스마트 노인안보는 국가와 사회가 기술이 융합된 시스템 구축을 통해 노인의 위험을 사전에 탐지하고 대응함으로써 그들의 안전과 존엄을 지속적으로 보장하는 정책 패러다임으로서 의미가 크다. 이를 정의해보면 "디지털 기술과 지능형 시스템을 활용하여 노인의 생명·건강·생활·재산 등을 종합적으로 보호하는 국가적 안보 체계"라고 할 수 있으며 다음과 같은 몇 가지 특징을 갖는다.

첫째, 예방 중심의 안전체계다. 기존의 노인 관련 정책이 문제 발생 이후에 대응하는 방식을 취했다면 스마트 노인안보는 위험에 대한 사전 감지 및 예방 조치의 가동 체계를 지향한다. 즉 위험을 예측하고 대비하는 것이 핵심적인 목표인 것이다.

둘째, 기술 기반의 보호체계다. 이는 AI·IoT 시스템과 스마트 센서·CCTV 등 장비를 통해 대상자 관련 자료수집과 분석 과정을 거치는 기술적 접근이다. 노인의 건강 상태, 생활 패턴, 위험 상황을 실시간으로 관리하고 유사시 즉각적으로 개입한다. 인력만으로는 해결하기 어려운 상시성·지속성의 강점을 갖는다.

셋째, 통합 차원의 안전체계다. 기존에 분절되어 있던 의료·보건·복지·주거·안전·교통 등 다양한 영역을 하나의 시스템으로 연결함으로써 중복·누락·지체·미이행을 효과적으로 방지할 수 있다. 이를 통해 노인의 안전 문제는 사각지대 없이 전방위적으로 관리된다.

넷째, 국가·사회·가정 연결의 협력체계다. 기술적 지원을 바탕으로 정부·지방자치단체·민간기업·지역사회·노인 가정이 모두 참여하는 다층적 안보망을 구축하는 것이다. 공동체가 서로 연결됨으로써 유기적인 협조가 가능해진다. 이는 기술과 공동체가 결합된 새로운 성격의 인간안보 체계라고 할 수 있다.

스마트 노인안보는 당연히 노인을 중심으로 설계·구축되어야 한다. 여기에서 반영될 핵심적인 요소는 건강·안전·돌봄·환경·참여로서 이를 도표로 정리해보면 다음과 같다.

스마트 노인안보 핵심 요소

핵심 요소	관련 내용	대표적 사례와 기술
스마트 건강관리 시스템	① 노인의 건강은 노인안보의 핵심 요소인바, 스마트 헬스케어 기술의 활용을 통해 노인의 건강 상태를 상시적, 지속적으로 관리할 수 있다. ② 노인의 심장 이상, 낙상 위험, 건강 악화 등을 조기에 감지함으로써 적시 의료대응을 가능케 한다.	웨어러블 건강 모니터링 기기, AI 건강 분석 시스템, 원격 의료 서비스, 스마트 약 복용 시스템, 근력 보조기기
스마트 안전관리 시스템	① 노인이 고독사, 낙상, 범죄 피해 등 일상에서 위험에 노출되어 있는 만큼 이를 극복하도록 안전 차원의 시스템이 요구된다. ② 시스템으로서 스마트 기술은 가장 적합한 대응책이며 위기 발생 시 즉각 대응을 가능케 한다.	웨어러블 에어백, 낙상 감지 센서, 긴급 호출 시스템, 위치 추적 서비스

스마트 돌봄 네트워크	① 돌봄이 필요하지만 인력으로는 한계성을 갖기에 기술의 개입이 요구된다. ② 인간에 의한 돌봄과 기술에 의한 돌봄의 결합이 이뤄지도록 네트워크 구축이 이뤄지면 독거노인, 취약노인이 고립되지 않고 돌봄을 받는다.	AI 돌봄 로봇, 디지털 돌봄 플랫폼, 스마트 방문 돌봄 서비스, 지역사회 돌봄 네트워크
스마트 생활 환경	① 노인이 안전하게 생활하려면 스마트 주거 환경 조성이 매우 중요한 요소다. ② 특히 일상의 대부분이 이뤄지는 가정 내 스마트 설비 도입이 필요하며 이것들은 노인의 일상생활 위험을 대폭 감소시킬 수 있다.	스마트홈 시스템, 자동 조명 및 안전 센서, 화재 및 가스 감지 시스템, 음성 기반 생활지원 시스템, AI 기반 감지 센서
스마트 사회 참여	① 노인안보는 단순한 보호 수준에서 그치는 것이 아니라 그들의 사회 참여와 역할 유지를 포함한다. ② 스마트 기술은 노인의 사회 참여를 확대할 수 있는바, 이는 사회적 고립을 예방하고 삶의 의미를 찾도록 돕는다.	온라인 일자리 매칭 플랫폼, 디지털 자원봉사 플랫폼, 노인 지식 공유 플랫폼, 스마트 평생교육 시스템

스마트 노인안보는 진일보한 정책으로서 의미가 있다. 첫째, 노인 문제의 안보화에 부응하는 새로운 정책 수단이다. 국가가 노인의 생명과 안전을 적극적으로 보호하는 체계로 작용하는 것이다. 둘째, 복지국가의 한 단계 진화를 견인하는 정책 차원이다. 기존의 재정 중심 복지에서 기술 중심 복지로 발전하는 것이다. 셋째, 고령친화 산업 발전의 기반 조성이다. 스마트 헬스케어·스마트 주거·돌봄 로봇 등 새로운 산업의 성장이 가능해지는 것이다. 넷째, 초고령사회의 위험 관리 전략이다. 노인 관련 사건과 사고, 의료비 급증, 돌봄 부족, 지역 공동화 등의 문제를 완화시키는 것이다.

시대의 변화와 현실적 상황을 수렴·극복하기 위한 스마트 노인안보는 우선으로 정책 모델 구축이 요구된다. 이 모델은 국가 전략, 기술 기반, 사회안전망, 산업 생태계, 시민 참여 등 각 영역별로 통합적 구조를 만들어야만 구현할 수 있다. 모델 구조를 도표로 정리해 보면 다음과 같다.

스마트 노인안보 정책 모델 구조

영역 구분	주요 내용
국가 전략 영역	국가 차원의 노인안보 정책 개념 확립과 향후 이행 방향 설정
기술 인프라 영역	디지털 기술 기반 노인보호 체계 마련 및 관련 분야 R&D 진행
생활 안전 영역	일상적인 생활 안전 실태 파악 및 기술 대응 체계 마련
건강 관리 영역	건강 관련 데이터 베이스 구축 및 원격의료 본격화 준비
돌봄 서비스 영역	인간에 의한 돌봄이 갖는 한계 극복을 위해 기술 돌봄 체계 도입
지역사회 안보 영역	안보가 이행되는 지역사회를 중심으로 통합안전망을 구축
사회 참여 영역	노인의 역할 유지 및 사회 참여를 확대하는 방안 마련
위기 대응 영역	재난과 재해 및 범죄와 사건 등에 대응하는 체계 구축

스마트 노인안보 체계 구축은 '노인 인구 급증'이라는 시대의 흐름과 '사전 준비 부족'이라는 현실적 상황으로 인해 우리로서는 결코 피할 수 없는 추세다. 아울러 국가 차원에서 당연히 이행해야 되는 것이지만, 이전에 볼 수 없었던 새로운 시도인 만큼 과제 또한 적지 않다.

제1의 과제는 스마트 노인안보 국가전략의 수립이다. 국가 차원

의 통합 전략이 요구되는 만큼 관련된 모든 영역의 포함이 필요하
다. 스마트 노인안보 로드맵 마련, 관련 조직 편제, 해당 기술 개발
지원, 공공형 데이터 플랫폼 구축 등이 전략에 담겨야만 전략의 실
효성을 기대할 수 있다.

제2의 과제는 스마트 노인안보 법제화의 이행이다. 스마트 기술
을 활용한 노인 보호 정책이 제도적으로 뒷받침되려면 관련 법률
이 필요하다. 예를 들면 관리 체계 및 개인정보 보호 기준, 공공과
민간의 협력 규정 등이 법률에 담겨야 스마트 노인안보가 법률에
근거하여 체계적으로 진행될 수 있다.

제3의 과제는 지역 기반의 스마트 안보망 구축이다. 노인안보는
분명 국가 업무의 영역이지만 실제적 이행은 지역을 중심으로 이
뤄진다. 때문에 지역별 스마트 노인안보센터·통합돌봄 플랫폼·스
마트 응급 대응 시스템 구축이 요구된다. 지역 안보망은 노인의 위
험을 가장 빨리, 가장 효과적으로 인지·전파·대응하는 존재로서
중요하다.

제4의 과제는 디지털 격차 해소다. 노인이 스마트 안보망에서 배
제되지 않고 적극적으로 활용하려면 사용자로서의 디지털 교육을
받아야 한다. 안보망 공급자는 노인이 디지털 격차를 겪지 않도록
접근성과 사용 편의성에 착안한 설계와 제조를 할 의무를 가지며
국가는 이를 유도·진흥·감독할 책임을 진다.

제5의 과제는 스마트 노인안보 산업 생태계 조성이다. 관련 산업
이 뒷받침되어야만 기술을 통한 시스템 구축이 가능해진다. 구체
적으로 헬스케어 산업·돌봄 산업·주거 산업·안전기술 산업·안전

장비 산업·노인 사회 참여 플랫폼 산업 등으로서 이들 산업이 진흥·발전되어야 국가의 스마트 노인안보 전략 이행은 구체화 단계로 진전할 수 있다.

2절. 고령친화 산업

오늘의 우리 사회는 다양한 과제를 풀어야 할 현실 속에서 인구의 초고령화 현상까지 맞이하면서 대책 마련을 놓고 깊은 고민에 빠졌다. 저출산 심화에 더해진 노인 인구의 급속한 증가로 인해 제조업의 생산성이 하락하고 경제활동에 요구되는 동력은 급감 중이다. 이에 따라 공동체 내에서 "젊은 세대의 부양 의무가 점차 가중될 것"이라는 불안감이 자리하는 상황이다. 그럼에도 인구 고령화 해결을 위한 정부의 예산은 저출산 대응과 맞물려 지속적으로 증가하면서 천문학적인 수치를 기록 중이지만 투입 대비 산출의 효과가 여전히 미흡한 실정이다.

막대한 예산과 인력의 투입으로 인해 국가의 큰 부담으로 작용될 수 있는 인구 고령화가 이제 공동체의 현안으로 자리했고 정부로서는 경제와 산업 등의 측면에 미치는 영향을 고려해 대책 마련이 매우 긴요한 실정이다. 그런데 다행스럽게 "하늘이 무너져도 솟아날 구멍이 있다."라는 우리의 속담처럼, 초고령사회에 현명하게 대처할 수 있는 하나의 영역이 존재한다. 이것이 바로 고령친화 산업senior-friendly industry이다.

고령친화 산업은 "노년층을 대상으로 삼아 그들의 복지 향상을 목적으로 상품과 서비스를 제공하는 산업"을 의미하며 여기에 수반되는 기술이 고령친화 기술senior- friendly technology이다. 이 산업은 노인에게 초점이 맞춰져 특화된 산업으로서 과거 수요 부족에 따른 관심 부재의 영세 업종에서 벗어나 수요의 지속적인 증가 속에서 시장성이 충분히 입증되었기 때문에 이미 관련 생태계가 조성되고 대기업도 속속 참여하고 있다.

고령친화 산업은 기계·전자·의료·금융·건설·관광·농업·식품 등 다양한 산업군을 포함하고 있으며 현재 급속도로 업종의 범위를 확장하는 중이다. 고령친화산업 진흥법에 따르면, 노인들이 주로 사용하는 고령친화제품 및 서비스에는 용구·용품·의료기기, 주택과 시설, 요양 서비스, 금융 및 자산관리 서비스, 정보 기기 및 서비스, 여가·관광·문화 또는 건강지원 서비스, 농업용품 및 영농지원 서비스, 그 밖의 서비스 등이 포함된다.[63]

고령친화 기술은 노년층을 위한 돌봄, 안전과 삶의 질 향상을 주 목적으로 삼으면서 이들에게 적합하도록 적용 및 개발되는 기술로서 "실버 테크silver tech", "에이징 테크aging tech", "제론 테크geron tech" 등으로 불린다. 각기 '실버세대', '노화', '노인학'을 기술과 합성한 용어인바, 노인들이 독립적인 상태에서도 건강과 안전을 유지하며 편안하게 삶을 영위하도록 돕는 기술로서 관련 산업계에서 경쟁적으

---

63) 고령친화산업 진흥법 제2조 1항 참조.

로 도입되는 중이다.

이 기술은 타인의 직접적인 도움이 없이도 고령자의 자립 생활이 가능하도록 하는 데 주안점을 둔다. 근래의 실제 적용 사례로는 스마트홈, 고령친화 식품, 디지털 헬스케어, 운동 및 재활 서비스, 이동 및 활동 보조기기, 정서 지원 소셜 로봇, 노인성 질환 측정 및 진단기기 등이 있다. 아울러 급증하는 수요에 맞춰 아이템이 점자 확대되는 추세다. 이 과정에서 축적되는 기술과 노하우를 통해 수익과 일자리 창출, 노인 돌봄 인력 부족 대응이 가능해진다. 결국 산업·경제·사회 측면에서 큰 효과를 거둘 수가 있는 것이다.

노년층을 대상으로 확대일로를 걷는 전 세계의 실버경제 시장은 반도체 시장 규모의 30배 수준으로 조사[64]되고 있을 만큼 광대하다. 현재 "산업의 총아"로 불릴 정도로 최고의 산업인 반도체보다 실버산업이 훨씬 큰 규모로 추산된다. 이 때문에 기업들은 기존의 치열한 경쟁에서 벗어나 새로운 기회를 창출할 수 있는 '블루오션 blue ocean'으로 인식하고 있다.

빠르게 진화 중인 고령친화 기술이 노년의 삶을 편안하고 풍요롭게 해주고 동시에 관련 업종에서 젊은이들의 일자리를 창출한다는 차원에서 고령친화 산업은 우리 사회의 존립과 지속가능성을 담보할 수 있는 강력한 동력이다. 경희대학교 고령친화융합센터는 고령친화산업의 시장 규모가 지난 2020년의 72조 원에서 2030년에는 168조 원까지 커질 것으로 예측하고 일자리 창출 효과로는

---

64)　한예경·홍장원, "반도체 30배 욜드산업이 미래다", 매일경제, 2020.3.22.

"투자 10억 원당 고용 창출 인원이 11.4명 수준으로서 전 산업 평균인 8명을 웃돈다."[65]는 분석을 내놓았다. 이는 고령친화 산업이 고용 측면에서 투입 대비 산출 효과가 대단히 큰 산업임을 입증하는 것이다.

고령친화 산업의 결과에 따른 1차적인 수혜자는 고령층이지만 해당 기술을 개발하고 서비스하는 당사자는 청년세대인 만큼 산업의 진행 및 성장에 따라서는 향후 이들의 일자리가 대폭 증가할 가능성이 높다. 수요와 공급의 측면으로 본 때 상호 이해관계가 맞으며 결국 세대 간 화합에도 긍정적인 기여를 기대할 수 있다. 노인 복지와 청년층의 취업이 동시에 이뤄지는 일석이조인 것이다.

윗부분에서 언급한 것처럼 대기업들도 잠재성과 확장성이 높은 고령친화 산업에 속속 진입하는 중이다. 국내 최대 기업인 삼성전자는 2023년부터 근력보조 로봇을 중심으로 시니어 케어용 로봇 같은 다양한 제품군을 선보이고 있다. 더불어 '치매'[66]로 불리는 뇌인지저하증 치료와 관련된 기술의 스마트폰 탑재를 구상하는 한편 노인층 대상으로 적용할 수 있는 의료기술 개발을 위해 외부 전문연구기관에 대한 지원책 마련에 나섰다.

---

65)　아다비, "노인 많아지는 사회, 이제 고령친화 산업이 새 성장동력 될 것", 조선비즈. 2022.9.30.

66)　치매는 일본식 용어로서 질병의 특성을 왜곡하고 부정적인 의미를 담기게 환자 가족에게 수치심을 안기는 결과를 초래한다. 때문에 국회에서 관련 법률안 개정 및 용어 변경이 추진되는 단계다. 일본 및 아시아 한자문화권 국가에서도 인지증, 실지증 등 완곡한 표기를 사용 중이다.

다른 대기업과 중견기업·스타트업도 기존의 요식업용 로봇은 물론 부족한 요양시설 근무자를 보완 또는 대체할 수 있는 요양용 로봇과 근력보조 로봇 개발에 박차를 가하는 중이다. 우리 정부도 강한 의지와 깊은 관심을 두고 AI를 기반으로 IoT와 로봇을 결합한 '돌봄 기술' 개발을 적극적으로 지원하고 있다. 국내 기술진은 이미 수년 전부터 노인 환자를 위한 욕창 예방, 배설 보조, 식사 보조 등의 기능을 수행하는 로봇 기술 연구를 진행 중이다. 사회적 현안으로 떠오른 요양보호사·간병인의 부족 사태를 보완하고 이들이 겪는 현장에서의 애로를 해결할 수 있는 기술로서 큰 기대를 받고 있다.

보조기구로서의 로봇이 노인의 육체적 노화에 기인한 근력 보조에 초점이 맞춰졌다면 소셜로봇과 반려로봇은 노인의 정서와 관련된 문제를 돕는 기능에 목적을 둔다. 전국 상당수 자치단체가 관내 노인들을 위한 '노인 맞춤 돌봄 서비스'의 일환으로 다양한 방식과 모델의 반려로봇을 제공하고 있다. 이미 다수의 노인 가정과 경로당에 설치되어 이들의 심리적 도우미로서 실효성을 입증하였다. 이 서비스는 소셜로봇과 반려로봇을 통해 사용 노인과 대화를 나누고 대답을 녹취한 뒤 텍스트로 변화시킨 다음 AI 분석을 진행하는 방식으로 모니터링이 이루어진다.

서비스 과정에서 로봇이 사용 노인을 상대로 기상과 취침, 식사 및 복약 시간을 명확하게 알려줌과 아울러 주기적으로 말을 걸어 외로움을 덜어주는 역할까지 수행한다. 독거노인을 위한 보호자로서 로봇의 기능이 제대로 발휘되면서 '제2의 자녀' 혹은 '제2의 손

자손녀'로서 주목받고 있다. 노인을 위협하는 요소 가운데 고독의 문제는 로봇이 비록 생명체가 아니며 온기가 없더라도 일상의 반려로서 중요한 기능을 수행하는 것이다.

로봇뿐만 아니라 다른 용품과 기기·서비스도 노인의 삶을 돕는 존재로서 중요하다. 고령친화 산업은 이제 '효자 산업'이자 국가와 사회공동체의 존립에 있어 귀중한 지원군으로 자리하는 중이다. 아울러 국가안보, 특히 노인안보와는 긴밀한 관계를 갖는다. 초고령사회로의 진입은 복지 차원의 정책 수립·이행만으로는 대응하기 어려운 구조적 국가 위험이 동반됨을 의미한다. 노인의 경제적 빈곤, 건강과 보건 취약성, 이동성 저하, 디지털 소외 같은 문제는 이제 개인의 영역을 떠나 사회 안정성, 국가 지속가능성으로 연결되고 노인안보 이슈로 전환되는 상황이다.

이런 과정에서 고령친화 산업은 일반적인 제품 및 서비스의 시장이나 복지 보조 수단을 넘어 노인안보를 지탱하는 핵심 인프라로서 기능 발휘를 시작하였다. 노인안보가 "국가에서 노인을 어떻게 보호해야 되는가?"라는 질문이라면 고령친화 산업은 "노인에 대한 보호를 이렇게 지속가능하도록 하겠다."라는 구체적인 답변이다. 즉 이 산업은 노인안보의 실천 수단으로서 의미를 지닌다.

노인안보는 단순한 신체적 안전을 넘어 건강·의료·생명의 보장 등의 생존안보, 주거·이동·일상의 유지 등의 생활안보, 소득·일자리·자산 보호 등의 경제안보, 활동·참여 등의 사회안보, 자기결정권·인권 등의 존엄안보를 포괄한다. 고령친화 산업은 이러한 요소와 고령자의 신체·인지·사회 특성을 십분 고려하여 설계된 산업으로서 노인안보를 뒷받침하는 성격을 갖는다.

따라서 이 두 가지 영역은 상호 외재적 대응 관계가 아니며 내재적 호응 관계다. 결국 노인안보의 각 요소는 고령친화 산업의 발전이 전제되지 않는다면 실제로 목적을 달성하기 어렵다. 고령층을 대상으로 삼은 산업 생태계가 조성된다면 경제와 사회가 성장 동력 확보의 어려움에서 벗어나 활력을 되찾게 되고 이를 바탕으로 국가의 노인 문제에 대한 접근과 집중이 가능해진다.

고령친화 산업은 노인의 위기와 관련 사후 복지비용을 경감시키는 예방적 안보로서의 산업이라고 할 수 있다. 예를 들자면, 낙상 예방 기술은 의료와 요양비용을 감소시킨다. 건강 모니터링 시스템은 응급 상황을 최소화시킨다. 또한 고독 관리 시스템은 정신건강 악화를 방지한다. 이는 우리가 익히 알고 있는 전통적 안보에서의 '선제적 억제'와 상당히 유사한 구조로서 고령친화 산업이 위험의 발생 이전에 안보 환경을 조성하고 안보에 요구되는 제품과 서비스를 생산하는 데서 의미와 가치를 갖는다.

또한 이 산업은 안보 공백의 보완재·대체재로서 중요하다. 가족은 물론 국가도 감당을 못하는 돌봄과 안전의 공백을 메우는 존재인 것이다. 가족 돌봄의 약화는 돌봄 서비스 산업이 보완하고 국가의 행정 인력 부족은 자동화 및 AI 기반 관리로 대처할 수 있다. 지역소멸 상황에서는 고령친화 생활 서비스를 통해 해결을 모색하는 것이다. 이때의 고령친화 산업은 국가안보 체계의 보조 수단을 넘어 사실상 '제2의 안보 구현 체계'로서 기능하게 된다.

우리나라는 그간 압축성장을 해왔지만 이제 압축소멸로 가는 길 위에 서 있는 형편이다. 정부의 저출산 및 고령화 업무를 총괄했던 인사의 표현을 빌리자면 '초저출산·초고령사회·초인구절벽'이라는 3초超 위기는 14세기 유럽의 흑사병에 비유될 정도로 심각하다.[67] 때문에 제도와 산업의 혁신을 통해 압축소멸의 위기를 피하고 다시 성장의 길로 돌아서야 한다.

이러한 상황 하에서 고령 인구의 증가에 맞춰 등장했던 고령친화 산업은 사회적 비용 급증을 완화시키고 돌봄 인력 부족을 해결하는 방안으로서 중요하다. 또한 경제 성장의 새로운 계기로서 의미를 지닌다. 나아가 국가전략 차원으로 본다면 이 산업은 '안보산업'이나 마찬가지다. 노인안보가 무너질 경우 의료와 복지 재정의 급격한 불안정이 초래되고 세대 갈등과 사회적 신뢰가 약화되면서 자칫 공동체의 해체로까지 이어질 수 있다. 이렇게 되면 정치권과 행정부는 심각한 국가 위험을 안게 된다.

따라서 국가 차원으로 고령친화 산업이 고유한 강점을 발휘해 경제 분야에서 공동체의 생존 기반이 흔들리지 않도록 적극적으로 역할을 수행하는 방향으로 유도해야 한다. 국가의 기본적인 책무 이행이 이뤄지지 않는 데서 기인하는 위험성과 불안정은 산업 전반의 기본적인 환경을 저해하고 결국 국민, 특히 노인층에게 불이익을 초래하기 때문이다.

---

67) 염윤경, "주형환 초고령사회위원회 부위원장...3초 위기 액티브 그레이가 답", 동행미디어시대, 2025.9.30.

노인안보 국가로 가는 길

1장

중국의 노인안보와 시사점

1절. 범정부 차원의 접근

인도에 이어 세계 2위의 인구 대국인 중국도 고령화를 피하지 못해 2021년, 65세 이상 인구가 14.2%를 기록해 고령사회에 진입한데 이어 2025년, 16%에 달했다. 전문가들의 예측에 의하면 2033년에는 20%를 넘기며 초고령사회로 진입하게 된다. 중국은 경제 발전 과정에서 '인구 보너스Demographic bonus' 효과를 제대로 보면서 미국과 어깨를 나란히 하는 G2로 부상하였으나 이제는 생산가능인구가 급속히 줄고 부양인구는 늘면서 경제 성장이 둔화되는 '인구 오너스Demographic onus'에 직면한 상태다.

고령인구 규모가 2025년, 2억 명에 달했으며 2031년에는 3억 명을 돌파할 것으로 예측되는 가운데 노인 관련 업무는 중국 국가전

략의 범위 내에서 다뤄지는 상황이다. 이를 위해 국가 차원의 범정
부 정책조정기구인 전국노령공작위원회全國老齡工作委員會가 설립되어
노인 정책의 총괄·조정을 맡고 있다. 이 위원회는 국무원 소속의
의사 협조기구로서 각 성·자치구·직할시에 산하 위원회를 두어 전
국적인 조직도 갖추었다. 때문에 이 위원회는 정책 추진을 위한 머
리와 더불어 손발까지 가져 집행의 속도감과 효율성이 높다.

위원회 주임은 부총리급인 국무위원이 맡고 있으며 당연직 위원
으로 발전개혁위원회·위생건강위원회·은행보험감독관리위원회·교
육부·과기부·공안부·민정부·사법부·재정부·주택도시건설부·농업
농촌부·상무부·문화관광부·공업정보화부 등 장관급 부처 차관이
참여한다. 아울러 국가세무총국·국가의료보장국·시장관리감독총
국·광파총국·국가통계국·국가의료보장국 등 차관급 기관의 2인
자도 참여하고 있다. 여기에 더해 노동단체인 전국총공회 및 공산
당 청년조직인 공청단의 서기, 전국부녀연합회와 중국장애인연맹
의 부회장, 우리의 대한노인회장에 상당하는 중국노령협회장도 위
원을 맡는다.

이는 국무원 소속의 여러 부처를 묶고 사회단체까지 포함된 위원
회 형태의 기구이자 중국의 고령화 대응 전략에서 컨트롤 타워로
서의 역할이 부여되었음을 시사한다. 특이하게도 '당원 1억 명'을
돌파한 중국공산당의 조직과 인사를 총괄하는 조직부 부부장이
위원회 공동 부주임을 맡고 있다. 정책을 집행하는 국무원은 물론
국가 존립과 운영의 핵심 주체인 공산당 차원에서도 적극적으로
관여하는 것임을 알 수 있는 대목이다.

우리의 경우 대통령 직속으로 저출산고령사회위원회가 설치되어 있지만 인구 측면에서의 기능을 수행할 뿐 고령화 및 노인 문제와 관련된 다른 영역의 접근과 조직은 전혀 없는 상황이다. 아울러 집권 여당과 정부가 수시로 협의하기도 하지만 이를 뒷받침해 줄 범정부·당정 공동 참여 차원의 기구가 없다. 때문에 관련 정책의 수립과 집행에서 분절·분리 현상이 자주 발생한다.

전국노령공작위원회의 기능과 역할은 몇 가지로 나뉜다. 첫째로는 노인정책의 총괄·조정을 맡아 복지·건강·돌봄·권익 보호 정책과 관련된 부처 간 이견 조정과 협업 강화를 제고시키고 중앙정부와 지방정부의 정책 일관성이 유지되도록 하는 기능을 갖는다. 둘째로는 국가의 중장기 노인 관련 전략 수립으로서 '국가노령사업 발전계획', '적극적 노화의 중국형 모델', '고령친화사회·노인인력 활용전략'이 대표적이다. 셋째로는 법률·제도·행정의 연계로서 노인 권익보장법과 노인복지 관련 법률 및 규정을 개선하고 연금·의료·돌봄·주거 정책 사이의 모순과 중복·충돌을 조정한다. 넷째로는 이념과 담론의 생산으로서 "노인층은 국가공동체의 부담아 아닌 자원이다."라는 인식, "노인 문제는 복지가 아닌 국가 발전의 문제다."라는 사고를 촉진시키는 한편, 효 문화의 현대적 해석과 수용도 적극적으로 유도한다.

당과 정부가 함께 당장의 현안으로 대두된 고령화에 대비키 위해 설립되었고 다수의 국무원 소속 부처가 참여하도록 설계된 동 위원회는 다른 국가에서는 찾아보기 어려운 형태의 기구다. 이는 국가 운영 세력의 창의적이며 현명한 조치로 평가할 수 있지만 한편으로는 그만큼 중국의 상황이 급박하고 지혜를 모아야 된다는 것으로 해석할 수 있다. 이제 위원회가 갖는 정치적, 전략적 의미를 살펴보도록 하겠다.

제1의 의미, 노인 문제의 안보화다. 고령화가 재정 위험으로 작용하고 사회 안정에도 영향을 미치며 자칫 불평등 이슈로 이어지지 않도록 예방·대응하는 것이다. 이는 당정이 노인과 관련된 사무에 대해 복지 차원을 넘어 국가의 지속가능성 차원으로 인식한 데서 비롯되었다. 참여 부처에 국가의 중장기 발전 계획 수립을 담당하는 발전개혁위원회, 국가 재정을 책임지는 재정부, 산업진흥과 정보화를 담당하는 공업정보화부 및 금융 감독 전담 부처, 세무당국 등도 포함된 것이 이를 대변한다.

제2의 의미, 사회통치의 도구화다. 노인의 빈곤·고독·좌절·불만이 사회 불안 조성, 집단민원 발생, 지역갈등 유발로 확산되는 것을 차단키 위한 기능을 수행한다. 때문에 우리의 행정안전부에 해당하는 민정부, 사회 치안을 책임지는 공안부, 법무 사무를 주관하는 사법부, 방송 주무 부처인 광전총국이 위원회에 참여한다. 노인 문제가 사회 동요와 혼란을 일으키는 수준으로 나가지 않도록 하려는 당정의 강력한 의지가 담겨 있는 것이다.

제3의 의미, 고령인력의 사회적 활용이다. 고령자 재취업 강화, 자원봉사 확대, 노인 존중 문화 촉진 등을 주요 목적으로 하며 "노인은 더 이상 보호의 대상이 아닌 사회 안정의 주체"라는 방향성을 제시한다. 당정은 노동단체·공산당 청년조직·장애인단체·여성단체·노인단체 등이 위원회 참여를 통해 전국적으로 분위기 조성에 일조하고 일선에서 효과 높은 전파자, 적극적인 지지자의 역할을 담당하도록 기대하는 중이다.

중국의 노인정책은 외견상 복지정책이지만, 정책 설계 논리의 핵심은 이미 안보적 사고의 영역으로 이동해 있는 상황이다. 이와 같은 흐름의 제도적 중심이 바로 전국노령공작위원회다. 위원회의 존재와 활동을 기준으로 삼으면 중국이 이미 노인과 관련된 복지 프레임을 아래와 같이 안보 프레임으로 전환시켰음을 확인할 수 있다.

중국의 노인복지 프레임과 노인안보 프레임 비교

구분	노인복지 프레임	노인안보 프레임
지향 목표	돌봄을 통한 노인 안정	돌봄을 통한 체제 안정
기대 효과	당장의 노인 문제 해결, 빈곤의 완화	노인 문제에 의한 사회불안 예방
노인 위상	보호와 지원의 대상으로 고착	관리와 동원의 대상으로 주목
비용 의식	지출에 방점	지출과 사회, 산업 간 연계가 중요
참여 기관	보건 부처	범정부 차원 다수 부처와 단체

중국이 설정한 노인안보의 위협은 연금·의료비 등 폭증으로 야기되는 재정안보, 고독·빈곤 등에 의한 집단민원과 시위로 발생하는 사회안보, 노동력 감소와 부양비 부담으로 필요해진 인구안보, 노인 불만의 누적과 노인 세력의 정치화 가능성에 주목한 정치안보 등 다섯 가지로 설명할 수 있다. 즉 중국의 입장에서 노인정책

은 복지 분야 정책에서만 머물 수 없는 예방적 안보정책이다. 여기에는 "노인을 돌보거나 관리하지 못한다면 사회 통제가 불가능해진다."라는 원리가 이면에 숨어 있다.

중국의 주요 지도자들은 춘주전국시대의 유학자 순자荀子의 "군주는 배고, 백성은 물이다. 물은 배를 띄우기도 하고 배를 뒤집기도 한다."[68]는 금언을 너무나도 잘 알고 있으며 이를 민심의 중요성과 적시 대응의 필요성 거론 시 자주 활용한다. 중국에서의 노인안보는 공산당과 국무원이 당사자인 노인의 민심을 정확히 읽고 충분히 반영하되, 적절한 방식의 관리 및 통제가 전제된다.

현대 중국은 당정 공히 안정을 최우선시 한다. 국가 체제가 흔들리면 미래를 향한 진전은커녕 현상 유지 자체가 힘들기 때문이다. 특히 덩샤오핑鄧小平이 1989년 '천안문 사태'를 겪으며 했던 "안정이 모든 것을 압도한다."[69]는 발언은 중국공산당의 통치 철학이자 현대 중국에서 정치와 사회의 핵심 교리로서 확고히 자리 잡고 있다.

공산당이 주도하는 사회주의 국가 중국의 노인안보 모델을 민주주의 국가인 우리나라 상황에 직접 대입 및 적용시키기는 어렵다. 국가마다 상황과 사정, 목표와 방향이 다르기 때문에 직접 비교하는 것은 무리가 있다. 그러나 한·중 양국의 노인 관련 거버넌스 및 인식을 같은 선상에 놓고 다음과 같이 살펴보는 것은 우리가 시사점을 찾고 대처 방안에 대해 새롭게 착안을 해본다는 측면에서 일

---

68) 『荀子』「王制」, "君者舟也, 庶人者水也, 水則載舟, 水則覆舟."

69) "安定壓倒一切."

정 부분 의미를 가질 것이다.

노인안보 관련 한·중 양국의 거버넌스 차이

항목	한국	중국
정책 주관	단일 부처 주관으로 정책을 수립, 집행	당과 국무원 다수 부처 참여 및 협의로 정책을 수립, 집행
정책 성격	노인의 복지 진흥 및 권리보호를 위한 정책	안보와 통치를 위한 목표 설정과 이행에 중심을 둔 정책
조정 방식	각 부처 간 권한과 업무가 분절된 연유로 조정이 부재	국무원 주관 하에 이뤄지는 통제와 사전 조정
위기 인식	노인 문제가 아직까지는 사회적 차원일 뿐 안보와는 무관	노인 문제는 국가의 생존과 지속 가능성의 중요한 위험성
담론 주체	시민, 사회단체, 학계에서 단발적으로 거론	당과 정부가 주도하고 사회단체와 언론 등이 참여

노인에 대한 한·중 양국의 인식 차이

구분	한국	중국
사회적 위상	복지정책의 수혜자이며 보호해야 될 대상	통치의 대상이며 필요 시 국가 차원의 동원 가능 자원
사회적 역할	별도의 역할 부여가 없으며 기대치도 낮은 상황	국가 체제 안정의 유지에 필요한 존재로 활용
정책적 언어	권리, 존엄, 복지, 보호, 혜택, 존중	발전, 안정, 관리, 동원, 참여, 협조
효도의 개념	아직까지도 가족의 윤리 중심이며 사회적, 국가적 효도 개념 미성숙	노인권익보장법 같은 관련 법률에 의해 강제되는 기본적 의무

위의 도표에서 알 수 있듯이 우리는 "노인의 삶은 개인의 문제"

라는 인식인데 비해 중국은 "노인의 삶은 국가 질서의 문제"라는 관점으로 접근하면서 정책을 펼친다. 중국의 관련 정책은 속도감과 효율성이 높은데 비해 국가의 과잉 개입과 개인권리의 약화 가능성이 대단히 높다. 반면 한국의 관련 정책은 권리 보호·존엄 유지 등의 강점을 가졌지만, 현실과 현상에 대한 인식이 낮은 편이며 대응 속도가 상당히 느리다.

권위주의 체제 중국의 상황과 정책이 우리에게 직접 적용될 수는 없다. 다만 중요한 것은 노인과 관련된 문제, 특히 안보 측면에서의 노인정책을 정부가 적극적이고 체계적으로 이행하는 것만큼은 우리가 결코 간과할 수 없는 대목이다. 중국은 현재 정치적·전략적 목적이 담긴 노인안보의 확장형 모델 완성을 위한 이행 과정에 있다. 그들이 '중국의 특색을 가진 사회주의 시장경제'라는 방식을 통해 자신들만의 정치·경제 시스템 구축으로 강대국의 반열에 오른 경험치가 안보에도 적용된 것이다. 이 모델을 도표화해보면 다음과 같다.

중국의 노인안보 확장 모델

단계	내용
1단계 사회공동체 위험의 누적 인지	고령화 진전, 돌봄 공백 발생, 빈곤과 고독, 불평등과 부자유 인식
2단계 비전통 요소의 안보화	복지에서 위험성 관리로 전환하는 동시에 개인 문제를 집단의 위험으로 판단하고 인보 요소에 포함
3단계 대응 조치와 제도화	범정부 차원의 노령공작위원회를 실치 및 운영하면서 중장기 국가계획을 수립하고 예산과 입법을 연동

2절. 원로과학자 우대 정책

현대 중국의 틀을 다졌던 마오저뚱毛澤東은 일찍이 "과학기술 없이는 생산력을 높일 방법이 없다."라는 취지로 과학의 중요성을 강조한 바 있다. 또한 "개혁·개방의 총설계사"로 불리는 덩샤오핑도 "과학기술은 제1의 생산력"이라며 산업 발전의 전제 조건임을 역설했었다. 특히 덩사오핑의 관점은 개혁·개방 이후 수 십 년간에 걸쳐 이뤄낸 경제 성장과 과학기술의 급속한 발전을 설명하는 데 있어 확고한 틀로 활용된다.

오늘날 중국의 급속한 경제 발전 이면에는 긍정적 측면의 방식과 함께 부정적인 측면의 방식이 공존한다. 부정적인 측면의 방식은 "남의 것을 베끼고 훔쳐서 나의 것으로 재창조한다."라는 차원이다. 중국이 자국 시장 제공을 미끼로 투자를 유치하면서 첨단기술을 손에 넣었고 '천인계획千人計劃'[70]으로 대표되는 인재획득 전략을 통해 타국의 인재를 무차별적으로 데려왔으며 지구촌 곳곳에

---

70) 천인계획은 해외 고위급 인재 채용 프로그램으로서 처음에는 주로 재외 화교 공동체 기반의 중국계 인사를 대상으로 삼았지만 후에 외국인도 영입 대상으로 떠올랐고, 고급 과학인재 유출로 고심하던 미국과 서구 국가 방첩기관의 조사 및 견제가 강화되자 중국 측은 프로젝트를 만인계획으로 변경하였다.

서 지적재산권 침해 및 산업기밀 절취 등 불법행위를 자행한 것은 결코 부정할 수 없는 사실이다.

아울러 AI 시대에 들어 중국이 강력한 경쟁력을 가지게 된 배경에는 데이터의 무차별적 수집과 국유화, 법률 위의 국가 정책 같은 권위주의 체제의 개입이 자리한 것은 공공연한 비밀이다. 이를 기반으로 삼아 체계화된 대학교육 시스템 가동, 다수의 영재 양성, 민간 영역의 참여, 기술개발에 대한 무한대의 보상까지 더해져 "글로벌 차원에서 기존 인공지능의 판도를 완전히 뒤엎었다."라는 평가를 받는 '딥시크Deep Seek' 같은 자주창신自主創新의 결과물을 내놓은 것도 부인하기 어려운 사실이다.

우리는 여기에서 중국의 과학기술과 관련된 탐욕과 행태에 대한 비판 수준에 멈추지 말고 이면의 정책과 방향을 들여다볼 필요가 있다. 비판으로 얻는 것도 분명히 존재하지만, 오히려 배우고 참고로 삼는 자세가 더욱 현명하다. 수십 년간 과학연구에 매진했던 우리나라 이공계 학자들이 퇴직 또는 은퇴 이후 상실감에 고민하는 상황, 자구책으로 외국의 영입 제의에 응하는 현실은 중국의 경우 어떤 식으로 대응하는지 눈을 돌리게 한다. 중국에서는 과학기술 분야 연구자가 능력이나 실적만 있다면 연령에 따른 은퇴를 고민하지 않기 때문이다.

특히 노인안보와 관련하여 원로 과학자에 대한 중국의 우대정책이 우리에게는 큰 시사점을 주기에 세부적으로 들어가 살펴봐야 한다. 몇 년 전부터 우리나라 이공계 석학들의 정년 이후 해외 이탈이 가속화되는 상황으로서 언론에서도 심도 있게 다루는 주제가 되었다. 젊은 과학자들의 해외 대학 또는 연구소 이직에 이어 원로 과학자들도 중국 등지의 외국으로 인생 후반기의 삶을 옮겨가면서 우리 과학계는 '시니어 두뇌 유출'을 크게 우려하는 실정이다.

이러한 현상의 배경에는 '65세 연령 제한, 퇴직 후 연구 단절' 같은 구조적 문제가 자리한다. 대학의 경우 교수가 현직 때 아무리 많은 연구 성과를 냈더라도 교육공무원법·사립학교법에 따라 65세 이후에는 학교를 떠나야 된다. 기껏 단기간의 명예교수 자리가 마련된다 해도 여러 제약으로 인해 연구를 지속할 여지는 별로 없다. 결국 과제와 연구비, 연구실 및 보조 인력이 없는 연구자는 지속성을 갖지 못한 채 연구의 영역에서 퇴장하게 된다.

국책 연구기관 연구원들의 사정은 더욱 심각하다. 과거 65세였던 정년이 IMF 사태 당시 61세로 낮춰진 상태에서 청년 고용 문제와 맞물리면서 정년 연장은 진전을 보지 못하고 있다. 국가 차원의 과제를 장기간에 걸쳐 수행했어도 정년과 함께 이들의 연구 결과물은 캐비닛이나 문서고로 들어가면서 사장된다. 한편 기업의 경우 대학이나 국책 연구기관과 달리 정년 보장이 전혀 없기에 연구 직렬이라고 해도 50대 초중반이면 퇴직을 피할 길이 없다.

이 때문에 현직 교수로 재직 중인 일부 장년의 연구자들은 언론과의 인터뷰에서 "중국 대학과 연구기관으로부터 매력적인 조건의 영입 제의를 수시로 받고 있는데 솔직히 홀시할 수 없으며 곧 다가올 정년과 함께 중국으로 건너갈 생각"임을 내비치기도 했다. 평생 연구에만 매진해 왔던 입장에서 연구의 단절은 당사자에게 희망과 의욕의 상실로 다가온다는 점에서 연구 지속 보장은 당연히 큰 매력일 수밖에 없다.

한국의 은퇴 과학자들이 겪는 이와 같은 현실적·심리적 상황을 파고드는 나라가 바로 중국이다. 중국의 대학과 연구기관은 직간접 연락 또는 헤드헌팅 업체를 통해 은퇴 과학자는 물론 아직 정년이 남은 현직 교수들에게까지 손을 뻗치고 있다. 구체적으로 현재 연봉의 5배 수준 지급, 거액의 연구비 지원, 주거·연구 공간·인력의 무제한 제공 등 조건을 제시한다. 실제로 국내 석학 가운데는 별도의 맞춤형 연구소 설립 약속을 받은 사례도 있다.

중국 측의 조건 가운데 눈에 띄는 것은 연구 성과를 낸다면 정년을 70~80세로 유연하게 연장시켜 준다는 대목이다. 한국은 여전히 '정년 후 은퇴, 은퇴 후 퇴장'이라는 단선 구조에서 벗어나지 못하는 것이 현실로서 70이 넘은 나이에도 활발하게 연구에 종사할 수 있다는 조건은 엄청난 매력 포인트다. 한국의 교육 및 연구계가 낡은 인사 시스템, 오래된 관행을 개선하지 못한다면 중국의 공세는 더욱 강해지리라는 것이 과학계 인시들의 중론이다.

한국의 원로 과학자들을 대거 영입한 중국은 원래부터 과학자의 연령 제한을 두지 않는 정책을 펴왔다. 연령은 숫자에 불과할 뿐 당사자의 연구 실적·경험·능력이 중요하다는 판단을 하기 때문이다. 이와 관련하여 상징적인 제도가 국가최고과학술상이다. 이상은 중국정부가 수여하는 과학기술 분야 최고 권위의 상으로서 국가의 정치적이며 전략적인 상징성을 갖는바, 과학기술 영역에서 국가급 영예 체제의 정점이라 할 수 있다. 2000년에 처음 제정되었으며 '국가과학기술장려조례'라는 법적인 근거를 갖는다.

이 상의 수여 대상자는 과학기술 분야에서 평생에 걸쳐 공헌하며 탁월한 업적을 거둔 자, 국가 전략산업 및 핵심 기술의 발전에 중대한 기여를 한 자, 국제적인 영향력을 가진 과학 분야 성취 거양자, 중국의 과학기술 자립에 결정적으로 기여한 자로 한정될 만큼 까다로운 조건에 맞아야 하며 복잡한 검증 절차도 거쳐야 된다. 때문에 1년에 한 번, 최대 2명만 선정되고 어느 해에는 아예 수상자가 없는 경우도 생긴다. 이는 상의 권위를 유지하기 위한 통제 장치에서 비롯된다.

전국의 연구기관과 교육 기관 등을 대상으로 하여 공식적으로 추천을 받고 엄선된 수상자에게는 800만 위안, 한화로 약 15억 원의 상금이 지급되며 수상식 행사에 국가주석과 국무원 총리가 직접 참석해 시상하는 방식으로 최고 수준의 예우를 갖춘다. 아울러 정부 공식 기록에 '국가 공훈급 인물'로 등재되고 주요 국가 과학기술 행사에 귀빈으로 초청되기도 한다. 따라서 이 상은 단순한 상이 아닌 고도의 정치적인 의미를 내포한다.

첫째는 과학기술 국가주의의 상징이다. 중국은 과학기술을 국가 흥망의 관건으로 규정하는바, 이 상에는 "과학기술이 곧 국가의 최고 경쟁력"이라는 메시지가 담겨 있다. 둘째는 정책의 정당성 담보 장치다. 이 상은 국가의 전략과 과학기술 정책이 정확하며 성공적이라는 것을 여실히 보여주려는 하나의 장치인 것이다. 셋째는 기술패권 경쟁의 시사다. 과학기술 중에서도 국방·우주·원자력·의학·농업 등 전략 분야의 대표적인 인물을 부각시켜 국제 경쟁 하에서의 국가 이미지 강화에 기여하도록 하는 것이다.

중국의 국가최고과학기술상은 이 책에서 다루는 노인안보 관점에서 본다면 더 깊은 함의를 갖는다. 이 상의 역대 수상자 공히 상당한 고령이라는 점이다. 대다수가 최소 70대이며 최고령자는 90대 후반도 있다. 과학기술과 관련하여 중장년층 연구자가 주로 수상하는 한국이나 다른 국가에서는 상상하거나 사례를 찾기가 매우 어려운 일이다. 이 상의 대표적인 고령 수상자를 정리해 도표화하면 다음과 같다.

중국 국가과학기술상 고령 수상자

성명	수상 연도	수상 당시 연령	수상 당시 신분	선정 사유
우원쥔	2000년	81세	중국과학원 시스템과학 연구소 명예소장, 중국과학원 원사	수학 분야 원리 연구
진이롄	2002년	73세	중국병렬컴퓨터공학기술연구센터 주임	슈퍼컴 기술 개발
왕용즈	2003년	71세	중국유인우주선 프로젝트 책임설계사	로켓 설계 및 기술 개발
우멍차오	2005년	83세	제2군의대학교 교수	간담췌장 분야 기초의학 연구
스창쉬	2010년	90세	중국공정원 원사	항공 분야 응용합금 개발
청카이자	2013년	97세	중국군 총장비부 과학기술위원회 고문	군사용 핵무기 기술 개발
위민	2014년	89세	중국공정물리연구소 고급과학고문, 중국과학원 원사	국가급 핵 실험 프로젝트 참여
투유유	2016년	86세	중국중의과학원 연구원	말라리아 치료 성분 개발, 2015년도 노벨 생리, 의학상 수상

자오중셴	2016년	71세	중국과학원 물리연구소 연구원, 중국과학원 원사	초전도체 연구 기반 확립
왕저산	2017년	82세	난징이공대학교 교수, 중국공정원 원사	포병 화포 사정거리 연장 기술 개발
허우윈더	2017년	89세	국가 중대 전염 방지 프로젝트 기술총책임자	전염병 연구
류용탄	2018년	82세	하얼빈 공대 교수, 중국공정원 원사	국방용 초수평 레이더 기술 개발
첸치후	2018년	82세	육군공정대학교 교수, 중국공정원 원사	핵공격 대피용 지하시설 개발
황쉬화	2019년	96세	중국선박그룹 719연구소 연구원, 중국공정원 원사	최신예 잠수함 스텔스 기술 개발
구송펀	2020년	91세	중국항공공업그룹 고급 고문	초음속 전투기 기술 개발
왕다중	2020년	86세	칭화대학교 교수	신형 원전 기술 개발
리더런	2023년	85세	우한대학교 교수, 중국공정원 원사	위성 원격탐사 기술 개발

위의 도표에서 알 수 있듯이 국가과학기술상 수상자 다수는 공정·엔지니어링 분야의 중국공정원CAE, 中國工程院이나 자연과학·기초과학 분야의 중국과학원CAE, 中國科學院 원사院士로도 활동한다. 원사는 국가 최고 수준의 과학기술 분야 엘리트에게 주어지는 종신명예직으로서 단순한 학술적 직함을 넘어 국가급 과학지도자로 간주된다. 아울러 정년 제한이 사실상 없으며[71] 장관급에 준하는

---

71) 사상적 측면, 이권 개입 등에서 문제가 된 원사를 퇴출시키는 제도가 2024년 도입되었지만 대다수 원사의 경우 특별한 과오가 없으면 사망 시까지 직이 유지된다.

사회적 위상을 갖는다.

원사 가운데 일부는 정치적으로 전국인민대표대회全人大 대표 또는 정치협상회의政協 위원으로 활동을 보장받으며 과학기술계 입장을 대변할 수 있다. 학술적으로는 원사에게 국가 중대 연구 프로젝트 참여 우선권이 부여되고 후속세대 과학자 평가 및 추천권을 행사할 권리를 준다. 원사는 국가의 전략 브레인으로서 과학기술 중장기 계획 수립에 필요한 자문, 핵심기술 자립 방향 설정에도 관여한다. 또한 기술안보의 중요한 조력자로서 군민軍民융합 전략, 핵심기술 보호, 공급망 전략 설계 등과 관련된 의견을 개진한다. 이들의 활동은 국가정책에 '과학적 권위'가 실리도록 함으로써 정당성을 강화시킨다. 결국 원사제도는 국가의 과학기술 중심 발전 모델 구축에 필요한 엘리트 통합 장치이자 국가의 전략인재 인증 시스템으로 자리 잡고 있는 것이다.

중국은 원로 과학자를 "지식과 경험, 도덕적 권위를 축적한 국가의 자산"으로 규정하고 있는바, 이러한 인식은 개인에 대한 예우 차원이 아니라 과학기술 주권, 국가 경쟁력 유지의 수단이라는 데 중점을 둔다. 때문에 이들을 복지의 대상이 아닌 국가가 끝까지 책임져야 할 존재로 다룬다. 이는 최고급 의료 시스템 제공, 고급관사 배정, 전담비서 및 연구 보조인력 지원 등 구체적인 우대 조치로 나타난다. 우대 조치는 개인복지라기 보다는 지식 손실 방지에 가깝다.

원로 과학자는 중국에서 사회적으로 영웅시되는 존재로서 이것은 '존경의 제도화'이자 '상징 자본화'로 해석된다. 국가급 훈장 수여, 각급 학교 교과서 및 공영 언론매체에 지속적 등장, 국가 행사 시 전면 배치 등 조치에는 단순 홍보가 아니라 과학기술 중심 국가 정체성 구축 전략으로 연결하려는 당정의 의도가 담겨 있다. 중국의 원로 과학자 우대는 노인안보와 직결되는 것으로서 핵심 안보로는 생존 차원 안보, 역할 차원 안보, 존엄 차원 안보가 있다.

생존 차원 안보는 생명과 건강의 국가 책임화다. 원로 과학자의 건강을 사적 영역에서 분리, 전담 의료진을 배정하고 예방적 조치를 취해 고령에도 연구와 자문 활동이 지속 가능하게 한다. 역할 차원 안보는 '쓸모없는 노인 개념'의 제도적 제거다. '은퇴는 곧 역할 상실'이라는 상황을 허용하지 않는 것이다. 원로 과학자가 국가 전략 자문, 중장기 계획 검토 역할을 수행한다는 것은 정책과 판단의 영역에서 가치 있는 존재라는 의미이며 능력을 갖춘 노인의 사회적 무력화를 구조적으로 차단하는 효과가 있다. 존엄 차원의 안보는 사회적 위신의 제도화다. 중국은 원로 과학자의 존엄을 개인의 명예나 감정에 맡기지 않는다. 대신 포상과 활동 공개를 통해 "성과와 실적을 낸 노인은 사회적으로 존경받는 존재이며 특히 국가에 기여했을 경우 추앙 및 보호를 받는다."라는 메시지를 보낸다.

중국에서 원로 과학자 우대 정책은 노인의 몰락이 엘리트 집단 내 불만, 이로 인한 체제 불안을 유발할 수 있다는 판단 하에 제도를 통해 대처하는 측면이 있다. 이러한 정책은 노인복지의 확장이라기보다 노인을 국가안보 체계 속으로 편입시키는 제도적 실험이라는 성격을 갖는다. 때문에 중국의 노인안보는 모든 노인을 동일하게 보호하는 정책을 넘어 사회적 기능과 국가적 가치를 고려해 차등적으로 설계된다. 이를 도표로 정리하면 다음과 같다.

중국의 안보 차원 노인 분류

노인 구분	노인 정의	노인 관리
취약 노인	복지와 보호의 중점 대상자	보건과 위생, 복지 수준에서 중점 관리
일반 노인	기본적인 인간안보 대상자	일반인과 동일 수준으로 관리
기능 노인	국가와 사회에 필요한 핵심 기능 보유자	기관, 단체 차원에서 집중 관리
전략 노인	특수 지식, 전략 판단, 정책 자문, 이해 조정 등의 능력 보유자	국가 차원의 상시적, 체계적 특별 관리

중국의 이러한 정책을 우리나라의 상황에 직접 적용시키기는 현실적으로 어렵다. 한국은 원사와 같은 국가 엘리트 종신직위 제도가 부재[72]하며 평등주의 문화가 매우 강한 까닭에 엘리트 노인과 일반 노인을 차등 대우하는 것에 대해 상당한 거부감을 갖는다. 또한 복지 중심의 행정 체계가 고착화되어 있기 때문에 아직까지는 안보적 사고가 노인 문제에 개입하기는 쉽지 않다 따라서 현 상황에서는 엘리트 노인 우대가 아닌 국가 기능을 수행하는 차원에

---

72) 대한민국 학술원, 예술원, 한림공학원 등이 있으나 명예의 성격이 강하고 국가 차원의 활동이 별무한 데다 예우와 신분 등에서 중국과 현격한 차이가 난다.

서 노인의 안보화에 방점이 찍힐 수밖에 없다.

　다만 중국의 노인안보 정책 가운데 원로 과학자 우대의 경우 우리가 눈여겨 보고 참고할 만한 부분이 있다. 첫째, '정년은 은퇴이자 역할 상실'이라는 구조의 해체로서 오히려 원로를 과학기술 분야 자문·평가·중재의 영역으로 이동시켜 연령과 관계없이 역할을 수행하도록 한다는 점이다. 둘째, 노인의 존엄을 완성도 높은 서사로 만들고 원사 같은 제도화를 통해 보장하는 것으로서 공동체 내 해당 노인에 대한 예우와 찬양 분위기도 조성할 수 있다는 점이다. 셋째, 노인이 규범 제공자이자 후세대를 위한 안내자로서 위상을 갖도록 조치했는바 평생에 걸쳐 한 분야를 집중적으로 파고든 정신을 높이 사고 공동체의 지향점으로 삼는다는 점이다. 넷째, 엘리트 노인의 지식과 건강을 고귀한 안보자산으로 삼으며 지식과 경험의 단절을 방지함으로써 국가 차원의 이익을 확보하고 지속가능성을 추구한다는 점이다.

2장

한국의 노인안보 전략과 과제

1절. 노인안보 국가 전략

외교·국방·경제·안보 등 우리가 평상시 고차원적인 것으로 인식하는 분야에서 자주 사용되는 용어 가운데 하나가 '전략戰略, Strategy'이다. 국가전략·외교전략·국방전략 등은 물론 거대 담론일 수 있지만 실제로는 우리의 삶과 절대로 무관하지 않다. 국가·정부 같은 정책당국에 의한 전략 수립과 이행 덕분에 우리의 일상이 온전히 보장 및 보호받는 것이기 때문이다.

전략은 경쟁·투쟁에서의 승리 가능성을 제고시키기 위해 수단과 자원을 계획적·조직적으로 운용하는 방향성이기에 어떤 조직, 어떤 상황에서도 반드시 요구된다. 이는 공동체의 생존과 발전에서 필수 불가결한 높은 수준의 개념·계획·행위인바 사전에서는

"전쟁을 전반적으로 이끌어가는 방법이나 책략, 전술보다는 상위의 개념"[73]으로 풀이하고 있다.

전략 자체는 원래 전쟁이라는 불확실한 환경 하에서 제한된 자원 활용을 통해 '승리'라는 최종 목표에 도달하기 위한 종합적·체계적 행동 계획으로, 단순한 목표 설정을 넘어 적과의 경쟁 상황을 견뎌내면서 어떻게 지속 가능한 우위를 확보할지를 정의하는 핵심적 프레임워크이기도 하다. 전쟁에서의 패배는 모든 것을 빼앗기고 상대방에게 종속되는 상황을 의미하는바, 오로지 승리만이 전략의 하나뿐인 이유가 된다.

전략은 목적 달성에 필요한 최적의 수단, 차별화된 위치 선정, 의사 결정의 지침, 환경 변화에 대한 대응으로서 의미를 갖는다. 효과적인 전략이 되려면 구체적이고 명확한 목표 설정, 자신의 역량과 상대방의 위협 범위 파악, 차별화된 자신만의 우위성 확보 등을 필요로 한다. 만약 이런 것들이 결여된다면 전략으로서의 의미와 가치를 결코 찾을 수 없다.

공동체 최고의 단계인 국가 차원, 핵심 책무인 안보 측면으로 본다면 전략은 "국가 안전보장이라는 이익과 목표를 이루기 위해 정치·외교·경제·군사·과학기술 등 가용한 모든 수단을 종합·조정하고 효과적으로 총동원하는 장기적 방향성"으로 정의할 수 있다. 여기에서 '수단의 총동원', '장기적 방향성'이 국가안보 전략의 핵심적인 내용이며 기본적인 성격임을 설명한다.

---

73)   국립국어원 표준국어대사전

2025년, 우리나라는 초고령사회로 진입한 국가가 되었다. 이로 인해 노인 문제가 개인·가족·복지의 범위에 머물지 않고 국가의 안정성·지속가능성을 결정짓는 안보의 변수로 자리하면서 국가의 전략 변화를 압박하는 중이다. 이른바 '100세 시대'를 논할 만큼 장수화가 대세를 이루는 가운데 노인의 빈곤과 고립, 범죄 노출과 재난 취약성, 의료와 돌봄의 공백 같은 현상이 지속해서 벌어지고 있어 이에 맞는 국가의 역할과 전략이 더욱 중요해졌다.

노인이 겪는 각종 현상이 발생에서 그치지 않고 시간의 경과와 함께 누적될 경우 결과는 사회 불안과 국가 시스템 부담으로 나타난다. 이는 전통적 안보 위협과 궤를 달리하는 것으로써 비군사적·비전통적 안보 위험성으로 작용할 개연성이 높다. 국가 자체가 그동안 전통적 안보 위협에만 집중해왔기 때문에 새로운 안보 위협에 대한 대비는 난제로 인식될 수밖에 없다.

대한민국이 '대책 없이 모두가 늙어가는 국가'가 아닌 '대책을 세워 모두가 안전하게 살 수 있는 국가'로 확고하게 자리 잡으려면 노인안보 전략의 구상·수립·이행을 반드시 선택해야만 한다. 국가 차원의 전략 없이는 위협이 닥치더라도 속수무책으로 당할 수밖에 없기 때문이다.

노인안보 전략은 몇 가지 원칙을 갖고 시작되어야 기대만큼의 효과를 볼 수 있다. 우선은 생명 보호, 일상 안전 확보, 존엄 유지, 사회적 연결을 핵심 가치로 삼는 인간안보 개념 측면에서 설계·집행되어야 한다. 더불어 위험의 예방적 감지, 위협의 구조적 차단, 취약성의 선제적 관리를 기본 방향으로 삼는 것이 요구된다. 무엇보다 중요한 것은 노인안보가 복지·의료·주거·치안·재난 등 안전 관련 업무의 분절 상태에서 작동될 수 없는 만큼 범정부·범사회적 수준의 통합안보 체계 구축이다.

위와 같은 원칙에 따라 수립되는 노인안보 전략의 핵심 목표는 네 가지를 지향한다. 첫째, 국가가 노인의 생존·일상과 관련된 안전을 담당하는 책임형 안보 체계를 확립하는 것이다. 둘째, 국가가 노인의 안전 관련 위협을 선제적으로 관리하는 예방형 안보 체계를 구축하는 것이다. 셋째, 노인을 안보의 부담이 아닌 주체로 인정하는 전환형 안보 체계를 구현하는 것이다. 넷째, 초고령사회에서도 정상적·지속적으로 작동되는 지속가능형 안보 체계를 도입하는 것이다.

이제 노인안보 전략의 추진 방향을 살펴보도록 하겠다. 첫 번째로는 생활의 안보 전략이다. 그동안 노인의 일상이 이뤄지는 공간은 안보 사각지대였다. 때문에 생활안보 전략은 가정·마을·지역사회 단위에서 발생하는 위협을 국가에서 관리하는 영역으로 편입시키는 것을 방향으로 잡는다. 구체적으로는 독거노인 및 고령가구 안전 관리 이행, 폭력·학대·사기 등 범죄 예방 및 대응 체계 강화, 주거·이동·취식·여가 환경의 고령친화적 안전 기준 확립 등이 있다. 이와 같은 일상에서의 불안과 위험 제거 조치는 국가안보를 구현하는 데 있어 불가결한 기초 체력을 키우는 것이나 마찬가지다.

두 번째로는 재난과 위기 대응의 안보전략이다. 지구온난화 같은 기후 위기와 감염병 다발 및 확산 시대를 맞아 육체적으로 취약성

을 가진 노인세대는 가장 먼저, 가장 크게 피해를 입게 되는 계층
이다. 이와 관련하여 가뭄·폭염·폭우·폭설 등 재해, 화재·지진·사
건·사고 등 재난 발생 시 노인을 최우선으로 보호하는 원칙 견지
를 방향으로 삼는다. 이렇게 방향이 서면 유사시 고령자 대피·이
송·회복 단계에서 요구되는 통합대응이 시행되어야 하며 이를 통
해 취약성에 대한 관리의 체계화가 이뤄진다.

세 번째로는 의료 및 돌봄의 안보전략이다. 의료의 접근성, 돌봄
의 견고성은 노인의 생존과 직결되는 안보 요소다. 이를 구현하기
위해 의료 공백지역 최소화, 장기요양·돌봄의 지체 및 중단 방지
등이 이뤄져야 한다. 의료와 돌봄은 복지의 성격을 갖지만, 초고령
사회의 유지에 절대적으로 필요한 인프라로서 더 중요하다. 우리가
2027년부터 서울을 제외한 9개 권역을 대상으로 도입키로 되어 있
는 '지역의사제'는 실효성이 기대되는 대표적 조치다. 이 제도는 의
대 입학 단계에서 별도의 전형을 통해 예비 의사를 선발하고 이들
은 10년간 지정 지역에서 근무하되 학비와 생활비를 전액 지원받
는 것으로서 전국 차원의 의료 균형 정책이며 한편으로는 의료안
보측면의 접근 전략이기도 하다.

네 번째로는 사회공동체 통합과 세대 연결의 안보 차원이다. 노
인 방치와 이로 인한 고립은 개인 수준을 넘어 자칫 사회 불안의
요인으로 작용할 가능성을 배제할 수 없다. 이 때문에 노인이 처
한 고독·단절의 구조적 관리가 급선무로 대두되었다. 또한 노인 문
제에 따른 세대 간 갈등의 완화도 매우 중요하다. 여기에서 착안할
사항은 노인의 사회적 역할 재배치다. 노인의 경험·능력·의지를 사

회 안정에 필요한 자원으로 활용한다는 것이다. 노인을 배제한 사회는 노인 편입 예정자들에게 불안감을 안겨주고 이는 공동체 전체의 불안으로 이어질 수 있음을 명확히 인식해야 한다.

새로운 개념으로서의 노인안보 전략은 현재 제시만 되는 단계로서 기존의 개념인 국가안보 전략과는 위상·성격·목표·방향 등에서 분명히 차이점을 갖는다. 이를 도표로 정리, 확인하도록 하겠다.

노인안보와 국가안보의 차이 비교

구분	노인안보	국가안보
전략 대상	노인 개인 및 노인집단을 대상으로 한다. 보호 단위는 큰 규모이면서 취약성을 드러내는 사회집단이다.	국가, 영토, 체제 같은 추상적인 집합을 주요 대상으로 한다. 보호 단위는 국가 전체다.
위협 인식	내부적으로 인간의 삶 속에서 일상적으로 발생하는 위험을 위협으로 인식한다.	외부의 침략을 최대의 위협으로 인식하며 일상의 위험은 범위에 포함되지 않는다.
위협 유형	빈곤과 고독, 범죄 노출, 재난 취약 등이 있으며 만성적이고 누적되는 특성을 갖는다	외부의 군사 공격, 테러와 체제 전복 기도, 초국가적 범죄 등이 있으며 대체로 위협의 실체가 명확해 인지가 된다.
대응 방식	예방, 관리, 돌봄 등의 방식으로 대응하며 대응 주체는 국가, 지방정부, 지역사회다.	억지, 대응, 보복의 방식으로 진행되며 정부 내 안보당국 및 군의 주도하에 군사력을 기반으로 이뤄진다.

국가안보는 위기 징조가 보이거나 위기가 발생하면 대응하는 구조인 반면 노인안보는 위기가 발생하지 않도록 관리하는 구조다. 그럼에도 두 전략은 원천적으로 깊이 연결되어 있다. 국가안보가

외부 위기에 강력하게 대응하는 힘이라면 노인안보는 국가 내부의 안정도를 조용하게 유지하는 힘이다. 때문에 양자는 위계 관계가 아닌 구성 관계로서 상호 보완한다. 결국 노인안보의 실패는 국가안보의 위험으로 전이될 가능성이 높다.

노인안보는 노인이라는 특정 계층의 문제가 아니라 모든 계층의 문제다. 구체적으로 들여다보면, 노인과 관련된 복지·의료의 재정이 붕괴될 경우 국가 재정안보가 약화될 것이며 노인 문제로 인한 세대 갈등이 관리되지 않으면 사회 통합은 기약할 수 없다. 노인에 대한 돌봄이 제대로 이뤄지지 않게 되면 국가의 정당성의 약화와 신뢰도 저하의 결과를 가져온다. 이는 노인안보의 실패는 결국 비군사적인 형태와 방식으로 국가안보를 침식할 수 있다는 의미다.

우리가 실제로 마주하게 된 초고령사회에서는 노인안보가 국가안보의 전제조건으로 자리한다. 이와 같은 사회를 이루는 노동력 구조, 재정 구조, 지역 존속 의지, 재난 대응 능력 같은 국가안보의 기초 요소 모두가 노인 문제와 직결된다. 결국 노인안보 없이는 국가안보가 지속가능성을 확약하기 힘든 것이다. 노인안보는 안보 개념이 국가에서 인간으로, 다시 세대로까지 확장된 결과의 개념으로서 국가안보와는 불가분의 관계를 갖는다.

2절. 노인안보 국가 과제

노인안보 전략이 선언 수준에 머물지 않고 구체성을 가지려면 제도·조직·재정, 그리고 인식에 이르기까지 전반에 걸친 구조적 측면의 과제 해결이 필수적이다. 지금 대한민국의 노인 관련 정책은 수립과 집행 공히 복지 중심으로 나뉘어 있는 반면 안보 관점에서는 통합적·체계적으로 관리되지 못하는 실정이다. 이 때문에 노인의 안위와 관련, 국가 차원의 핵심 과제 선정이 시급하다. 과제 선정에 앞서 필요한 전제와 환경부터 확인하도록 하겠다.

우선은 기본 인식의 전제로서, 노인안보는 '정책의 선택이 아닌 국가의 조건'이라는 점을 들 수 있다. 노인안보 과제는 특정 정부의 정책·방침·의지나 복지 확대 여부에 의해 선택적으로 추진될 수 있는 것이 아니다. 초고령사회로 들어선 국가에서 노인안보는 국정 운영의 필수 조건이며 이를 간과한다면 사회공동체 불안정, 재정 압박, 국가 신뢰도 하락의 결과로 이어진다. 노인안보는 일상적 행정의 비용이 아닌 국가 안정을 위한 선제적·예방적 투자임을 인식하는 이른바 '사고의 전환'이 전제되어야 한다.

이와 같은 전제를 바탕으로 국가 과제 선정에 요구되는 환경 측면을 들여다보겠다. 노인안보와 관련된 과제를 선택·구현하려면 이에 앞서 '초고령사회의 급속한 전개'라는 우리의 현실과 관련된 환경 파악이 우선이다. 우리가 왜 과제를 선택해야만 될지를 결정짓는 요인이기 때문이다. 고령화 속도의 모델로 삼을 만한 선례의 부재, 그동안 한국 사회에 축적된 노인 혐오, 세대 갈등과 연령주의, 생계 중심 노인복지의 한계 등 이미 떠안고 있는 조건도 만만치 않다.[74] 이제 우리가 처한 환경을 살펴보도록 하겠다.

첫 번째는 인구와 사회의 구조적 변화다. 초고령사회 구조의 고착화는 고령인구 비중의 지속적 확대, 증가 속도의 비가역성, 단기간 내 현상 해소 불가능의 특성을 갖는다. 이러한 환경 속에서 노인안보는 임기응변이 아닌 상시 관리 체계로 진행되어야 한다. 1인가구와 독거노인의 증가에 수반하여 가족 돌봄 기능의 약화, 고립과 고독의 구조화, 노인 위험 신호의 은폐 가능성도 상존하는데 이는 노인안보 과제를 가정의 밖, 즉 지역사회와 국가에서 수행해야 됨을 시사한다.

두 번째는 안보 개념과 상황의 변화다. 현대 국가는 전통적 군사 위협보다 재난과 감염병, 사회 불안과 경제 위기 같은 내부 요인에 의해 안정성이 좌우된다. 안보의 개념 자체가 바뀐 것이다. 특히 노인이 빈곤·학대·방임·범죄·재난·재해 등의 발생으로 입는 피해는 개인이나 사회 문제 수준을 넘어 국가 차원의 위험으로 전이된다. 때문에 노인안보 과제는 국가안보 영역에 포함된 예방 전략의 목적으로 수행되는 것이 당연하다.

세 번째는 행정적·제도적 한계의 노정이다. 막대한 예산이 투입되는 노인 관련 정책이 복지·의료·치안·재난 등의 영역으로 분산된 채 시행 중이지만 이 과정에서 통합적 관리 체계는 발견하기 어렵다. 결국 노인안보 과제 수행은 범정부 참여 거버넌스가 전제되

---

74)   EBS 100세 쇼크 제작팀, 우리의 미래가 여기에 있다 100세 수업, 윌북, 2018, 59p.

어야 가능해진다. 또한 노인안보와 관련된 위협 대부분이 지역에서 발생되는 점을 감안, 지방자차단체는 보조적 존재가 아니라 '1차적인 안보의 주체'라는 인식 전환이 선행될 필요가 있다.

네 번째는 사회적·문화적 가치의 전환이다. 전통적 효도 윤리는 그동안 우리 사회를 지켜왔던 정신적 배경이었지만 지금의 현실에서 더 이상 가족 부양의 실제적 대안이 되기 어렵고 노인안보가 사적 영역에서 공적 영역으로 넘어갈 수 없는 요인으로 작용할 가능성이 높다. 따라서 노인안보 과제 수행을 위해서는 '가정 내 효도에서 국가의 책임으로'라는 인식의 전환이 시급하다. 특히 여기에서 주목해야 될 대목은 노인이 '보호의 대상, 사회적 부담'이라는 인식의 타파다. 노인은 충분히 '사회 안정의 자원'이 될 수 있기 때문이다.

다섯 번째는 기술과 정보의 본격화 시대 진입이다. 코로나19 팬데믹 시대를 거치면서 고령층과 다른 연령대 간 디지털 격차가 심화되었고 업무 효율성을 위한 행정·금융·의료의 디지털화, 새로운 유형의 디지털 범죄 등으로 인해 노인은 일상에서 큰 장애물을 만났다. 이른바 '노인에게 불친절한 기술 중심 사회' 극복은 노인안보가 집중해야 될 과제로 떠올랐다. 한편 데이터 기반의 정책 환경도 들여다 봐야 한다. 위험 예측이나 조기 경보 같은 예방적 조치를 위해서는 노인안보 관련 데이터 통합, 개인정보 보호가 필수적이다.

여섯 번째는 정치와 국가 운영의 유동성 상존이다. 노인안보는 단기간 내 가시적인 성과를 내기 어려운 지속성의 특성을 갖는 과제다. 이 때문에 정권 교체에 따른 정책 우선순위 조정과 변화에 흔들리지 않는 전략 과제로 선정되어야 한다. 특히나 대한민국은 '분단, 정전'이라는 독특한 안보 환경을 갖고 있는 데다 고령화 속도가 유난히 빠르다. 이런 상황에서 정치권과 정부의 국정 운영이 유동성을 갖는다면 노인안보의 지속가능성은 보장되기 어렵다.

초고령사회의 안보, 즉 노인안보에서 전략 내 포함될 과제를 찾기 위해서는 인식·제도·문화·정치·행정·기술 등 다양한 영역의 환경을 파악하는 것이 급선무다. 다만 과제 선정과 수행이 결코 쉬운 것은 아니며 그 앞에는 몇 가지 장애요인이 자리한다.

제1의 장애 요인은 국가의 인식이다. 정책 당국 내에서 아직까지 노인안보에 대한 개념의 혼선이 존재한다. 노인안보는 여전히 복지의 하위 영역 또는 복지의 확대 수준으로 인식되는 경향이 강하기 때문에 재정 부담 논리에 의한 축소, 단기 지원 정책으로 치부되는 데 따른 국가안보 전략에서의 배제 가능성을 갖고 있다.

노인안보를 하나의 국가안보 행위로 인식하지 않는 한 전략적 접근은 불가능하다. 노인을 일방적인 보호 대상으로만 여긴다면 이들의 능동적인 참여와 기여가 원천적으로 차단된다. 이는 결국 지속가능한 안보 모델 설계의 실패로 이어진다. 국가는 노인을 안보의 귀중한 자산으로 인식해야만 비로소 전략의 출발 선상에 설 수 있다.

제2의 장애요인은 법률과 정책의 구조적 공백이다. 이는 노인안보에 있어 제도적 장애요인으로 작용한다. 현재 노인 관련 법률 체계는 복지와 의료 중심으로 구성된 상태로서 노인안보를 포괄적으로 규정하는 기본법이 부재하고 국가안보 차원의 명시적 규정은 아예 찾아볼 수 없다.

법적 근거가 없으면 정책 수립이 불가능하고 관련 권한·예산·조직·인력의 확보 또한 시도조차 하기 어렵다. 노인 관련 정책은 제도적으로도 미흡한 것이 현실이다. 업무가 각 부처로 분산·분절된 상태에서 통합 및 조정 기능이 매우 약해 책임의 회피, 사업의 중복, 사각지대의 확대를 초래할 수 있다.

제3의 장애요인은 행정적 실행 구조의 한계다. 노인안보는 복합 위협에 대한 정부의 총력 대응 성격을 갖는 데도 불구하고 복지·의료·치안·재난처럼 단일 부처 사업 형태로 추진되거나 사업을 두고 부처 간 협력이 이뤄지더라도 형식적인 수준에서 진행되는 경우가 빈번하다.

노인안보는 단일 행정 단위 논리와 조치로 작동하지 않기에 해당 부처와 기관의 공동 참여가 중요하다. 한편 지방정부의 경우 역량의 편차가 존재하는데 재정 자립도, 전문 인력과 조직, 상이한 추진 방향 등으로 인해 노인안보를 놓고 지역 불균형과 불평등의 우려가 있다.

제4의 장애요인은 재정과 관련된 비용 논리의 존재다. 노인안보 정책은 "기대 효과에 비해 비용이 과다하다.", "재정적 부담으로 인해 지속가능성이 낮다."라는 등의 논리에 의해 후순위로 밀릴 가능성이 높다. 뒷순위에 처해지면 국가 전략의 범위 내 진입은 요원하게 된다.

그러나 위와 같은 재정 논리는 예방 실패에 따른 장기적 비용 증가의 결과를 유발할 수 있으며 사회 불안으로 인한 비용 누적을 고려하지 않은 데서 비롯된다. 물론 노인안보는 성과 측정의 어려움이 있다. 여기에서의 성과는 "문제가 발생하지 않는 것"이므로 단기성과 지표 설정이 쉽지 않다. 때문에 정치권이 투입 대비 산출 효과를 논리로 반대할 경우 대응에서 불리할 수밖에 없다.

제5의 장애요인은 사회적·문화적 기존 인식의 불변이다. 노인 부양 문제 해결을 여전히 가족의 책임으로 보는 인식은 국가 개입의 당위성을 약화시키고 노인안보를 사적 영역에 가두는 상황을 지속시킨다. 이는 문제의 논의 대신 구조적 방치 상태로 이어질 개연성을 갖는다.

노인안보는 또한 수혜와 시혜를 놓고 세대 간 갈등 프레임으로 비화될 가능성을 안고 있다. 자칫 "청년 세대로의 책임 전가", "특정 연령층만 고려하는 정책"으로 간주된다면 안보 전략 수립은 지극히 어렵게 된다. 관련 정책은 특정 연령대와 계층만을 대상으로 하는 것이 아닌 미래 세대까지 염두에 두고 수립 및 이행되는 데서 진정한 의미를 지닌다.

제6의 장애요인은 기술 발전에 따른 정보 격차 발생이다. 노인안보 정책은 점차 디지털 행정, 비대면 서비스, 데이터 기반 관리 방향으로 이동하고 있으나 노인세대는 '접근성의 제한'이라는 상황에 직면해 일상에서 큰 어려움을 겪는다. 기술 발전의 추세가 반영된 디지털화가 오히려 노인안보의 취약성을 가져온 요인으로 작용하는 것이다.

우리나라에서 근래 현안으로 대두된 개인정보보호 문제, 부처

간 데이터 칸막이 현상 공고화, 데이터의 표준화 부재 등으로 인해 노인안보를 위한 위험 예측과 조기 개입이 제한되는 것도 과제 선정과 수행의 장애요인인 것이다. 데이터는 수집과 활용 측면에서 "양날의 검'일 수 있다. 노인 개인과 관련된 데이터는 철저히 보호하되 안보에 필요한 빅데이터 구축의 자산으로서 제대로 활용할 수 있도록 정부의 조치가 요구된다.

3장

노인안보 기본법

1절. 노인 관련 법률

현대사회에서 노인이 겪는 문제는 국가와 사회가 공동으로 해결해야 될 중요한 정책 과제로 대두되었다. 고령화가 급속하게 진행 중인 상황인 가운데 다양한 사회적 위협이 확대일로의 모습을 보임에 따라 이러한 문제를 제도적으로 대응키 위해 법률적 기반이 점차 중요해지고 있다. 법률은 사회공동체가 특정 문제를 어떻게 인식하고 공식적으로 대응하는지를 보여주는 가장 명확한 제도적 장치로서 존재의 의미가 있다.

우리나라의 노인과 관련된 법률은 이들에 대한 권리 보장, 건강 보호 복지 서비스 제공, 안전 확보 등을 위한 목적으로 제정되었으며 목적에 부합되는 조치가 이뤄지는 상황이다. 그렇지만 현재의 법률 체계는 주로 복지 중심으로 구성된 상태로서 노인의 안전과 사회적 보호를 포괄하는 안보 측면에서는 아직 미흡하다는 평가를 받는다.

노인 문제에 대한 대응과 해결을 위해 제정된 법률 가운데 대표적·상징적인 법률은 노인복지법으로서, 이 법은 노인의 건강하고 안정된 생활을 보장하고 이들의 복지 증진에 기여하는 것을 핵심 목적으로 한다. 이 법 안에는 노인의 복지 증진을 위한 국가와 지방자차단체의 책임이 규정되어 있으며 노인복지시설의 설치와 운영, 노인의 사회 참여 확대, 경로우대 제도, 노인복지 서비스 제공, 노인 학대 예방 등을 주요 내용으로 한다.

노인장기요양보험법은 고령이나 노인성 질환으로 인해 일상생활이 어려운 노인에게 장기요양 서비스를 제공하기 위해 제정된 법률이다. 이 법은 노인의 신체 활동 지원, 삶의 질 향상, 일상생활 지원, 가족의 돌봄 부담 완화 등을 목적으로 하는 데 고령사회 대응의 핵심 정책으로 평가받고 있다. 노인 문제를 사회적 책임으로 전환시킨 제도적 장치로서 중요성을 인정받는다.

위의 두 가지 법률이 노인 복지 중심 법률이라면 노인 보호와 안전이 담긴 법률로는 고독사 예방 및 관리에 관한 법률, 재난 및 안전관리 기본법, 응급 의료에 관한 법률, 범죄피해자 보호법, 장애인·노인·임산부 등의 편의증진 보장에 관한 법률 등이 존재한다. 이들 법률은 노인만을 특정 짓지 않지만 적용 대상에 노인이 들어가 있다. 한편 효행 장려 및 지원에 관한 법률은 정신적인 가치인 효도를 강조하는 법률로서 강제가 아닌 권유의 선언적 의미를 갖는다. 노인 관련 주요 법률 체계[75]를 도표화해보면 다음과 같다.

국내의 노인 관련 주요 법률 체계

법률 명칭	적용 영역	주요 목적	주요 내용
노인복지법	복지 제공	노인이 건강하고 안정된 생활을 할 수 있도록 보장	노인복지시설 운영, 노인 여가 지원, 노인 학대 예방, 경로우대 제도
노인장기요양보험법	돌봄 제공	장기요양이 필요한 노인에 대해 돌봄 지원	요양시설, 방문요양, 방문목욕, 방문간호 등의 장기요양 서비스 제공
기초연금법	빈곤 방지	노인에게 필요한 기본 소득 보장	일정 소득 및 재산의 기준 이하 노인에게 기초연금 지급
국민건강보험법	건강관리	국민을 대상으로 건강유지에 필요한 의료 보장	노인 대상 의료비 지원 및 건강보험 적용
보건의료기본법	의료 제공	보건의료에 관한 국민의 권리 보장	국가와 자치단체가 국민의 보건의료 수요에 부응하도록 노력을 경주
고독사 예방 및 관리에 관한 법률	고독사 대응	사회적 고립 및 고독사 예방	노인 등이 포함된 취약계층의 고독사 실태 조사 및 예방 정책 수립
재난 및 안전관리 기본법	재난 대응	재난 대응 및 안전의 확보	재난 발생 시 취약계층 보호, 노인 대상 안전 관리
범죄 피해자 보호법	범죄 대응	범죄에 노출된 피해자를 보호	범죄 피해를 당한 노인 보호
교통약자의 이동편의 증진법	교통과 이동	국민의 이동권 보장	노인의 이동에 필요한 교통 접근성 보장

---

75)　출처, 법제처 국가법령정보센터

장애인·노인·임산부 등의 편의증진 보장법	생활편의 환경	취약계층을 대상으로 공공시설 이용의 편의 제공	다중 이용 시설 엘리베이터와 경사로 등 설치
사회서비스 이용 및 이용권 관리법	돌봄 제공	사회서비스 제공	돌봄 서비스 및 사회서비스 제공
공공주택 특별법	주거 여건	취약계층 대상의 주거 안정 보장	고령자 친화형의 공공주택을 보급
금융소비자보호법	금융 환경	금융 거래상의 피해를 예방	고령층 대상의 금융사기 대응과 보호
건강가정기본법	가족 기능	가족의 기능을 강화	자체적인 노인 돌봄 가족을 지원
지역보건법	보건과 건강	지역 내에서 주민의 건강을 관리	노인 건강 증진과 관련된 사업 전개
고령자 고용촉진법	노동과 취업	노인의 경제 활동과 소득 창출을 지원	고령자 고용 확대를 위한 정책 시행
치매관리법	의료와 안전	치매 예방 및 관리	치매안심센터 운영 등 조치 이행
지방자치법	지역과 행정	지역 내 복지행정의 구현	지방정부의 노인복지 정책 추진

현재 노인과 관련된 국내 법률 체계는 여러 법률이 개별적으로 존재하는 이른바 '분산형 구조'를 가지고 있다. 이러한 구조로 인해 법률 간 정책 연계가 이뤄지지지 않는다. 아울러 각 법률에서 노인의 안전과 보호를 규정하는 내용을 찾아보기 어렵다. 노인 문제를 국가안보 차원으로 접근할 수 있도록 보장하는 법적인 기반이 부재한 상황이다.

따라서 앞으로 노인의 존엄을 지켜주기 위해 이들의 안전과 돌봄을 통합적으로 관리하는 체계 마련, 국가와 지방정부의 책임을 명확히 하는 제도적 기반 강화, 지역사회 중심의 노인안보망 구축 차원에서 이를 종합·포괄하는 새로운 성격의 법률이 필요하다.

2절. 노인안보 기본법 내용

　현재 우리나라의 노인 관련 정책은 노인복지법을 기반으로 삼고 개별적인 복지·보건·돌봄 제도 등으로 분절된 채 각자 운영되는 상황이다. 그러나 초고령사회에서 노인의 문제는 국가의 내부 안정과 지속가능성을 위협하는 구조적 위기를 만들고 있다.

　이 단계에서는 개별 법률로 대응이 불가능한 만큼 국가의 책임과 안보의 개념을 명시하는 상위 법체계, 즉 노인안보 기본법 제정이 요구된다. 기존의 복지 중심 법률 체계는 다음과 같은 구조적인 한계를 갖는다.

기존 복지 중심 법률 체계의 한계

구분	현행 법률 체계의 대처
문제 인식	경제적, 육체적으로 생활이 매우 곤란한 취약 계층의 문제이자 영역
대응 방식	사전적 예방이 아닌 사후적 지원에 중점
책임 구조	개인과 가족의 책임이 가장 중요하며 국가는 보조적 역할에 국한
위기 대응	당사자 및 가족이 우선 대처하고 사건 발생 이후에 국가에서 개입
국가 위상	국가는 당사자가 아닌 지원자이며 후견인 위치

위와 같은 현행 관련 법률은 초고령사회의 현실과 불일치를 보인
다. 노인인구의 급속한 대규모화, 고독사와 빈곤 현상의 집단적 발
생, 지역 공동체 붕괴 징후 노정, 세대 갈등의 정치화 추세 등은 이
제 사회 문제 수준을 떠나 국가의 위험으로 넘어왔다. 그럼에도 기
존의 법률은 현상의 관리에만 치중한 것이 사실이다. 이 때문에 노
인안보 기본법 제정이 긴요하다. 법률 제정의 필연적인 이유를 몇
가지로 정리해보겠다.

첫째, 노인 문제의 안보화를 위한 법적 근거가 필요하다는 것이
다. 그래야만 노인 문제를 정책의 선택이 아닌 의무로 전환시킬 수
있다. 노인의 생존·존엄·안전이 국가안보의 핵심 요소인 만큼 정
권의 변화와 무관한 상태로 지속성 자체가 법률에 의해 보장되어
야 한다.

둘째, 국가 책임의 최종 귀속을 명확하기 위한 법적 근거가 필요하
다는 것이다. 현재의 법률 체계로는 가족과 지역 범위에만 노인의 안
위가 머물러 있고 국가의 책임은 모호하다. 노인안보 법률 제정을
통해 국가의 책임 회피를 차단하고 실패 시 책임 소재를 명문화해야
관련 당국이 적극적으로 대응하며 해당 정책은 실효성을 갖는다.

셋째, 분절된 행정을 통합하기 위한 법적 근거가 필요하다는 것
이다. 현재는 복지·주거·치안·재난 관련 업무가 각 부처와 행정기
관으로 분산 상태에서 수행되는바, 노인안보 법률은 노인안보를 통
합 행정의 대상으로 규정하고 범정부 조정 권한의 법적인 근거를
제공하도록 한다. 이는 '칸막이 행정, 중복 행정'의 구조적 해소를
가능하게 한다.

넷째, 사후 복지에서 예방 안보로의 전환을 위한 법적 근거가 필요하다는 것이다. 기존 법률은 사건 발생 이후 지원에 초점이 맞춰졌다. 이로 인해 행정이 예방에는 무심했으며 오로지 문제점 발생 시 대처만 강조되었다. 노인안보 법률은 위험 예측, 조기 개입, 위기 차단의 순으로 대응을 강조한다. 이를 통해 행정 효율성 제고, 인간 존엄의 실질적 보호가 이뤄질 수 있다.

다섯째, 지방정부의 실행력을 제도적으로 보장하기 위한 법적 근거가 필요하다는 것이다. 현재의 관련 법률은 지방자치단체의 역할은 강조하지만 권한 및 재정 관련 규정의 미흡으로 자치행정 측면에서 한계를 갖는다. 따라서 노인안보 법률은 자치단체의 책임과 권한을 명문화하고 여기에서 요구되는 예산과 전담 조직 관련 근거를 마련하도록 한다. 이는 현장을 도외시한 국가의 선언적 차원 조치를 방지하는 데에도 의미가 있다.

여섯째, 국가의 지속가능성 확보를 위한 법적 근거가 필요하다는 것이다. 노인안보가 실패할 경우 사회 불안, 포퓰리즘 정치 대두, 재정 붕괴, 국가 신뢰도 하락이 우려된다. 때문에 노인안보 법률 제정을 통해 내부의 안정을 확보하고 초고령사회 관리 국가 모델을 만들어낼 필요가 있다. 노인안보 법률은 미래 국가 위험성을 관리하는 법이다.

위와 같은 이유를 근거로 저자는 가칭 노인안보 기본법 초안을 구상해 보았다. 이는 개인의 생각으로서 정부와 입법부가 향후 노인안보에 대한 필요성을 느끼고 입법을 검토한다면 그 과정에서 일부라도 참고가 되기를 바라는 차원에서 제시되는 것이다.

노인안보 기본법

제1장 총칙

□ 제1조(목적)

이 법은 초고령사회에서 노인이 직면하는 생존과 존엄의 위협을 국가안보의 중요한 구성 요소로서 인식하고, 노인의 안전하고 평온한 삶을 체계적으로 보장하기 위한 국가와 지방자치단체의 기본 책무와 원칙을 규정함을 목적으로 한다.

□ 제2조(기본 이념)

1. 노인은 국가의 보호 대상인 동시에 사회공동체의 안정과 지속가능성에 기여하는 주체적인 존재이다.
2. 노인의 생존·존엄·안전은 개인과 가족의 전적인 책임이 아니라 국가의 기본적인 책무이다.
3. 노인안보는 시대의 변화에 의해 당위성을 가지며 사후 복지가 아닌 사전 예방과 상시적·지속적 관리에 중점을 둔다.

□ 제3조(정의)

이 법에서 사용되는 용어의 정의는 다음과 같다.

1. "노인"이란 「노인복지법」에서 규정한 노인을 말한다.
2. '노인안보'란 노인이 생존·존엄·안전을 위협받지 않고 온전하게 지속적으로 삶을 영위할 수 있도록 국가 차원에서 체계적이며 종합적으로 예방·대응·회복의 조치를 취하고 보장하는 상태를 말한다.
3. '노인안보 위협'이란 고독·고립·빈곤·질병·학대·방임·차별·재난·재해 같은 노인의 생명·존엄·안전을 침해하거나 침해할 가능성이 있는 모든 요인을 말한다.

□ 제4조(국가의 책무)

국가는 노인안보를 국가안보의 영역으로 명확하게 인식하고, 적극적으로 보장할 책임을 지며 이를 위해 관련 법률·정책·재정·조직·인력 등 범정부 차원의 통합 행정 조치를 취하고 이행 과정에서 조정하여야 한다.

□ 제5조(자치단체의 책무)

지방자치단체는 국가로부터 권한과 예산을 위임 받아 지역 상황 및 특성에 맞는 노인안보 정책을 수립·시행하고 지역사회 및 민간과 적극적인 협력을 통해 노인안보를 강화하여야 한다.

제2장 노인안보의 기본 영역

□ 제6조(생존안보)

국가와 지방자차단체는 노인에게 필수적인 기본 차원의 생계·의료·주거가 안정적으로 제공·유지될 수 있도록 필요한 조치를 강구해야 한다.

□ 제7조(존엄안보)

국가와 지방자차단체는 노인이 연령주의에 의한 차별과 배제 및 고립 없이 사회공동체 구성원으로서 존엄을 유지할 수 있도록 제도적 장치를 마련하여야 한다.

□ 제8조(안전안보)

국가와 지방자치단체는 노인에게 벌어지는 각종 사고, 노인을 대상으로 한 범죄와 학대 등으로부터의 예방과 보호를 위하여 종합적인 안전관리체계를 적시 구축하여야 한다.

□ 제9조(참여안보)

국가와 지방자치단체는 노인이 지역사회와 국가의 운영에 적극적으로 참여하고 의견을 충분히 개진할 수 있도록 역할과 기회 부여를 보장하여야 한다.

제3장 노인안보 전략 및 시행

□ 제10조(노인안보 기본전략 수립)

국가는 5년마다 노인안보 종합계획을 수립 및 시행하여야 하며, 지방자차단
체는 이에 근거하여 지역계획을 수립 및 시행하여야 한다.

□ 제11조(위기 예방 및 조기경보)

국가와 지방자치단체는 예방 차원에서 노인안보에 대한 위협을 조기에 발견
하기 위해 정보 수집 및 분석, 위기 평가 및 조치, 경보 작동 및 전파 체계를
구축하여야 한다.

□ 제12조(위기 대응 및 보호조치)

국가와 지방자치단체는 노인안보 위협이 발생하거나 발생할 징후가 있을 경
우 즉각적인 보호·격리·차단·지원 등의 조치를 취하여야 한다.

□ 제13조(회복 및 지속관리)

국가와 지방자치단체는 위기 발생 이후 노인의 정신적·심리적·육체적·사회적
회복이 가능해지도록 적극 지원하고 위기 재발 방지책을 마련하여야 한다.

제4장 노인안보 추진체계

□ 제14조(노인안보정책위원회)

국가와 지방자치단체는 노인안보 관련 정책을 심의·조정하기 위해 노인안보
정책위원회를 설치할 수 있다.

□ 제15조(전담조직)

국가와 지방자치단체는 노인안보 업무를 전담하기 위한 별도의 조직과 책임
관 직책을 둘 수 있다.

□ 제16조(재정 확보)

국가는 노인안보 정책의 안정적·지속적 추진을 위하여 요구되는 재원을 확보하여야 하며 지방자치단체는 중앙정부와의 긴밀한 소통 및 협의를 통해 소요 예산을 배정 받도록 노력하여야 한다.

제5장 보칙

□ 제17조(다른 법률과의 관계)

이 법은 노인안보와 관련하여 다른 법률에 우선하여 적용된다. 다만 다른 법률에 특별한 규정이 존재할 경우 그 법을 따른다.

□ 제18조(권리 구제)

이 법에 따른 권리가 침해된 경우 노인은 당사자로서 국가 및 지방자치단체에 보호를 요청할 수 있다.

□ 부칙, 이 법은 공포 후 1년이 경과한 날로부터 시행한다.

4장

노인안보 선언과 로드맵

1절. 노인안보 선언

저자는 이 책을 통해 노인안보와 관련된 국가전략 개념을 제시하는 과정에서 도입의 당위성과 필요성에 대해 여러 차례 밝혔다. 이 책의 서문 가운데 "정책제안서로서의 성격을 갖는다."라는 내용이 있듯이 연구자로서 '개인적 수준의 아이디어'라는 측면에서 관련 당국과 관계자들이 참고할 수 있도록 '노인안보 국가전략 선언문'을 제시코자 한다.

선언문은 특정한 주제에 대한 입장과 의지를 공식적으로 밝히는 글인 만큼 비록 강제성은 없다고 해도 상징성을 갖는다. 또한 선언의 주체 입장에서는 구성원이나 외부를 향해 자신이 시대정신을 제대로 읽는지, 이에 맞게 행동하는지를 표명하고 입증할 수 있는 기능을 갖는다.

노인안보가 국가의 전략으로 편입되려면 무엇보다 국가 지도자와 정부 수준의 판단과 인식·결심이 필요하다. 이어 대내외적으로 공식 선언을 거쳐야만 비로소 노인안보는 당위성과 정당성을 부여받을 수 있다. 이 선언문은 저자의 지극히 개인적인 견해에 불과하다.

다만 오늘의 우리 사회가 직면한 초고령사회의 현안에 대해 능동적·체계적으로 대처하고 해결책을 찾아본다는 측면에서 개인 수준의 고심 및 접근으로 이해해주길 기대한다. 아래와 같은 내용의 선언문은 원칙·책임·행동·미래 약속의 구조로 이뤄졌다.

서언(序言)

대한민국은 전 세계에서 유래를 찾기 힘들 정도의 빠른 속도로 2025년, 초고령사회에 진입하였다. 노인이 영위하는 삶의 인정과 존엄은 더 이상 당사자나 가족만의 책임이 아니며 지금은 국가의 지속가능성 및 사회 통합을 결정짓는 핵심 안보과제로 떠올랐다. 이제 국가는 노인 문제가 시혜나 복지의 영역에서 벗어나 국가안보와 인간안보의 중심부로 편입되도록 조치해야 되는 시점에 도달하였다. 이에 대한민국은 노인안보 국가전략을 다음과 같이 선언한다.

선언(宣言)

첫째, 노인안보의 국가 책임 명시를 선언한다. 국가는 모든 노인이 생존과 관련된 고독·불안·빈곤·질병·안전 등의 위협으로부터 제대로 보호받는 권리를 가졌다는 사실을 명확하게 인식한다. 이를 기반으로 노인안보가 헌법적 가치인 인간의 존엄성과 생명권을 실현하는 국가의 책무임을 밝힌다. 노인안보는 선택적·자의적 정책이 아니며 국가 차원에서 반드시 이행해야 될 안보의 의무이다.

둘째, 노인안보의 개념 및 범위 확정 필요성을 선언한다. 노인안보는 노인의 생존과 건강, 경제적 안정과 사회적 관계, 생활안전과 지역 기반이 구조적·체계적으로 온전히 보호되는 상태이다. 이는 단순한 복지 지원을 넘어 적절한 사전 대처, 신속한 사후 관리, 철저한 상태 회복까지 포함되는 일련의 종합적 안보 체계를 지향하는 것이다.

셋째, 예방 중심 안보 패러다임의 확립을 선언한다. 노인안보와 관련하여 사후 대응 위주의 정책에서 탈피하여 위험 발생 이전에 미리 개입하는 예방 중심의 안보 패러다임으로 전환이 절대적으로 요구된다. 이를 위해 국가는 선제적으로 고위험 노인에 대한 조기 탐지와 경보, 복합 위험의 통합적 관리, 상시 대응 체계 구축에 나서야 한다.

넷째, 통합적 노인안보 국가체계 구축을 선언한다. 국가는 의료·보건·복지·주거·치안·재난 등의 분절된 영역을 통합하고 노인을 중심으로 작동되는 통합 노인안보 국가체계를 구축하도록 한다. 중앙정부는 기본 전략과 기준을 수립하고 지방정부는 이를 생활 현장에서 실행한다. 한편 민간 영역은 안보의 동반자로서 역할을 설정하고 적극적으로 참여한다.

다섯째, 지역 기반 노인안보 확립과 이행을 선언한다. 노인안보는 지역과 현장에서 실현되는 것이므로 지방자치에서 집중적으로 진행될 필요가 있다. 따라서 국가는 저출산·고령화·지방 소멸을 한꺼번에 고려한 지역 기반 노인안보 전략을 수립 및 이행하도록 하며 노인을 지역의 중심 존재이자 공동체 회복의 핵심적인 집단으로 위치시키는 노력을 기울인다.

여섯째, 기술과 윤리가 결합된 스마트 노인안보 구조 마련을 선언한다. 국가는 인력 중심 대응의 한계점을 극복하는 차원에서 관련 기술을 적극적으로 발굴·개발·활용하도록 한다. 모든 해당 기술은 노인의 존엄과 기본권, 자율성과 의지, 개인정보 보호를 최우선적 원칙으로 삼고 견지해야 한다. 기술은 노인에 대한 통제의 수단이 아니라 이들을 지켜주는 안보의 도구여야 된다.

일곱째, 노인을 보호 대상이 아닌 안보의 주체임을 선언한다. 국가는 노인을 일방적인 보호나 시혜의 대상이 아닌 경험·지혜·능력을 갖추고 능동적으로 국가 및 사회 안정에 공헌할 수 있는 주체임을 명확하게 인식한다. 이를 바탕으로 노인안보 정책은 반드시 노인의 참여·역할·기여를 포함시키는 방향으로 설계되고 이행되어야 한다.

여덟째, 세대 통합과 국가 지속가능성 전략 구현을 선언한다. 노인안보는 특정 세대만을 위한 차별적 정책이 아니다. 중년과 장년은 물론 청년세대까지 모든 세대가 미래의 노인이 된다는 진리에 기반 한 국가 지속가능성 전략이다. 국가는 노인안보를 근간으로 삼아 세대 간 신뢰를 회복하고 사회 통합이 강화되도록 지속적으로 노력한다.

결어(結語)

노인안보는 결코 단기적 비용이 아니라 장기적 투자의 의미를 갖는다. 오늘의 노인을 지킬 수 없는 국가는 결국 자신의 내일도 지킬 수가 없다. 대한민국은 본 선언을 통해 반드시 초고령사회에 대응 가능한 새로운 국가안보의 길을 내고, 모든 국민이 노후의 삶을 불안이나 두려움이 아닌 안정과 존엄의 상태에서 맞이할 수 있는 국가로 나갈 것이다. 이에 선언문을 통해 국가의 의지를 밝히고 국민을 향해 완수를 약속한다.

위의 노인안보 국가전략 선언문은 화려한 구호나 홍보 차원의 정책 문구가 아니라 국가가 국민의 노후와 인간으로서의 존엄을 어떻게 책임질 것인지에 대한 정치·윤리·안보의 선명하고도 실제적인 약속이다. 무엇보다 국민에 대한 약속으로서 중요성을 갖는다. 그러면 먼저 선언문의 본질적 의미부터 살펴보겠다.

제1의 의미는 복지 선언이 아닌 안보 선언이라는 점이다. 노인 문제를 복지의 하위 영역에서 분리한 후 국가안보의 핵심 의제로 삼은 것이다. 이는 노인의 삶을 놓고 단순한 지원 대상이 아닌 국가의 존립 및 지속가능성과 직결된 보호 대상으로 인식의 전환을 한 데서 의미를 찾을 수 있다. 안보는 전통적으로 외부의 군사적 위협을 전제로 해왔지만 이 선언은 국가가 '인구 고령화'라는 내부의 구조적 위험, 즉 사회 불안·재정 압박·지역소멸 등을 안보 차원에서 다루겠다는 결심과 의지의 공식적인 표명이다.

제2의 의미는 노인안보 책임 주체의 명확화이다. 선언문은 노인안보의 책임을 노인 개인이나 가족의 기본적·도덕적 의무로 남겨두지 않고 헌법에서 규정한 국가의 책임임을 명확히 규정한다. 이는 "노후의 불안은 따지고 보면 개인의 준비 부족 때문"이라는 제3자 입장의 방관을 넘어, "노후의 안정은 국가가 설계하고 책임져야 할 공공의 안전망"이란 원칙을 천명한 것이다. 이를 통해 노인안보는 정책의 취사선택 문제가 아니라 구체적인 개입과 이행 여부가 국가의 정당성·신뢰도를 결정짓는 기준이 된다.

선언문의 의미가 중요하지만 어떠한 가치를 갖는가에 대해서도 살펴볼 필요가 있다. 국가 전략 측면으로는 초고령사회 국가의 생존 추구, 인간안보 개념의 국가화 전환, 국가 품격과 통치 철학 시현으로서의 가치가 있다. 사회·윤리적 측면에서는 존엄의 보장과 생명권의 실질화, 세대 통합의 윤리적 기초, 공동체 회복의 상징성으로서의 가치를 발견할 수 있다. 정책과 제도의 측면으로는 정책의 기준점 마련, 법률과 제도의 정당성 확보 같은 가치 확인이 가능하다.

결론적으로 노인안보 국가전략 선언은 "노후의 불안을 개인의 사정에서 국가의 책임으로 이동·전환시킨다."라는 결단과 의지의 강력한 표현이다. 아울러 초고령사회에 맞서 대한민국의 생존과 품격을 동시에 지켜내겠다는 굳건한 약속이다. 선언은 출발점으로서 상징성을 갖기에 중요하다. 이후에 구체적 계획과 상세한 일정이 담긴 로드맵 마련이 가능해진다.

2절. 노인안보 로드맵

노인안보는 단일 정책이나 복지 프로그램만으로는 접근·해결하기 매우 어려운 장기적·구조적 국가과제다. 초고령사회에서 노인인구의 증가는 예외가 아닌 상수로 자리 잡았다. 이로 인해 발생될 다양한 위험 역시 일시적 현상이 아닌 상시적 안보 위협으로 인식·관리될 필요가 있다. 때문에 노인안보는 단편적 대응 수준을 넘어 종합적·체계적 정책 로드맵roadmap 작성을 통해 추진되는 것이 무엇보다 중요하다.

로드맵은 원래 도로지도를 비유한 표현인바, "어떤 일을 추진하기 위해 필요한 목표·기준 등을 담아 만든 종합적인 계획"[76]으로서 이해 관계자가 향후 행동 방향을 인지하도록 돕는 역할을 수행한다. 기업에서는 제품과 서비스의 목표·일정·시기 등을 시각화한 중장기 계획으로 사용되며 공공 분야의 경우 정책·사업의 추진 절차와 일정 등으로 이해되고 있다.

초고령사회를 맞이한 우리 입장에서 노인의 존엄·생존·안정·평화 등 문제는 일시적 지원 또는 보호가 아닌 상시적·지속적인 관리를 통해 해결되어야 할 국가안보의 과제이다. 이를 이행키 위해서는 단계적·체계적 정책 로드맵이 필수적이다. 정책 로드맵은 노인안보가 복지 정책의 모음이 아닌, 국가전략 차원의 실행 체계로 전환하는 중장기 설계도다. 이는 "무엇부터 먼저 하는가?", "무엇과 무엇을 연결하는가?", "어떻게 지속가능하도록 만들 것인가?"에 대한 국가의 고민이며 또한 답변이기도 하다.

때문에 국가 차원에서 노인안보 정책 구현을 위한 로드맵이 '계획의 세부화 및 이행의 실제화'라는 측면에서, 시작부터 완성까지 단계별로 설계·구성될 필요가 있다. 노인안보를 위한 국가의 선언

---

76)　네이버 국어사전

이 상징성을 갖기에 우선되어야 하지만 로드맵은 선언적 개념에서 그치지 않고 국가의 실제 전략으로 구현될 수 있도록 하는 수단이자 방식으로서 필요성과 중요성을 갖기 때문이다. 이 로드맵은 설계 이전에 몇 가지 원칙이 전제되어야 한다.

첫째는 안보 중심성의 원칙이다. 노인 문제를 시혜나 보호의 수준에 두지 않고 안보와 관련된 국가의 책임 영역 내로 편입시켜야만 한다. 둘째는 예방 우선의 원칙이다. 여기에는 위험의 사후 대응에서 벗어나 위험의 발생 이전 접근 및 대처 방식이 요구된다. 셋째는 통합성의 원칙이다. 각종 행정에 의해 이뤄지는 의료·복지·주거·치안 등 대응이 상호 차단·분절되지 않고 하나의 체계 내에서 작동되어야 한다. 이제 로드맵의 단계별 내용에 대해 살펴보도록 하겠다.

1단계는 노인안보 인식 전환과 제도적 기반 구축 차원이다. 이 단계는 시작으로서 '노인 문제를 복지에서 안보로'의 인식 전환이 이뤄진다. 여기에 요구되는 조건은 정책 당국자뿐 아니라 공동체 구성원의 인식 변화도 동반되어야 한다는 것이다. 1단계의 구체적 조치로 노인안보를 국가안보·사회안보·인구안보의 하위 영역이 아닌 독립 수준의 전략적 분야로 별도 설정하는 것이 필요하다.

또한 정부 차원의 '노인안보 기본계획'이 수립되고 복지·보건·재난·치안 등과 관련된 법률에 노인안보 개념이 충분히 반영되어야 한다. 이 단계의 핵심은 '노인안보의 국가 책임 명문화'이다. 그래야만 이후 모든 관련 정책의 정당성·합법성·지속성 확보에 있어 토대 마련이 가능해진다. 현대사를 통해 확인되었듯이 국가가 전면에 나서야만 행정이 비로소 적극성을 보이고 당위성을 염두에 둔다는 점에서 대단히 중요한 대목이다.

2단계는 노인 위험 예방 중심의 통합·관리 체계 확립 차원이다. 시작에 이은 두 번째 단계로서 사후 지원 위주의 복지 패러다임을 넘어 사전 예방 중심의 안보 체계를 구축하는 것이다. 2단계의 구체적 조치로 고위험 독거노인·만성질환 노인·빈곤 노인을 선제적으로 파악하고 위험을 분류하는 과정을 거친다. 아울러 의료·보건·복지·치안·주거 등의 정보를 연계한 관리 시스템 구축도 진행된다. 한편 관리의 실효성을 거두기 위해 지자체 중심의 컨트롤타워 설치도 긍정적으로 검토되어야 한다.

이 단계에서 가장 중요한 것은 각기 따로 시행되는 행정, 즉 분절된 행정의 통합이다. 노인이 직면하는 위험은 하나의 영역에서만 발생하지 않는 다차원·다영역의 특성을 갖는다. 따라서 통합적 관리가 이뤄지지 않는다면 노인의 위험을 두고 각 행정 영역이 상호 차단된 채 소통 없이 개별적으로 업무를 수행함으로써 실효성을 거두기가 어렵다.

3단계는 기술 기반의 스마트 노인안보 체계 도입 차원이다. 인력 중심의 노인안보는 분명한 한계를 갖는다. 이를 극복하려면 기술과 과학이 뒷받침된 스마트 노인안보 체계의 구축이 필수적이다. AI·빅데이터를 활용한 고독·위험 예측 시스템, IoT 기반의 안전·건강 모니터링, 디지털 사기와 범죄 예방을 위한 맞춤형 보호기술이 주요 방식으로 검토될 수 있다. 이는 기술이 인력을 대체하는 것이 아닌 효율성 제고와 한계성 보완으로서 의미를 갖는다.

그런데 여기에서 유의해야 될 것이 있다. 기술이 결코 노인을 감시·통제하는 수단이 아니라 그들의 인권과 존엄을 지키는 하나의 보호 장치로 활용되어야 한다는 점이다. 기술은 엄격한 통제를 통해 적용되어야만 오남용을 막고 본래의 의도에 부합되기 때문이다. 따라서 기술의 도입과 더불어 윤리와 인권의 기준이 명확히 제시되는 것이 대단히 중요하다.

4단계는 지역 기반의 노인안보 네트워크 구축 차원이다. 노인 문제는 실제로 거주지에서 생기는 것인 만큼 중앙정부 중심·주도에서 벗어나 지역 중심·주도의 실행 체계를 완성하는 것으로서 노인안보 관련 행정이 지역 자체적으로 이뤄지는 수준으로까지 진전된다. 실제 조치로는 읍·면·동 단위 노인안보 협의체 구성, 민간·시민·종교단체와의 연계 및 협력 유도, 지역 특성이 반영된 맞춤형 노인안보 모델 등을 들 수 있다.

저출산·고령화 추세 속에서 지방 소멸 문제로 고민하는 지역에서는 노인안보가 지역 존속에 필요한 전략으로 자리할 여지가 크다. 주민을 지키는 다양한 영역에서의 행정이 통합·관리된다면 재정적 부담의 완화, 실효성의 제고 효과를 충분히 볼 수 있다. 더불어 주민들을 상대로 "우리가 안전하게 지킨다."라는 메시지를 통해 믿음을 줄 수 있다.

5단계는 지속가능한 노인안보 국가모델의 완성 차원이다. 노인안보 로드맵의 마지막 단계인 만큼 일시적·단편적 정책이 아닌 "지속가능한 국가 시스템으로 정착시킨다."라는 결론 도달을 목표로 삼는다. 이 단계에서는 정책의 성과 평가 및 고도화가 집중적으로 진행되며 동시에 시대 통합 관점의 노인안보 담론이 전파·확산된다. 또한 노인을 보호 대상에서 안보의 주체이자 사회의 자산으로 전환시키는 계기가 마련된다.

이 단계로 접어들면 노인안보는 그간의 복지 수준에서 벗어나 국가의 전략 목표이자 방향으로 자리할 수 있다. 1단계에서 5단계까지 진전에 소요되는 시간을 확정할 수는 없지만 공동체 내 합의와 노력에 따라 단축될 수도, 지체될 수도, 연장될 수도 있다. 때문에 우선은 인식과 자세의 전환을 속히 이루고 관련 조치를 긴히 취해야 한다. 우리에게 주어진 시간이 많지 않는 까닭이다. 머뭇거림으로 인해 기회를 놓친다면 결국 후세에도 악영향을 미칠 것이다.

노인안보 로드맵은 단순히 고령자 정책 이행을 위한 계획이 아니라 저출산·초고령사회를 맞아 국가가 제시하는 모든 국민의 인권·생존·존엄에 대한 엄중한 약속이다. 또한 사회 불안정과 붕괴를 적극적으로 예방하는 국가안보 전략의 단계별 목표이자 방안이다.

고령화에 못지않게 저출산도 극복의 대상으로서 반드시 들여다봐야 한다. 대한민국이 성장과 발전의 정점을 찍고 내리막길을 걷는 것에 대해 집중적으로 연구한 학자는 "출산율만 본다면 한국 사회는 전쟁·내전 상태에 준하는 위기를 경험하고 있다."[77]라면서 우리나라의 추락 속도가 속수무책으로 빨라지고 있는 것에 우려를 표명하였다.

---

77) 백우열, 피크 코리아, 현암사, 2025, 18p.

출산율을 제고시키면서 인구의 지속성을 유지하는 한편 고령화에 대응하는 것이 우리나라의 현안으로 자리한 상황이다. 세대의 연속성을 결코 놓치지 않으면서도 노인안보를 얼마나, 어느 정도까지 준비하는가는 그 국가가 다가올 미래에 대해 어떠한 책임감을 갖고 어떤 수준에서 지혜롭게 대처하는지를 여실히 보여주는 하나의 척도다.

나가는 말

대한민국은 이미 초고령사회로 진입한 데 이어, 인구 구조 변화의 가속화가 빠르게 진행되고 있다. 이러한 급속한 변화 속에서 노인은 복지의 대상에 머무르는 동시에, 국가와 사회가 함께 책임져야 할 중요한 안보의 영역으로 자리 잡고 있다. 이에 따라 국내 인구에서 비중이 점차 높아지는 노인의 안위를 위한 새로운 방향 설정과 정책적 방안 모색이 절실히 요구된다.

지금까지 노인 문제는 주로 자녀의 효도나 복지 차원에서 논의되고 해결되어 왔다. 그러나 사회와 가족 구조의 변화로 인해 전통적 인식과 방식만으로는 노인의 존엄과 안전을 충분히 보장하기 어려운 상황이다. 오늘날 노인은 빈곤·질병·고독·범죄·재난·재해 등 다양한 위험에 노출되어 삶의 안전성을 위협받고 있다. 이러한 위험은 개인의 차원을 넘어 사회 공동체 전체의 안정과 지속가능성에도 상당한 영향을 미친다.

이러한 현실 속에서 저자가 그간의 문제의식을 바탕으로 연구를 진행한 결과 제시한 개념이 바로 노인안보다. 이 개념은 기존 정책과 조치에서 나타났듯이 단순히 노인을 보호하는 데 그치지 않고, 생명과 안전, 존엄과 삶의 질을 국가 차원에서 보장하는 사회적 계약이다. 또한 공동체 구성원 모두의 동의를 전제로 이행되어야 할 굳은 약속이라고 할 수 있다.

이 책에서 다룬 노인안보는 결코 복지와 배치되는 것이 아니라 그 확장선에 있으며, 근래 중요성이 강조되는 인간 안보의 구체적 실천이자 국가의 품격을 가늠하는 척도로서 더욱 큰 의미가 있다. 노인을 체계적·종합적·장기적으로 보호할 수 있는 국가는 강한 국가이며, 노인을 존중하는 사회는 성숙한 사회다. 또한 노인의 안위 보장은 곧 국가와 우리의 미래를 지키는 것이다.

노인안보의 실현은 특정 부처나 기관에서 수립·시행하는 정책만으로는 불가능하다. 국가·지방정부·지역사회·민간단체·기업체·산업계·시민 등 공동체 모두의 참여 속에서 협력과 공조가 이루어져야 한다. 특히 지역사회 중심의 돌봄 체계 구축, 예방 중심의 안전 체계 확립, 노인의 사회 참여 확대, 노인을 존중하는 사회적·문화적 가치 전파가 이뤄질 때 비로소 노인안보는 동력을 확보할 수 있다.

노인은 국가의 우선적 보호 대상일 뿐만 아니라 중요한 자산이다. 오랜 세월 축적된 경험과 지혜, 공동체에 대한 책임 의식을 지닌 노인 세대는 사회의 안정과 발전에 크게 기여할 수 있는 존재다. 따라서 노인안보가 노인을 보호하는 데 그치지 않고, 이들의 역량과 역할이 공동체 내에서 적극적으로 발휘될 수 있도록 방향 설정이 시급하다.

국가 차원에서 볼 때 노인안보는 노인에 초점을 맞춘 정책이면서 동시에 우리의 미래를 위한 사전 준비로서 의미를 지닌다. 오늘의 노인은 과거 우리 사회를 만들고 발전에 공헌했던 세대다. 한편 내일의 우리는 모두 노인이 된다. 이런 의미에서 노인안보는 특정 세대를 위한 혜택이 아니라 모든 세대가 누리게 될 권리다.

초고령사회가 본격화되면서 우리는 중요한 선택의 기로에 서 있다. 노인의 삶을 여전히 개인과 가족의 문제로 둘 것인가, 아니면 국가와 사회가 공동으로 책임지는 과제로 전환할 것인가의 문제다. 이 책에서 제시된 노인안보의 개념과 정책적 제안이 이러한 선택을 고민하는 데 있어 작은 단초가 되기를 바란다.

고령의 노인이 안전과 존엄을 지키며 삶을 영위할 수 있는 사회야말로, 결국 모든 세대가 안전과 평화 속에서 공존할 수 있는 사회다. 노인안보는 단지 현재의 노인만을 위한 개념과 정책이 아니라, 다음 세대까지 인간의 존엄을 지킬 수 있는 사회로 나아가는 길이다. 또한 이 길에서 노인안보가 제대로 구현된다면, 대한민국의 국가적 품격을 높이는 것은 물론 'K-노인안보'라는 새로운 개념으로 확장될 수 있을 것이다.

저자로서 이 책이 노인안보에 대한 사회적 관심을 불러일으키고 관련 논의를 확산시켜, 보다 안전하고 평화로운 공동체를 만드는 데 작은 밑거름이 되기를 바란다. 아울러 앞으로도 관련 연구를 지속해 나갈 것임을 밝힌다. 끝으로 저술 준비와 진행 과정에서 아낌없는 조언과 지지를 보내준 분들께 감사의 마음을 전하며, 전문성을 바탕으로 출간에 정성을 기울여 준 북랩 관계자 여러분께도 감사드린다.